国内外经典教材辅导系列·心理类

《普通心理学》

笔记和典型题(含考研真题)详解

【适用彭聃龄第6版教材】

主编：圣才考研网

www.100xuexi.com

中国石化出版社

·北京·

内 容 提 要

彭聃龄主编的《普通心理学》是我国高校广泛采用的心理学经典教材之一，也被众多高校（包括科研机构）指定为“心理学”考研考博专业课参考书目。本书遵循该教材最新版本的章目编排，共分为14章，每章由两部分组成：第一部分为复习笔记，以教材章节为框架，总结、拓展高频考点，梳理知识逻辑关系，方便考生理解、记忆；第二部分为典型题（含考研真题）详解，有针对性地精选了部分与教材相关的典型习题及参考价值较高的考研真题（含全国统考和高校自主命题），并提供详细解答，强化考生对知识的运用能力。

圣才考研网（www.100xuexi.com）提供彭聃龄《普通心理学》电子书、题库。购书享受大礼包增值服务【本书电子书＋电子题库】。手机扫码（本书封底）领取本书大礼包。

图书在版编目（CIP）数据

《普通心理学》笔记和典型题（含考研真题）详解
圣才考研网主编．—北京：中国石化出版社，2025．1．
ISBN 978－7－5114－7803－0

Ⅰ．B84

中国国家版本馆CIP数据核字第2025LK1882号

中国石化出版社出版发行

地址：北京市东城区安定门外大街58号
邮编：100011　电话：（010）57512500
发行部电话：（010）57512575
http://www.sinopec-press.com
E-mail:press@sinopec.com
湖北新华印务有限公司印刷
全国各地新华书店经销

*

787毫米×1092毫米16开本15.25印张377千字
2025年1月第1版　2025年1月第1次印刷
定价：65.00元

序　言

我国各大院校一般都把国内外通用的权威教科书作为本科生和研究生学习专业课程的参考教材，这些教材甚至被很多考试(特别是硕士和博士入学考试)和培训项目作为指定参考书。为了帮助读者更好地学习专业课，我们有针对性地编著了一套与国内外经典教材配套的复习资料。

彭聃龄主编的《普通心理学》是我国高校采用较多的心理学经典教材，也被众多高校指定为“心理学”专业考研参考书目。

作为该教材的学习辅导书，本书具有以下几个方面的特点：

1. 紧扣知识框架，拓展核心考点

每章的复习笔记紧扣原著知识框架，全方位解析核心考点，并进行拓展延伸，重要考点插入习题精选。内容精炼，条理清晰，易于记忆，方便考生更有针对性地复习。

2. 精选考研真题，培养应试能力

为了强化对重要知识点的理解和运用，本书精选部分参考价值较高的考研真题(含全国统考和高校自主命题)，并提供详细解答。这些题目基本体现了各个章节的高频考点。

3. 解析典型习题，巩固重点知识

本书精选部分与教材内容相关的典型习题，并做了详细解答，部分题目对相关重要知识点做了一定的延伸和扩充。

本书使用者须知：第一，目前，部分高校研究生院往往会给考研专业课的复习指定一些参考书目，这些参考书目无疑是备考考生最重要的复习对象，但是，研究生入学考试作为一种发掘科研人才的选拔性考试，其属性决定考生仅仅把对专业知识的了解与掌握拘囿于一、两本参考书目是远远不够的，必须是对整个专业的学术概况有一定的了解，基于此，本书对笔记的编写和题目的选择融合了整个学科的重要资源，而不是只以一本教材作为依据。第二，考研不同一般考试，概念题(名词解释)要当作简答题来回答，简答题要当作论述题来解答，而论述题的答案要像是论文，有的论述题的答案简直就是一份优秀的论文(其实很多考研真题就是选自一篇专题论文)，完全需要当作论文来回答。总之，答得多不扣分，答得少则可能漏掉采分点！

购买本书享受大礼包增值服务。手机扫码(本书封底)领取本书大礼包。具体包括：①本书电子书；②题库(手机版、电脑版)。

圣才考研网(www.100xuexi.com)是圣才电子书旗下的考研考博专业网站，提供全国各高校大部分专业考研考博辅导班【一对一辅导(面授/网授)、网授精讲班等】、电子书、题库、全套资料(历年真题及答案、笔记讲义等)、国内外经典教材名师讲堂、考研教辅图书等。

考研辅导：kaoyan.100xuexi.com(圣才考研网)

资格考试：www.100xuexi.com(圣才学习网)

圣才考研网编辑部

目　录

第1编　绪　论

第2编　人的信息加工

第3编　行为调节和控制

第4编　人的心理特性

第5编　学习与发展

第1编 绪 论

第1章 心理学的研究对象和方法

1.1 复习笔记

【知识框架(庖丁解牛)】

- 心理学的研究对象和方法
  - 心理学的研究对象
    - 概述
    - 研究对象
    - 心理和行为的关系
    - 人的心理和行为具有意识的特点
    - 人的心理、行为的个体性和社会性
  - 心理学的基本任务、研究领域和学科性质
    - 心理学的基本任务
    - 心理学的研究领域
    - 心理学的学科性质
  - 心理学的研究方法
    - 心理学的科学性和方法的客观性
    - 如何进行科学的心理学研究
    - 几种主要的研究方法
    - 研究中的因果关系和相关关系
    - 心理学研究中的伦理道德
  - 心理学的过去和现在
    - 现代心理学
    - 当代心理学

【复习向导(切中肯綮)】

本章重要考点及要求：了解*心理学的研究对象以及心理学的基本任务、研究领域和学科性质。掌握心理学的研究方法，特别是观察法、实验法、测验法、个案法等几种心理学的主要研究方法及各自的特点。对于心理学的过去和现在，明确了解现代心理学的主要派别以及它们在研究对象、研究方法和研究领域等方面的内容，了解当代心理学出现的一些

---

* 编者注：本书将复习目标要求分为了解、明确了解、掌握、重点掌握、运用、熟练运用六个等级。了解、明确了解要求对知识进行识记；掌握、重点掌握要求对知识进行领会和理解；运用、熟练运用要求对知识进行应用、分析、综合、评价等。

研究的新趋势。

【考点难点归纳(游刃有余)】

考点一、心理学的研究对象

表1-1 心理学的研究对象

要点	具体内容	
概述	心理学是研究人和动物的心理和行为的科学	
研究对象	认知	获得知识或应用知识的过程，或信息加工的过程；包括感觉、知觉、记忆、思维和语言等
	动机和情绪	①动机是人在需要(即个体在生理上和心理上的某种不平衡状态)的基础上形成的推动人的活动并使活动朝向某一目标的内部动力。 ②情绪是人对事物的态度，即产生喜爱、厌恶等主观体验
	心理特征	是一个人身上经常表现出来的本质的、稳定的、经常出现的心理特点。它包括智力和人格两个方面，是个体的心理活动与他人的心理活动的区别之所在
心理和行为的关系	①引起行为的刺激常常通过心理的中介而起作用，人的行为的复杂性是由心理活动的复杂性引起的。 ②心理支配行为，又通过行为表现出来	
人的心理和行为具有意识的特点	①人的心理不同于低等动物的心理，能够觉察到外部事物的存在和自己的内部心理活动，能够把“自我”与“非我”，“主体”与“客体”区别开来。 ②意识包括注意(即清晰的意识)和无意识(即不易觉察的意识)	
人的心理、行为的个体性和社会性	①个体心理是存在于个体身上的心理现象；团体心理是在共同生活条件和环境中形成的该团体大多数成员的共同心理现象。 ②团体心理离不开个体心理，直接影响个体心理的形成与发展	

【拓展延伸】

心理学与心理学家

心理学包括基础心理学与应用心理学，其研究涉及知觉、认知、情绪、思维、人格、行为习惯、人际关系、社会关系、人工智能、IQ、性格等许多领域，也与日常生活的许多领域——家庭、教育、健康、社会等发生关联。心理学一方面尝试用大脑运作来解释个体基本的行为与心理机能；同时，心理学也尝试解释个体心理机能在社会行为与社会动力中的角色；另外，它还与神经科学、医学、哲学、生物学、宗教学等学科有关，因为这些学科所探讨的生理或心理作用会影响个体的心智。实际上，很多人文和自然学科都与心理学有关，人类心理活动其本身就与人类生存环境密不可分。

心理学家从事基础研究的目的是描述、解释、预测和影响行为。应用心理学家还有第五个目的——提高人类生活的质量。这些目标构成了心理学事业的基础。

考点二、心理学的基本任务、研究领域和学科性质

表 1-2　心理学的基本任务、研究领域和学科性质

要点	具体内容
心理学的基本任务	描述、解释以及预测与控制心理现象和行为
心理学的研究领域	普通心理学、生理心理学、发展心理学、教育心理学、医学心理学、健康心理学、社会心理学以及工业心理学、军事心理学等
心理学的学科性质	①心理学是一门交叉学科或中间学科。 ②相关职业： a. 进企业：从事培训，数据收集、分析，人力资源等工作； b. 进学校：从事心理辅导、教学、科研等工作； c. 进医疗机构：从事心理咨询师或治疗等工作。 ③成为一位心理学家的要求： a. 知识面要宽，需要具备自然科学和社会科学两个方面的知识与素养； b. 特殊的修养、能力与人格特质，如问题解决能力、批判思维能力、语言表达能力、交往能力、基本的倾听和移情技巧、成就动机、对风险的承受力等

考点三、心理学的研究方法

1. 心理学的科学性和方法的客观性

科学心理学必须采取实证法。实证法是通过观察、实验、测量、问卷调查等手段，收集客观的数据来验证心理学的理论和假设，强调可重复性和客观性。

2. 如何进行科学的心理学研究

发现问题→提出研究假设→审慎进行研究设计和方法选择→收集数据，分析结果，得出研究结论→撰写和发表论文。

3. 几种主要的研究方法

表 1-3　几种主要的研究方法

要点	具体内容
观察法	是指在自然情境中对人的心理现象与行为表现进行有系统、有计划的观察与记录，经过分析以获得其心理活动产生和发展规律的方法
实验法	是指有目的、有计划地控制条件，使被试产生某种心理活动，然后进行分析研究，以得出心理现象发生的原因或起作用的规律的方法
测验法	是指运用标准化测验工具，度量个体间对某一事物反应的差异，或一组被试在不同时间或情境中的反应差异的方法
个案法	是指对某个被试或者一小组被试进行深入而详尽的观察与研究，以便发现影响某种行为和心理现象的原因的方法

4. 研究中的因果关系和相关关系

(1)因果关系

是指一个因素(原因)直接导致另一个因素(结果)发生的关系。时间上因在先，果在后，并且存在一种逻辑上的必然性。

(2)相关关系

是指一个变量的变化与另一个变量的变化存在某种程度的同步性的关系。可以是正相关(两个变量一起增加或减少)，也可以是负相关(一个变量增加而另一个减少)。

5. 心理学研究中的伦理道德

(1)以人为被试，要保证被试的知情权、隐私权、随时退出实验的权利、不受到任何伤害的权利等。

(2)以动物为被试，要保证动物的舒适性，对动物的健康和人道待遇也要给予恰当考虑。

(3)在研究中，要恪守诚信的原则，杜绝学术欺诈行为。

考点四、心理学的过去和现在

表1-4 心理学的过去和现在

要点	具体内容	
现代心理学	产生的历史背景	唯理论与经验论等哲学思潮以及实验生理学的影响
	产生标志	1879年，德国心理学家冯特于德国莱比锡大学创立首间心理学实验室
	19世纪末20世纪初的重要心理学派别	构造主义(冯特、铁钦纳)、机能主义(詹姆士、杜威、安吉尔)、行为主义(华生)、格式塔心理学(韦特海默、柯勒、考夫卡)、精神分析学派(弗洛伊德、阿德勒、荣格)
当代心理学	出现一些研究的新趋势： ①生理心理学：用生理心理学的观点和方法研究心理现象和行为。 ②认知心理学：发展了一些特有的研究方法，如言语报告法、反应时记录法、计算机模拟方法等。 ③人本主义心理学和积极心理学：心理学应该关注个体和团体的积极因素。 ④进化心理学：强调自然选择对人类心理机制的塑造作用	

【习题精选】

1. 什么叫实验性内省？如何评价？

思路点拨： 实验性内省是心理学发展历程中的一种重要研究方法，由构造主义心理学派的代表人物爱德华·布拉德福德·铁钦纳提出并加以发展。它推动了心理学成为一门独立的科学，促进了对心理现象的深入研究，培养了专业的心理学研究人才；然而，实验性内省也存在一些局限性，如主观报告的可靠性问题、难以研究复杂和无意识心理现象、实验条件控制可能干扰心理活动等。这些局限性在一定程度上限制了实验性内省的应用范围和研究效果。

参考答案：

(1)实验性内省的含义

实验性内省是指在严格控制的实验条件下，要求被试者对自己的心理活动进行观察、分析和报告的一种研究方法。与传统的内省法相比，实验性内省更加注重实验条件的控制和实验结果的可重复性，试图通过这种方式来提高内省法的科学性和可靠性。

(2)实验性内省的评价

①贡献

a. 推动心理学成为一门独立科学：在心理学发展的早期，它常常被视为哲学的一个分支，缺乏独立的研究方法和体系。实验性内省的提出，为心理学提供了一种独特的研究方法，使得心理学能够摆脱哲学思辨的束缚，开始采用科学的实验方法来研究心理现象。通过严格控制实验条件，对被试者的心理活动进行系统的观察和测量，实验性内省试图揭示心理现象的本质和规律，为心理学的发展奠定了坚实的基础。这种科学的研究方法和体系的建立，使得心理学逐渐成为一门独立的科学，与其他自然科学和社会科学并驾齐驱；

b. 促进对心理现象的深入研究：实验性内省通过要求被试者对自己的心理活动进行细致的观察和报告，为心理学家提供了丰富的第一手资料。这些资料能够反映被试者在不同情境下的真实心理体验，有助于心理学家深入了解心理现象的本质和规律；

c. 培养专业心理学研究人才：实验性内省要求被试者接受专门的训练，以掌握准确观察和报告自己心理活动的方法和技巧。这种训练不仅能够提高被试者的自我观察和分析能力，还能够培养他们的科学思维和严谨的治学态度；同时，对于从事实验性内省研究的心理学家来说，他们需要具备扎实的心理学理论基础、熟练的实验操作技能和敏锐的观察分析能力。在指导被试者进行实验性内省的过程中，心理学家需要不断地运用自己的专业知识和技能，对被试者的报告进行分析和解释，从而验证或反驳事先提出的假设。这种研究过程不仅能够提高心理学家的专业水平和研究能力，还能够培养他们的创新意识和团队合作精神。因此，实验性内省的实施和发展，为培养专业的心理学研究人才提供了重要的平台和途径，有助于推动心理学学科的发展和进步。

②局限

a. 主观报告的可靠性问题：实验性内省高度依赖被试者的主观报告，然而，被试者的主观报告可能受到多种因素的影响，从而导致报告的可靠性存在问题。首先，被试者的自我观察能力和表达能力可能存在差异；此外，被试者的表达能力也可能存在差异。这些差异可能导致不同被试者的主观报告存在差异，从而影响实验结果的可靠性。其次，被试者的期望和动机可能会影响他们的主观报告。在实验过程中，被试者可能会对实验结果产生期望，或者受到某种动机的驱使，从而影响他们的主观报告。最后，实验情境和任务的特点也可能会影响被试者的主观报告。在实验过程中，实验情境和任务的特点可能会对被试者的心理活动产生影响，从而导致他们的主观报告存在差异；

b. 难以研究复杂和无意识心理现象：实验性内省主要通过被试者对自己有意识的心理活动进行观察和报告来获取数据，然而，这种方法在研究复杂和无意识心理现象时存在一定的局限性。首先，复杂的心理现象往往涉及多个心理过程和因素的相互作用，难以通过简单的内省来进行全面和深入的研究；此外，在研究社会心理现象时，如人际关系、群体行为、社会认知等，这些现象往往受到社会文化、历史背景、个体差异等多种因素的影响，非常复杂，故难以通过简单的内省来进行全面和深入的研究。其次，无意识心理现象是指个体无法意识到的心理活动，如潜意识、本能、无意识的情感等。由于无意识心理现象无法被个体直接意识到，因此难以通过实验性内省的方法来进行研究；

c. 实验条件控制可能干扰心理活动：为了确保实验结果的科学性和可靠性，实验性内省需要对实验条件进行严格的控制；然而，这种严格的实验条件控制可能会对被试者的心理活动产生干扰，从而影响实验结果的真实性和有效性。首先，实验环境的人为设置可能会让被试者感到不自然或紧张，从而影响他们的心理活动和主观报告；此外，在实验过程中，被试者可能会受到实验设备、仪器等的影响，从而感到不自然或紧张，影响他们的心理活动和主观报告。其次，实验任务的特定要求可能会引导被试者的心理活动朝着特定的方向发展，从而影响实验结果的真实性和有效性；此外，在实验过程中，主试者可能会对被试者的反应进行评价和反馈，这种评价和反馈可能会影响被试者的心理活动和主观报告，从而影响实验结果的真实性和有效性。最后，实验过程中的时间限制、任务难度等因素也可能会对被试者的心理活动产生干扰，从而影响实验结果的真实性和有效性。

2. 认知神经科学主要研究哪些问题？它在当代心理学的发展中处于什么地位？

思路点拨：认知神经科学结合了认知心理学与神经科学，旨在探究认知过程的神经机制，主要研究感知觉、记忆、注意、语言、决策等的神经机制。认知神经科学在当代心理学发展中占据关键地位，极大地推动了心理学在理论与应用方面的发展，它不仅革新了心理学的研究方法与技术，深化了心理学理论的认知与发展，还推动了心理学在临床、教育、工业等多个领域的实际应用与发展，为当代心理学的发展注入了新的活力，开辟了新的道路。

参考答案：

(1)认知神经科学主要研究的问题

认知神经科学是一门跨学科领域，主要研究以下几方面问题：

①感知觉相关问题

a. 视觉感知：探究大脑如何处理视觉信息，如物体识别、颜色感知、空间知觉等；

b. 听觉感知：关注声音的识别、定位以及语言理解等过程在大脑中的神经机制，如分析听觉皮层如何处理语音信号，实现语言的解码和理解；

c. 其他感知觉：还涉及触觉、嗅觉、味觉等感知觉的神经基础，研究大脑如何接收和处理来自身体各部位的感觉信息，形成对外部世界的综合感知。

②注意与意识问题

a. 注意的神经机制：研究大脑如何分配和集中注意力，包括选择性注意、注意的转移和分配等，如通过脑成像技术观察在不同注意任务下大脑特定区域的激活情况；

b. 意识的神经基础：探索意识的产生、维持和变化的神经机制，试图理解大脑如何产生主观的意识体验，以及意识与大脑神经活动之间的关系。

③记忆与学习问题

a. 记忆的类型与神经机制：研究不同类型的记忆，如短期记忆、长期记忆、情景记忆、语义记忆等在大脑中的存储和提取机制，确定参与记忆过程的大脑区域及其相互作用；

b. 学习的神经可塑性：关注学习过程中大脑神经连接的变化和可塑性，如研究在学习新技能或新知识时大脑神经元之间的突触连接如何增强或改变。

④语言与思维问题

a. 语言的神经基础：考察大脑中与语言产生、理解、语法加工等相关的神经机制，确定语言中枢的位置和功能，以及不同语言功能在大脑中的分布情况；

b. 思维的神经机制：研究推理、决策、问题解决等高级思维过程的神经基础，如借助神经影像技术分析大脑在进行这些思维活动时的神经活动模式。

(2)在当代心理学的发展中所处的地位

①革新研究方法与技术

a. 多技术融合推动精准研究：认知神经科学整合了多种先进技术，如功能性磁共振成像(fMRI)、脑电图(EEG)、经颅磁刺激(TMS)等，为当代心理学研究带来了革命性的变化；

b. 为传统心理学研究提供新视角：认知神经科学的研究方法和技术为传统心理学研究提供了全新的视角和途径，使得心理学家能够更加深入地理解人类心理和行为的本质。

②深化理论认知与发展

a. 揭示认知本质，完善心理学理论体系：认知神经科学的研究成果为当代心理学理论的发展提供了重要的支撑，有助于心理学家更加深入地理解人类认知的本质和规律，从而完善心理学理论体系；

b. 促进学科交叉融合，拓展心理学研究领域：认知神经科学是一门跨学科的研究领域，它融合了心理学、神经科学、计算机科学、数学等多个学科的理论和方法，为当代心理学的发展带来了新的机遇和挑战。认知神经科学的发展促进了心理学与其他学科之间的交叉融合，拓展了心理学的研究领域。

③推动实际应用与发展

a. 助力临床诊断与治疗，改善心理健康状况：认知神经科学的研究成果在临床心理学领域得到了广泛的应用，为心理疾病的诊断、治疗和预防提供了新的思路和方法，有助于改善人们的心理健康状况；

b. 应用于教育、工业等领域，提升社会效能：认知神经科学的研究成果在教育、工业等领域也得到了广泛的应用，为这些领域的发展提供了新的思路和方法，有助于提升社会效能。

3. 积极心理学的特点是什么？如何评价？

思路点拨：积极心理学是20世纪末西方心理学界兴起的一股新的研究思潮，致力于研究人类的积极品质和美好体验；积极心理学作为心理学领域的一个新兴研究方向，以其独特的研究视角和方法，为我们揭示了人类心理的另一个重要方面，丰富了心理学的研究内容，推动了心理学在各个领域的应用发展，对促进个体与社会的发展具有重要的意义；然而，积极心理学在发展过程中也存在一些局限性，如概念界定不够清晰、研究方法存在一定局限、可能忽视个体差异和社会现实等，因此，在未来的研究和实践中，需要不断地对积极心理学进行反思和改进，加强对积极心理学核心概念的界定和研究，创新和发展积极心理学的研究方法，充分考虑个体差异和社会现实的影响，以提高积极心理学的科学性、可靠性和有效性，使其更好地为促进人类的心理健康和幸福，以及社会的发展和进步服务。

参考答案：

(1)积极心理学的特点

①关注积极面

a. 聚焦正向心理品质：与传统心理学主要关注心理问题和疾病不同，积极心理学将研究重点放在人类的积极心理品质上，如乐观、希望、韧性、感恩、宽容、智慧等，它认为这些积极心理品质不仅是人类心理健康的重要组成部分，而且对个体的成长、发展和幸福具有重要的推动作用；

b. 强调积极情绪体验：积极心理学高度重视积极情绪体验在人类生活中的重要作用，它认为积极情绪不仅能够让个体感受到愉悦和幸福，而且对个体的认知、行为和身体健康具有积极的影响。

②注重实证研究

a. 采用多种科学研究方法：积极心理学秉承科学心理学的传统，注重运用实证研究方法来探索人类的积极心理现象和规律。它广泛采用了心理学领域中常用的各种研究方法，如实验研究、调查研究、纵向研究、个案研究等，以确保研究结果的科学性、可靠性和有效性；

b. 基于大量研究数据得出结论：积极心理学强调基于大量的研究数据来得出结论，以确保研究结果的客观性和普遍性。它通过开展大规模的实证研究，收集了大量的研究数据，这些数据涵盖了不同年龄、性别、文化背景和社会经济地位的人群，为深入研究人类的积极心理现象和规律提供了丰富的素材。

③强调个体与社会环境的相互作用

a. 重视个体积极品质的培养：积极心理学认为个体的积极品质是促进其心理健康和幸福的重要因素，因此高度重视个体积极品质的培养。它通过开展各种形式的心理干预和培训活动，帮助个体认识和发现自己的积极品质，如乐观、希望、韧性、感恩、宽容、智慧等，并通过有针对性的训练和培养，进一步强化和提升这些积极品质，以促进个体的心理健康和幸福；

b. 关注社会环境对个体积极心理的影响：积极心理学不仅重视个体积极品质的培养，而且关注社会环境对个体积极心理的影响。它认为一个积极、健康、和谐的社会环境能够为个体提供良好的发展机遇和支持条件，促进个体的心理健康和幸福；反之，一个消极、不健康、不和谐的社会环境则可能会对个体的心理和行为产生负面影响，增加个体的心理压力和负担，导致个体出现各种心理问题和行为障碍。

(2)积极心理学的评价

①积极贡献

a. 丰富心理学研究内容：积极心理学的出现打破传统心理学主要关注心理问题和疾病的诊断、治疗、预防的研究模式，将研究重点放在人类的积极心理品质和美好体验上，致力于探索这些积极心理品质和美好体验的形成机制、发展规律以及它们对个体的成长、发展和幸福的影响。通过开展这些研究，积极心理学揭示了人类心理的另一个重要方面，丰富了心理学的研究内容，使心理学的研究更加全面、系统和深入；

b. 推动心理学应用发展：积极心理学的研究成果为心理学的应用提供了新的理论基础和实践指导，推动了心理学在各个领域的应用发展。例如，在教育领域，积极心理学的研究成果为教育教学改革提供了新的思路和方法。积极心理学强调培养学生的积极心理品质，如乐观、希望、韧性、感恩、宽容、智慧等，认为这些积极心理品质不仅是学生心理健康的重要组成部分，而且对学生的学习成绩、人际关系、社会适应能力等方面具有重要的推动作用。因此，在教育教学中，教师可以通过开展各种形式的心理健康教育活动，如心理健康讲座、心理咨询、心理拓展训练等，帮助学生认识和发现自己的积极心理品质，并通过有针对性的训练和培养，进一步强化和提升这些积极心理品质，以促进学生的全面发展；

c．促进个体与社会的发展：积极心理学的理念和方法对促进个体与社会的发展具有重要的意义。在个体层面，积极心理学强调培养个体的积极心理品质，帮助个体更好地应对生活中的各种挑战，促进个体的全面发展。在社会层面，积极心理学强调营造一个积极、健康、和谐的社会环境。

②局限性

a．概念界定不够清晰：积极心理学中的一些重要概念，如乐观、希望、韧性、感恩、宽容、智慧等，虽然在日常生活中被广泛使用，但在学术研究中，这些概念的内涵和外延并没有得到统一的界定。不同的研究者可能会从不同的角度对这些概念进行定义和解释，这就导致了在积极心理学的研究中，对这些概念的理解和应用存在一定的差异和混乱；

b．研究方法存在一定局限：由于积极的心理品质往往是个体内在的心理体验和认知评价，难以直接通过客观的观察和测量来获取数据，因此，研究者往往需要采用一些间接的测量方法，如问卷调查、访谈、心理测验等，来获取相关的数据，然而，这些间接的测量方法往往存在一定的局限性，如测量结果可能受到被试的主观因素、社会期望效应等的影响，导致测量结果的准确性和可靠性受到一定的质疑。此外，积极心理学的研究往往需要涉及多个层面和多个领域的因素，这使得单一的研究方法往往难以全面、深入地揭示积极心理现象和规律的本质。例如，在研究社会环境对个体积极心理的影响时，不仅需要考虑社会文化、教育制度、经济发展水平等宏观层面的因素，还需要考虑个体在社会交往中的人际关系、社会支持网络等微观层面的因素；

c．可能忽视个体差异和社会现实：一方面，积极心理学的研究和实践往往基于一些普遍的理论假设和原则，认为这些理论假设和原则适用于所有个体和社会情境，然而，在现实生活中，个体之间存在着巨大的差异，如年龄、性别、文化背景、社会经济地位、人格特质等方面的差异，这些个体差异可能会导致不同个体对积极心理品质的理解和追求存在差异，对积极心理学的研究和实践方法的接受程度和效果也存在差异。另一方面，积极心理学在强调营造积极的社会环境的同时，可能会在一定程度上忽视社会现实的复杂性和多样性。社会现实是一个复杂的系统，包含着各种不同的社会现象和问题，如社会不平等、贫困、失业、犯罪、环境污染、文化冲突等。这些社会现象和问题不仅会对个体的心理和行为产生负面影响，而且会阻碍社会的发展和进步。

1.2　典型题（含考研真题）详解

一、单项选择题

1．下列问题中，认知心理学家最可能关注（　　）。［统考 2025 年研］

A．如何理解书面语言　　B．如何提高员工积极性

C．帮人处理家庭关系　　D．改进教学方法提高教学效果

【答案】A

【解析】认知心理学主要研究人的认知过程，包括感知觉、注意、记忆、思维、语言等方面，旨在揭示人类如何获取、加工、存储和利用信息。对于书面语言的理解涉及语言认知、信息加工等多个认知心理学的研究范畴，认知心理学家可能会关注人们如何对书面语

言中的词汇、句子进行解码、理解语义，以及如何运用知识和经验来构建对文本的整体理解等问题。B项，“如何提高员工积极性”主要是组织行为学、管理学等领域关注的问题，侧重于研究工作环境、激励机制、团队氛围等因素对员工积极性的影响，不属于认知心理学的核心研究范畴。C项，“帮人处理家庭关系”更多地属于家庭治疗、心理咨询等领域的工作，主要涉及人际关系、情感沟通、家庭系统等方面，虽然也可能涉及一些认知因素，但不是认知心理学关注的重点方向。D项，“改进教学方法提高教学效果”是教育心理学重点关注的内容，它涉及教学策略、学习理论、学生心理等多方面，虽然认知心理学的研究成果可能会为教育教学提供一定的理论支持，但改进教学方法本身不是认知心理学最直接关注的问题。因此答案选A。

2. 积极心理学的创始人是(　　)。[北京师范大学2025年研]

A. 塞利格曼　　B. 马斯洛　　C. 詹姆斯　　D. 韦特海默

【答案】A

【解析】积极心理学是致力于研究人的发展潜力和美德等积极品质的一门科学。马丁·塞利格曼(Martin Seligman)是积极心理学的创始人之一，他倡导心理学应该关注人类的积极方面，如幸福、乐观、优势等，而不仅仅是关注心理问题和疾病，推动了积极心理学这一领域的蓬勃发展。B项，马斯洛提出了著名的需求层次理论，对人本主义心理学的发展有重要贡献，虽然他的理论也涉及人类的积极心理需求等方面，但不是积极心理学的直接创始人。C项，詹姆斯是美国心理学之父，他的主要贡献在于机能主义心理学等领域，对心理学的早期发展产生了重要影响，但与积极心理学的创立关系不大。D项，韦特海默是格式塔心理学的创始人之一，主要研究领域集中在知觉等方面，强调心理现象的整体性，与积极心理学的起源没有直接关联。因此答案选A。

3. 强调“意识的作用是使个体更好地适应环境”的心理流派是(　　)。[统考2024年研]

A. 构造主义　　B. 行为主义　　C. 机能主义　　D. 人本主义

【答案】C

【解析】机能主义主张心理学的研究对象是意识的作用和功能，把意识看成是川流不息的过程，强调意识活动在人类有机体的需要与环境之间起重要的中介作用，换言之，强调“意识的作用是使个体更好地适应环境”。因此答案选C。

4. 下列选项中不属于格式塔学派的观点的是(　　)。[北京师范大学2024年研]

A. 部分相加不等于整体

B. 心理学应该研究无意识现象

C. 心理学应该研究心理现象的整体意义

D. 整体不能还原为各个部分、各个元素的总和

【答案】B

【解析】B项，潜意识(又称无意识)现象在精神分析学派的理论中占有特别重要的地位，是精神分析学说的基石和核心，弗洛伊德将其定义为不曾在意识中出现的心理活动和曾是意识的但已受压抑的心理活动。ACD三项，均为格式塔学派的观点，该学派的核心观点在

于将心理现象作为整体研究。

5. 铁钦纳(E. B. Tichener)认为构成意识的元素是(　　)。[统考 2023 年研]

A. 感觉、知觉、情感　　B. 感觉、知觉、表象

C. 感觉、表象、情感　　D. 感觉、记忆、表象

【答案】C

【解析】构造主义认为，人的心理意识现象是简单的“心理元素”构成的“心理复合体”，它致力于对心理意识现象结构的研究；分析心理意识现象的“元素”，所以该学派又称为“元素主义心理学”。他们认为心理学是研究直接经验的科学，主张采用的研究方法是实验内省法。铁钦纳认为可以把意识分为感觉、表象(也译作意象)和情感(也译作激情)三个基本元素，感觉是知觉的元素，表象是观念的元素，情感是情绪的元素。

6. 在严格控制的条件下，用 fMRI 技术研究不同任务引起的大脑皮层激活状态的变化，该研究方法属于(　　)。[统考 2022 年研]

A. 测验法　　B. 观察法　　C. 调查法　　D. 实验法

【答案】D

【解析】A 项，测验法是指运用标准化测验工具(问卷、量表)度量被试对某一事物或情境的反应差异的研究方法。B 项，观察法是指在自然情境中对人的心理现象和行为有系统、有计划地观察记录，分析后获得心理活动产生和发展规律的研究方法。C 项，调查法是指被调查者就某一问题自由表达意见或态度，分析群体心理倾向的研究方法。D 项，实验法是指有计划、有目的地控制条件，使被试产生某种心理活动并进行分析研究的方法。题干中，“在严格控制的条件下”说明该研究方法属于实验法。

7. 认为人类的主要任务是使自身的潜能得到不断发展的心理学派是(　　)。[统考 2019 年研]

A. 机能主义　　B. 人本主义　　C. 行为主义　　D. 构造主义

【答案】B

【解析】A 项，机能主义学派主张意识是连续的整体，强调心理的适应机能，重视心理学的实际应用，并且主张把心理学的研究范围扩大到儿童心理学、教育心理学等。B 项，人本主义认为人有自由意志，有自我实现的需要。只要有适当的环境，他们就会力争实现某些积极的社会目标。人本主义的人性观认为人应该持续不断地成长。C 项，行为主义的主要观点是心理学不应该研究意识，只应该研究行为，把行为与意识完全对立起来。在研究方法上，行为主义主张采用客观的实验方法，而不使用内省法。D 项，构造主义认为心理学的研究对象是意识经验，主张心理学应该采用实验内省法分析意识的内容或构造，并找出意识的组成部分以及它们如何联结成各种复杂心理过程的规律。

8. 1967 年《认知心理学》出版标志现代认知心理学的诞生，作者是(　　)。[统考 2016 年研]

A. 斯滕伯格　　B. 布鲁纳　　C. 奈塞尔　　D. 西蒙

【答案】C

【解析】德裔美籍心理学家奈塞尔《认知心理学》的出版标志着认知心理学的诞生，他是以信息加工理论为基础的现代认知心理学的先驱，被誉为“认知心理学之父”。

9. 近年来认知心理学与神经科学相结合产生的新科学是(　　)。[统考2014年研]

A. 认知科学　　B. 神经心理学

C. 认知神经心理学　　D. 生理心理学

【答案】C

【解析】认知科学与神经科学相结合产生了认知神经科学，这是一门新兴学科，极大地促进了心理学的发展，特别是在基础心理学方向。

10. 创立行为主义心理学派的是(　　)。[北京大学2011年研]

A. 斯金纳　　B. 华生　　C. 班杜拉　　D. 霍尔

【答案】B

【解析】行为主义创始人华生认为心理学研究的对象不是意识而是行为，心理学的研究方法必须摒弃“内省法”，而代之以自然科学常用的实验法和观察法。

二、概念题

心理学[苏州大学2012年研]

答：心理学是研究心理现象的科学。心理现象的本质是人脑对客观世界的反映，是神经系统特别是脑的机能。人们可以通过观察和分析人的外在行为或通过现代技术观察脑的活动来研究心理现象。心理学的研究范围广泛，既研究人的心理也研究动物的心理，其中以人的心理现象为主要的研究对象；既研究个体心理也研究群体心理。

三、简答题

1. 什么是观察法？它有何优缺点。[统考2018年研]

答：观察法是研究者根据一定的研究目的，在自然条件下，对表现心理现象的外部活动进行系统的观察，从中发现心理现象产生和发展的规律性的方法。例如，观察学生在课堂上的表现，可以了解其注意的稳定性等。

当对所研究的对象无法加以控制或在控制条件下，可能影响某种行为的出现时，可以使用观察法。

观察法既有优点，也有缺点。

(1)优点

①适用范围较大。

②简便易行。

③观察者可以获得被观察者的第一手资料。

④由于被观察者处于自然状态，所得材料比较真实。

(2)缺点

①不能揭示因果关系。

②观察的结果也难以进行检验和证实，不能重复实验。

③得到的结果难以进行精确的分析。

④由于对条件未加控制，观察时难以控制目标现象的出现，需要等待时机。

⑤观察容易“各取所需”，即观察的结果容易受到观察者本人的兴趣、愿望、知识经验和观察技能的影响。

2. 简述当代心理学的研究取向。［首都师范大学 2014 年研］

答：大约从 20 世纪 30 年代以后，心理学各派间出现了互相吸收、互相补充的新局面。第二次世界大战后，心理学得到了迅速的发展。新的心理学思潮相继产生，形成了不同的研究取向，主要有：

（1）生理心理学的研究取向

①用生理心理学的观点和方法研究心理现象和行为，是当代心理学的一个重要的研究取向。采用这种取向的心理学家，关心心理与行为的生物学基础，把生理学看成描述和解释心理功能的基本手段。

②研究的主要问题有：a. 脑与心理的关系；b. 心理免疫学；c. 遗传在行为中的作用。生理心理学的研究方法主要有临床方法、局部切除法、电刺激法、生物化学方法和脑成像方法等。

（2）行为主义的研究取向

20 世纪初，以华生、斯金纳为代表人物的行为主义诞生。50 年代以后，行为主义作为一个学派已接近销声匿迹了。但是，作为一种研究取向，它仍活跃在心理学的某些应用研究领域中，比如程序学习、行为治疗、生物反馈。

行为主义要探索的问题主要有：在什么条件下某种行为能发生，不同刺激对行为可能有什么作用，行为的结果又怎样影响随后的行为等。

（3）精神分析的研究取向

早期的精神分析理论像行为主义的理论一样，遭受到来自各方面的批评。但是，精神分析的研究取向仍存在于心理学的某些研究领域中。

20 世纪 30 年代以后，一批后弗洛伊德主义者，如安娜·弗洛伊德、艾里克森等，将精神分析的理论应用于动机和人格的研究。与弗洛伊德不同的是，他们更关心儿童和青少年人格的正常发展，强调意识和自我的重要性，把青年期看成力比多活动的高潮时期。

（4）认知心理学的研究取向

认知心理学出现在 20 世纪初，在 50 年代以后得到迅速发展。

早期的认知心理学以瑞士著名心理学家皮亚杰（Jean Piaget，1896～1980）为代表，他重视智力发展问题。在信息论、控制论和系统论的影响下，20 世纪 50 年代末 60 年代初，心理学界涌现出一股研究认知过程的潮流。1967 年，美国心理学家奈塞尔（Neissei）发表了《认知心理学》一书，标志了现代认知心理学的诞生。

现代认知心理学除了应用心理学的一般研究方法外，还发展了自己特有的一些研究方法，如言语报告法、反应时记录法、计算机模拟方法等。

（5）人本主义心理学和积极心理学的研究取向

人本主义心理学着重于人格方面的研究，但它和精神分析学派的传统观念有着明显的区别。人本主义者认为，人的本质是好的、善良的，人有自由意志，有自我实现的需要。

因此，只要有适当的环境，他们就会力争达到某些积极的社会目标。人本主义心理学反对行为主义只相信可以观察到的刺激与反应，而认为正是人们的思想、欲望和情感这些内部过程和内部体验，才使他们成为各不相同的个人。

近年来，在人本主义心理学的基础上，一些心理学家进一步提出了积极心理学的主张。在他们看来，心理学应该关注个体和团体的积极因素，如积极人格、积极情感和积极的社会组织系统等。心理学的目标应该是促进个体的发展，社会的繁荣和幸福并预防问题的产生。在研究方法上，它不仅接受了人本主义的现象学方法，也接受了实验心理学的实证研究方法。

(6)进化心理学研究取向

进化心理学产生于20世纪80年代末，它运用进化论思想对人类心理的起源和本质进行研究，强调自然选择对人类普遍行为倾向的塑造作用。进化心理学认为，人类的心理机制也是自然选择的结果，如果某一种行为倾向有助于个体的生存，那么这种行为倾向就会被自然所选择，并且通过基因遗传保留下来。

3. 简述各心理学流派。[天津师范大学2012年研]

答：从19世纪末到20世纪初期，心理学家对心理学的内容、方法以及研究目的提出了不同的看法，产生了不同的学说。主要学派及代表人物如下：

(1)构造主义心理学

①代表人物

冯特、铁钦纳。

②主张

该学说主张研究人的直接经验即意识，并把意识分为感觉、表象(也译作意象)和情感(也译作激情)三个基本元素，感觉是知觉的元素，表象是观念的元素，情感是情绪的元素。所有复杂的心理活动都是由这些元素构成的。冯特首创的内省法，用于对个体的内在经验感受进行观察和分析。

(2)机能主义心理学

①代表人物

詹姆斯、杜威、安吉尔。

②主张

该学说认为意识是一种持续不断、川流不息的过程，即意识流，认为意识是个人的，永远变化的，连续的和有选择性的。意识的作用就是使有机体适应环境；强调意识的作用和功能，而不像构造主义那样强调意识的结构。如构造主义心理学主要关心什么是思维，而机能主义心理学则主要关心思维在人类行为中的重要作用。

(3)行为主义心理学

①代表人物

华生、斯金纳。

②主张

该学说认为心理学不应研究意识，而应该研究可观察的、可测量的个人行为，并以刺激-反应(S-R)之间的关系作为心理学研究的主要内容；意识不能观察和测量，所以意识不应该包括在心理学研究范围内；个体行为的基础是反应的关系，即此反应的形成与某刺激相关，了解了刺激与反应的关系；个体的行为都是在生活环境中习得的而不是与生俱来的。

(4)完形心理学(格式塔心理学)

①代表人物

韦特海默、苛勒、考夫卡。

②主张

该学说主要研究知觉与意识，其目的在于探究知觉与意识的心理组织历程，它以直接经验或现象经验作为研究对象。在研究方法上，他们既强调观察法，也不反对内省法，主要是一种纯粹的经验的观察。该学说认为各元素的总和不是意识的整体，而是整体大于部分之和。完形心理学研究知觉组织，而知觉组织与注意、记忆和思维等历程有关，为此完形心理学的研究为后来认知心理学的发展奠定了基础。

(5)精神分析学派

①代表人物

弗洛伊德、荣格、阿德勒。

②主张

弗洛伊德提出了潜意识、生本能、死本能等观念来解释人类行为的内在动力；对于人格发展阶段，以口腔期、肛门期、性器期、潜伏期和性征期以及认同、恋母情结等观念来解释个体心理发展的历程；对于人格结构，用本我、自我、超我三者来解释个体的人格结构，并以冲突、焦虑以及各种防卫机制来解释个体人格发展的动因。后期的新精神分析学派对弗洛伊德的理论有所发展，如更加强调自我在人格中的作用，不再过分强调弗洛伊德的本能论或泛性论的作用，而重视文化和社会因素对人格的影响。

(6)人本主义心理学

①代表人物

马斯洛、罗杰斯。

②主张

该学说主张，心理学的研究对象应该是正常人，应研究人类的复杂经验，如动机、价值、情感、生活责任以及生命的意义等。认为人性是善的，人类本性中蕴藏着无限的潜力，因此要改善环境以有利于人性的充分发展，达到自我实现的境界。

(7)认知心理学

①代表人物

早期的认知心理学以瑞士著名心理学家皮亚杰为代表。美国心理学家奈塞尔(1967)《认知心理学》的出版，标志着现代认知心理学的诞生。

②主张

该学说有广义和狭义两种解释。广义的认知心理学研究个体的注意、感知觉、记忆、想象和思维等心理过程。狭义的认知心理学就是信息加工心理学，是指对信息的输入、加工、存储和提取过程的研究。认知心理学是多学科结合的结果，它一方面吸收了心理学领域的研究成果，如完形心理学对知觉的研究；也受到其他学科的推动，如信息论、控制论、系统论和语言学的影响；同时计算机科学的进展也对其形成过程具有促进作用。

4. 列举并简介心理学的主要研究方法。［曲阜师范大学2011年研］

答：心理学的发展与其研究方法是分不开的。心理学独立以来，经常采用的基本方法主要包括以下几种：

(1)观察法

这是一种在自然条件下，实验者通过自己的感官或录音录像等辅助手段，有目的、有计划地观察被试的表情、动作、言语、行为等，来研究人的心理活动规律的研究方法。分为长期观察和定期观察、全面观察和重点观察。它是其他方法的基础，但不易主动控制，有一定局限性。

(2)实验法

这是一种有严格控制的、特殊的观察形式，是有目的、有方向，严格地控制或创设一定条件，来引起某种心理和行为的出现或变化，从而进行规律性探讨的研究方法。可分为实验室实验和自然实验两种形式。

(3)心理测验法

这是一种采用专门的测验工具即测验量表在较短时间内，对个人或团体的某种心理品质做出分析和鉴别的研究方法。虽然测验法还欠精确性，但和其他方法配合使用，对推动心理学研究与发展仍是一种较常用的方法。

(4)调查法

这是一种研究者根据事先拟定的调查提纲或者言简意赅的问题，直接访问被试或有关人员，将访问结果统计处理或文字总结，进行心理分析的研究方法。它可分为谈话法和问卷法两种。

(5)个案研究法

这是一种对单一研究对象的某个方面进行广泛深入研究的研究方法。它可以对一个人的心理发展过程进行比较系统、全面的研究；也可以对一个人某一心理活动的发展进行研究；或对某几个人同一心理活动的发展进行研究。

此外，心理学研究的方法还有作品分析法和教育经验总结法。作品分析法是通过对学生的作品进行分析来了解他的某种心理特点的方法。教育经验总结法是有目的地整理总结教育实践中那些行之有效的经验，并从中抽取和提炼出所包含的心理活动的规律的方法。

复杂心理现象的研究需要多种方法配合使用，才能揭示心理活动的规律。另外，随着心理科学的发展，其方法也在不断发展进步。

5. 心理与行为、意识与无意识的关系是怎样的?

答：(1)心理与行为的关系

行为不同于心理，但又和心理有着密切的联系。

①区别

心理是脑对客观事实的主观能动的反映，属于精神现象，是内隐活动，而行为却具有显露在外的特点，它可以用客观的方法进行测量。

②联系

行为总是在一定的刺激下产生的，而且引起行为的刺激常常通过心理的中介而起作用。不理解人的内部心理过程，就难以理解外部行为；心理支配行为，又通过行为表现出来。心理不同，产生不同的反应，决定了行为的复杂性；心理通过行为表现出来。心理学研究的一条基本法则就是通过外部行为推测内部心理过程。在这个意义上，心理学有时也称为研究行为的科学。

(2)意识与无意识的关系

意识是由人的认知、情绪、情感、欲望等构成的一种丰富而稳定的内在世界，是人们能动地认识世界和改造世界的内部资源。无意识是人们在正常情况下觉察不到，也不能自觉调节和控制的心理现象。人的日常生活、学习和工作，是在意识的支配下进行的。然而在人的正常生活中也存在着无意识现象，它对人的行为也有重要的作用。两者共同作用来影响人的行为。只有精神错乱、大脑损伤的病人，其行为才失去意识的控制，而完全被无意识的欲望所支配。

6. 为什么说心理学是一门中间科学？一名心理学家需要具备哪些素质？

答：(1)说心理学是一门中间科学的理由如下：

①在学科分类学中，通常将学科分成自然科学和社会科学两大部类。心理学要研究心理现象的物质本体，即心理的神经生物学基础。心理学还研究在计算机上模拟人类的行为，如知觉和问题解决。在这个意义上，心理学的研究目标和手段都和自然科学一样，因而具有自然科学的性质。

②同时，人又是社会的实体，心理的发生和发展不能离开社会环境的影响。离开了人与人的交往，人的语言能力、思维能力以及感知觉就不能发展起来。此外，心理学还研究社会心理或团体心理，这些心理现象更是社会生活的产物。在这个意义上，心理学的研究又具有社会科学的性质。

因此，在整个科学大家庭中，心理学处在中间的位置，因而可以称为中间科学或边缘科学。

(2)一名心理学家需要具备的素质

①知识要求

学科间的交叉和融合，是当代科学发展的重要特点，这一特点在心理学中表现得尤其明显。心理学是一门中间科学，一位心理学家常常需要具备自然科学和社会科学两方面的知识和科学素养。在自然科学方面，需要了解神经科学、生理学、生物化学、生态学、物理学、数学和计算机科学；在社会科学方面，需要懂得社会学、语言学、逻辑学、人类学等。总之，知识面越宽对学好心理学、当好一名心理学家越有帮助。

②能力要求

一名合格的心理学家，还需要具备许多重要的能力和人格特质。如问题解决能力、批判思维能力、语言表达能力、谈判交往能力、基本的倾听和移情技巧、成就动机、对风险的承受力等。因此，每一位选择了心理学专业的学生，都应在学习过程中，自觉地培养这些品质和能力。

四、论述题

比较构造主义、行为主义和精神分析学派的研究内容、研究方法和主要观点，并说明各学派对心理学发展的主要贡献。[统考 2012 年研]

答：(1)关于构造主义学派的介绍

①构造主义的基本观点

人的心理意识现象是简单的“心理元素”构成的“心理复合体”，它致力于心理意识现象“构造”的研究；分析心理意识现象的“元素”，设想心理元素结合的方式。心理学应该研究人们的直接经验即意识，并把意识分为感觉、表象(也译作意象)和情感(也译作激情)三个基本元素，感觉是知觉的元素，表象是观念的元素，情感是情绪的元素。所有复杂的心理现象都是由这些元素构成的。

②研究方法

构造主义强调内省方法。

③研究内容

冯特把心理元素分解为纯粹的感觉和简单的情感，铁钦纳则把意识经验分析为三种元素：感觉、意象和感情。感觉是知觉的基本元素；意象是观念的元素；感情是情绪的元素。铁钦纳把心理过程分析为感觉、意象、感情，并认为感觉、意象有四种属性，即性质、强度、持续性和清晰性。感情有前三种属性而缺乏清晰性，元素在时间和空间上混合形成知觉、观念、感觉、感情、情绪等心理过程。

④贡献

构造派是心理学史上第一个应用实验方法系统研究心理问题的派别。在他们的示范和倡导下，当时西方心理学实验研究得到了迅速传播和发展。

(2)关于行为主义学派的介绍

①行为主义基本观点

a. 机械唯物主义决定论；

b. 心理学是一门自然科学，是研究人的活动和行为的一个部门，要求心理学必须放弃与意识的一切关系，提出两点要求：

第一，心理学与其他自然科学的差异只是一些分工上的差异；

第二，必须放弃心理学中那些不能被科学普遍术语加以说明的概念，如意识、心理状态、心理、意志、意象等。

c. 极力要求用行为主义的客观法去反对和代替内省法，认为客观方法有四种：

第一，不借助仪器的自然观察法和借助于仪器的实验观察法；

第二，口头报告法；

第三，条件反射法；

第四，测验法。

斯金纳则属于新行为主义心理学，他只研究可观察的行为，试图在刺激与反应之间建立函数关系，认为刺激与反应之间的事件不是客观的东西，应予以排斥。斯金纳认为，可以在不放弃行为主义立场的前提下说明意识问题。

②行为主义研究内容

心理学不应该研究意识，只应该研究行为，把行为与意识完全对立起来。

③研究方法

行为主义主张采用客观的实验方法，而不使用内省法。

④贡献

行为主义在理论与技术上已经形成了一个比较完整的系统，可以进行科学实验；程序学习引入学习中，强化了学习的成果；行为主义的行为矫正治疗目标明确，这种目标不是抽象的，而是具体的，治疗的针对性强。

(3)关于精神分析学派的介绍

①精神分析的基本观点

人的心理可分为三个部分：意识、潜意识和无意识。意识是指个人目前意识到的一切。潜意识是指虽非目前意识到的但可以通过回忆而变为意识内容的一切。把人格分为：本我、自我和超我；关注童年经验对人格发展的影响。

②研究内容

精神分析学派的研究内容主要是意识和潜意识。

③研究方法

精神分析学派采用的研究方法主要有个案分析，自由联想和梦的解析。

④贡献

以潜意识学说为基础，提出了系统的人格理论，包括人格结构与人格发展的理论，以及探索潜意识对人发展的影响，他们的理论为临床治疗实践提供服务。精神分析的贡献既有理论方面，又有实践方面。此外，精神分析还对文学艺术、历史学等学科领域有着广泛的影响，构成了精神分析另一个方面的特殊贡献。

第2章　心理与行为的脑神经基础

2.1　复习笔记

【知识框架(庖丁解牛)】

- 心理与行为的脑神经基础
  - 神经元
    - 神经元概述
    - 胶质细胞
    - 神经冲动
    - 神经回路
  - 神经系统
    - 中枢神经系统
    - 周围神经系统
  - 脑功能学说
    - 定位说
    - 整体说
    - 机能系统学说
    - 模块说
    - 神经网络学说
  - 神经系统的进化与脑的可塑性
    - 不同物种的神经系统
    - 哺乳动物的脑
    - 神经系统的发育和脑的可塑性
    - 人类文化对脑的塑造

【复习向导(切中肯綮)】

本章重要考点及要求：了解神经系统中神经元、胶质细胞组成与作用，神经冲动定义，突触在神经冲动传导的作用，以及神经回路中最简单的反射弧的特点。重点掌握中枢神经系统中脑的各部分功能(特别是大脑皮层)。明确了解脑功能的各种学说。了解神经系统的进化与脑的可塑性。

【考点难点归纳(游刃有余)】

考点一、神经元

表2－1　神经元

要点	具体内容	
神经元概述	定义	即神经细胞，是神经系统的基础细胞
	组成	胞体(包括细胞核和细胞质)、树突和轴突

续表

要点			具体内容
神经元概述	作用		接受和传递信息
	分类		按功能可分为感觉神经元（传入神经元）、运动神经元（传出神经元）和中间神经元
胶质细胞	定义		又称神经胶质，是位于神经元与神经元之间的比神经元多出数倍的细胞组织
	作用		①为神经元的生长提供线路。 ②在神经元周围形成绝缘层，使神经冲动得以快速传递。 ③给神经元输送营养，清除神经元之间过多的神经递质
神经冲动	定义		是指当任何一种刺激（机械的、热的、化学的或电的）作用于神经时，神经元就会由比较静息的状态转化为比较活动的状态
	突触	定义	一个神经元和另一个神经元彼此接触的部位
		组成	突触前成分（是神经递质的存储场所）、突触间隙和突触后成分
		作用	实现了神经冲动的传递
	分类		①神经冲动的电传导：兴奋在神经纤维上是以电信号（局部电流）的形式传导。 ②神经冲动的化学传导：兴奋在神经元之间是以化学信号（神经递质）的形式传导
神经回路	最简单的一种神经回路是反射弧。反射弧一般由感受器、传入神经、神经系统的中枢部位、传出神经和效应器五个基本部分组成		

考点二、神经系统

表 2－2　神经系统

要点	具体内容			
中枢神经系统	脑	大脑	又称端脑；分为左右两半球，由胼胝体连接；由表面的灰质（大脑皮层）和深部的白质组成；大脑皮层的外侧面分为四个叶：额叶、顶叶、枕叶和颞叶	
			大脑皮层的初级感觉区	①视觉区：位于枕叶的枕极，属布鲁德曼的第 17 区。它接受光刺激作用于眼球产生的神经冲动，最终产生初级形式的视觉，如对光的觉察等。 ②听觉区：位于颞叶的颞横回处，属布鲁德曼的第 41、42 区。它接受声音刺激作用于耳朵产生的神经冲动，最终产生初级形式的听觉，如对声音的觉察等。 ③机体感觉区：位于中央后回，属布鲁德曼的第 1、2、3 区。它接受皮肤、肌肉和内脏器官发来的感觉信息，产生触压、温度、痛、运动和内脏等感觉
			大脑皮层初级运动区	位于中央前回，属布鲁德曼第 4 区。它发出动作指令，支配和调节身体各部分的运动，以及身体在空间中的位置和姿势
			大脑皮层联合区	①分成感觉联合区、运动联合区和前额联合区，和各种高级心理功能有关。 ②语言是联合区的重要功能，它与许多脑区有关，其中布洛卡区（左半球额叶的后下方、靠近外侧裂处；会引起运动性失语症）、威尔尼克区（颞叶上方、靠近顶叶处；会引起听觉性失语症）、角回（颞枕叶交界处；会引起视觉失语症或失读症）三个区域最重要
			脑半球的优势	①左半球：该半球主要负责言语、阅读、书写、数学运算和逻辑推理等。 ②右半球：负责知觉物体的空间关系、情绪、欣赏音乐和艺术等

续表

要点	具体内容			
中枢神经系统	脑	脑干	延脑	支配呼吸、排泄、吞咽、肠胃等活动
			桥脑	调节和控制睡眠
			中脑	协调手脚动作和面部表情
			网状系统	维持注意状态，调节肌肉紧张
		间脑	丘脑	除嗅觉外所有感觉的重要中枢
			下丘脑	负责内脏器官的活动，维持体内平衡，控制内分泌腺
		小脑	①位于延髓与脑桥的背侧。 ②保持身体平衡，调节肌肉紧张	
		边缘系统	①位于大脑内侧深处的边缘，包括扣带回、海马回、海马沟，以及其附近的大脑皮层。 ②与动物的本能活动有关，其中海马、杏仁核分别与记忆、情绪有关	
	脊髓	位于脊髓管内，是神经的通道，由灰质和白质构成（可完成膝盖反射、肘反射等简单的反射活动）		
周围神经系统	躯体神经系统	是到达各个感觉器官和运动器官的神经，通过这些神经支配感觉器官和运动器官；包括12对脑神经和31对脊神经		
	自主神经系统	又称植物性神经系统，是到达内脏器官的神经系统，可分为机能上相互拮抗的交感神经系统和副交感神经系统		

【拓展延伸】

边缘系统

1878年法国神经学家和人类学家布罗卡注意到构成每侧大脑半球的一圈组织，如胼胝体下回、扣带回、沟回、腹海马等结构，在解剖上相互联系，形成一个环形，他称之为大脑边缘叶，但他没有提出该叶的功能。1937年美国神经解剖学家帕佩兹提出，起源于海马的神经通路经乳头体、丘脑前核和扣带回的中继，返回海马构成一封闭环路，这一环路能作为情绪表达的神经基础。此边缘环路又名Papez环。至1952年，麦克林正式提出边缘系统这一术语，就是指那些由前脑古皮质、旧皮质演变而来的结构，以及与这些结构具有密切组织学联系并位于附近的神经核团。边缘系统包括扣带回、眶回、胼胝体下回、梨状区、海马回、杏仁核、隔区、下丘脑、乳头体等大脑部分和神经核团。可以认为，边缘系统是脑基底成分的一个相互联系的复合体，位于所有这些结构的中心的是下丘脑。从机能上看，下丘脑被认为是边缘系统的一个中心成分。

【习题精选】

1. 试阐释大脑皮层的基本结构和功能。

思路点拨：大脑皮层分为初级感觉区、初级运动区、联合区，每个区具有不同的功能，在感知、运动、思维、语言等多种复杂的生理和心理活动中发挥着关键作用。

参考答案：

(1)大脑皮层的基本结构

依据功能的差异，大脑皮层可划分为初级感觉区、初级运动区和联合区：

①初级感觉区

初级感觉区负责接收和处理来自身体各部位以及各种感觉器官的感觉信息，是大脑皮层中最先对感觉信息进行加工和处理的区域，包括以下部分：

a. 躯体感觉区：位于中央后回，涵盖 BA1、BA2 和 BA3 区。该区域主要负责接收来自身体各个部位的感觉信息，包括触觉、痛觉、温度觉等；

b. 视觉区：主要位于枕叶，包含 BA17、BA18 和 BA19 区。其中，BA17 区是大脑皮层的主要视觉区，也被称为纹状皮层，负责接收来自视网膜的视觉信息，并对这些信息进行初步的处理和分析。BA18 和 BA19 区也被称为纹外皮层，它们能够对视觉信息进行更高级的分析和整合，如物体的识别、空间定位、运动感知等；

c. 听觉区：主要位于颞叶的上回，包括 BA22 区以及部分 BA41 和 BA42 区。这些区域负责接收来自内耳的听觉信息，并对这些信息进行处理和分析。

②初级运动区

初级运动区负责发起和控制身体的各种运动，是大脑皮层中直接与运动控制相关的区域，位于中央前回，即 BA4 区。

③联合区

联合区是大脑皮层中除初级感觉区和初级运动区以外的其他区域，这些区域在功能上具有更为复杂和高级的特点，它们通过与初级感觉区、初级运动区以及其他联合区之间形成广泛而复杂的神经联系，实现对各种感觉信息、运动信息以及认知、情感、记忆等高级神经功能信息的整合、处理和分析，在大脑的高级神经功能中起着至关重要的作用。根据其功能和位置的不同，联合区可进一步分为以下部分：

a. 感觉联合区：位于感觉区的周围，与感觉区有着密切的联系。感觉联合区包括躯体感觉联合区、视觉联合区和听觉联合区等。这些区域主要负责对来自感觉区的感觉信息进行进一步的整合、处理和分析，从而使人们能够对感觉信息进行更深入的理解和认知；

b. 运动联合区：位于运动区的周围，与运动区有着密切的联系。运动联合区包括躯体运动联合区、前运动区和辅助运动区等。这些区域主要负责对运动信息进行进一步的整合、处理和分析，从而使人们能够对运动进行更精确的控制和调节；

c. 前额叶联合区：位于额叶的前部，是大脑皮层中最晚发育成熟的区域之一。前额叶联合区与大脑皮层的其他区域以及皮层下的一些结构，如丘脑、基底神经节、杏仁核等，有着广泛而密切的联系。这些联系使得前额叶联合区能够整合来自不同脑区的信息，包括感觉信息、运动信息、认知信息、情感信息、记忆信息等，从而实现对各种高级神经功能的调控和管理。前额叶联合区在大脑的高级神经功能中起着至关重要的作用，它参与了许多复杂的认知、情感、行为和社会功能等方面的活动。

大脑皮层的这三个功能区既相互独立又相互联系，共同协作完成人体各种复杂的生理和心理活动。初级感觉区负责接收和初步处理感觉信息，初级运动区负责发起和控制运动，而联合区则在更高层次上对感觉、运动以及认知、情感等信息进行整合和处理，使我们能够对外部世界和自身行为进行全面、深入的理解和控制。

(2)大脑皮层的功能

在不同的机能区域，大脑皮层具有不同的功能，分别介绍如下：

①初级感觉区

主要功能是接受和加工外界信息，如视觉区接受在光刺激的作用下由眼睛输入的神经冲动，产生初级形式的视觉；听觉区接受在声音的作用下由耳朵传入的神经冲动，产生初级形式的听觉；机体感觉区接受由皮肤、肌肉和内脏器官传入的感觉信号，产生触压觉、温度觉、痛觉、运动觉和内脏感觉等。

②初级运动区

主要功能是发出动作指令，支配和调节身体在空间的位置、姿势及身体各部分的运动。

③言语区

又分为：布洛卡区，位于左半球额叶的后下方，靠近外侧裂处，受损会引发运动性失语症；威尔尼克区，位于颞叶上方、靠近枕叶处，损伤这个区域将引起听觉性失语症；角回，位于顶枕叶交界处，损坏这个区域将出现理解书面语言的障碍，产生视觉失语症或失读症。

④联合区

又分为感觉联合区、运动联合区和前额联合区，它不接受任何感受系统的直接输入，从这个脑区发出的纤维，很少直接投射到脊髓支配身体各部分的运动，但是和各种高级心理功能有关。

2. 试说明脑干的组成成分及功能。

思路点拨：脑干包括中脑、脑桥和延脑；在脑干各段的广大区域，有一种由白质与灰质交织混杂的结构，称为网状结构或网状系统。脑干的主要功能是调节呼吸、心跳、平衡、睡眠、消化等基本生命活动，以及参与神经反射。

参考答案：

(1) 脑干的组成成分

脑干位于大脑下方，是连接脊髓和间脑的较小部分，呈不规则的柱状形；主要由中脑、脑桥和延髓三部分组成，每个部分都在人体的生理功能中扮演着极为重要的角色。具体来说：

①中脑

中脑是脑干中最上方的部分，位于间脑和脑桥之间，其外形较为短小。中脑的背侧部分称为顶盖，由上丘和下丘组成。上丘是视觉反射中枢，下丘则是听觉反射中枢。中脑的腹侧部分称为大脑脚。中脑被盖在顶盖下部，其中有黑质与红核，它们是运动系统的重要结构，与随意运动有关。

②脑桥

脑桥呈现出较为膨大的形态，其腹侧面宽阔而平坦，背侧面则与小脑相连。脑桥位于颅后窝，前方与中脑相连，下方与延髓相接，如同一个承上启下的枢纽，在整个神经系统中占据着重要的位置。它是中枢神经与周围神经之间传递信息的必经之地，与睡眠、觉醒、做梦等活动有关。

③延髓

延髓是脑干的最下部，与脊髓相连，其外形呈倒置的圆锥状。延髓的主要机能是调节内脏活动，是维持生命所必要的基本中枢，如呼吸、循环、消化等都集中在延髓，这些部位一旦受到损伤，常引起迅速死亡，所以延髓有“生命中枢”之称。

此外，在脑干各段的广大区域，有一种由白质与灰质交织混杂的结构，称为网状结构或网状系统。它主要包括中脑部分、脑桥的被盖和延髓的中央部位。网状结构按功能可分为上行网状结构和下行网状结构两个部分。上行网状结构也叫上行激活系统，控制着机体的觉醒或意识状态，与保持大脑皮层的兴奋性、维持注意状态有密切关系。下行网状结构也叫下行激活系统，对肌肉紧张有兴奋和抑制两种作用，即加强或减弱肌肉的活动状态。

(2)脑干的功能

脑干的主要功能可以概括为以下几点:

①调节呼吸和心跳

脑干中有控制呼吸和心跳的神经元，这些神经元与身体其他部位的神经元相互作用，维持身体的正常生理功能。

②调节身体平衡和姿势

脑干中的前庭神经核和小脑等结构参与调节身体的平衡和姿势，使身体在运动中保持稳定。

③调节睡眠和觉醒

脑干中存在与睡眠和觉醒相关的神经元，这些神经元可以调节睡眠和觉醒的周期，使人在不同的时间处于不同的状态。

④调节消化和内分泌

脑干中的一些神经元可以调节消化和内分泌系统的功能，如唾液分泌、胃液分泌、胰岛素分泌等。

⑤参与神经反射

脑干中存在许多神经反射中枢，这些中枢可以调节身体的反射活动，如膝跳反射、吞咽反射等。

总之，脑干的主要功能是维持身体的基本生命活动，调节身体的平衡和姿势，控制睡眠和觉醒，调节消化和内分泌，参与神经反射等。脑干的损伤或疾病可能会导致严重的后果，如呼吸和心跳停止、瘫痪、昏迷等。因此，对于脑干的损伤或疾病，需要及时进行诊断和治疗。

考点三、脑功能学说

表 2－3　脑功能学说

要点		具体内容
定位说	基础	布洛卡和威尔尼克等人的发现
	内容	人的心理功能是和脑的某一特定部位有关的
整体说	基础	弗洛伦斯和拉什利等人的实验
	内容	人的大脑要通过整体来发挥作用
机能系统说	基础	鲁利亚的临床经验
	内容	某一脑部位的损伤并不会导致某一孤立的心理机能的丧失，而会引起某种综合征

续表

要点		具体内容
模块说	基础	查尼加的认知神经实验
	内容	人脑在结构和功能上是由高度专门化并相对独立的模块组成的
神经网络说	基础	格施温德的神经网络学说
	内容	由脑区组成的动态神经网络构成了各种复杂认知活动的神经基础

考点四、神经系统的进化与脑的可塑性

1. 不同物种的神经系统

(1)神经系统和脑的进化为心理现象的产生与发展准备了物质基础。

(2)不同物神经系统进化：无神经系统（单细胞动物）→网状神经系统（多细胞动物）→链状或节状神经系统（无脊椎动物）→管状神经系统（低等脊椎动物）→中枢神经系统（高等脊椎动物）。

2. 哺乳动物的脑

(1)脑的大小与动物的智力有着密切的关系，随着进化阶梯的上升，脑指数也随之上升。

(2)脑的新皮层面积的增加在从猿到人的转变过程中具有重要意义。

(3)脑的皮层可以分为不同的区域，分别执行听觉、视觉、运动觉等不同的功能；人类大脑皮层的生长不仅表现为数量的增加，而且表现为功能的增加。

3. 神经系统的发育和脑的可塑性

(1)“复演说”认为，个体脑发育的过程复现了脑的物种进化过程。

(2)人类的生长发育中存在突触精简现象，即成人的轴突密度小于婴幼儿的轴突密度。

(3)身体发育、经验积累、学习训练可以引起神经系统特别是大脑功能和结构的改变。

4. 人类文化对脑的塑造

(1)在人脑的进化中，语言起了重要作用。

(2)人脑创造文化，又在这种文化的影响和熏陶下得到发展。

2.2　典型题（含考研真题）详解

一、单项选择题

1. 如果某人中风后不能保持身体的平衡，那么他最有可能受损伤的脑部位是（　　）。[统考2023年研]

A. 海马　　B. 小脑　　C. 中脑　　D. 桥脑

【答案】B

【解析】A项，海马在记忆功能中有重要作用。B项，小脑具有保持身体平衡，调节肌肉紧张的作用。C项，中脑是小脑和桥脑之间，是神经的通路，还有瞳孔反射和眼动两个中枢。D项，桥脑对人的睡眠具有调节和控制的作用。

2. 神经冲动的传导形式有（　　）。[统考2018年研]

A. 化学传导和声传导　　B. 电传导和光传导
C. 化学传导和电传导　　D. 光传导和热传导

【答案】C

【解析】神经冲动的传导分为两种类型：细胞内的电传导和细胞间以化学物质为媒介的突触传递，又称为化学传导。

3. 最直接影响摄食（吃、喝）和身体温度的神经机构是（　　）。[南京师范大学 2017 年研]

A. 内分泌系统　　B. 下丘脑　　C. 海马回　　D. 杏仁核

【答案】B

【解析】下丘脑位于大脑腹面、丘脑的下方，是调节内脏活动和内分泌活动的较高级神经中枢，它能调节垂体前叶功能，合成神经垂体激素及控制自主神经（植物神经）功能，若损伤会引起动机行为的异常，如摄食、饮水、性行为、打斗、体温调节和活动水平。

4. 病人因颞叶受伤而导致受损的功能主要是（　　）。[统考 2016 年研]

A. 听觉　　B. 视觉　　C. 嗅觉　　D. 味觉

【答案】A

【解析】听觉区：在颞叶的颞横回处，接受在声音的作用下由耳朵传入的神经冲动，产生初级形式的听觉，若此处受损主要影响的是听觉。视觉区：位于顶枕裂后面的枕叶内，接受在光刺激的作用下由眼睛输入的神经冲动，产生初级形式的视觉。机体感觉区：位于中央后回，接受由皮肤、肌肉和内脏器官传入的感觉信号，产生触压觉、温度觉、痛觉、运动觉和内脏感觉等。

5. 在裂脑人实验中，假设给被试左视野呈现“苹果”图片，右视野呈现单词“杯子”，能顺利完成的任务是（　　）。[统考 2016 年研]

A. 用左手选出屏幕后摆放的苹果　　B. 右手选出苹果
C. 左手选出屏幕后摆放的杯子　　D. 口头报告看到了苹果

【答案】A

【解析】每个半球只对来自身体对侧的刺激做出反应，并调节对侧身体的运动。题目中左视野呈现“苹果”图片，投射在脑的右侧，被试用左手很容易从屏幕后选出苹果。但是语言是左半球控制的，所以被试不能口头报告看到了苹果。

6. 在神经元的各组成部分中，用来接收其他神经元信息的是（　　）。[华南师范大学 2015 年研]

A. 细胞体　　B. 轴突　　C. 突触　　D. 树突

【答案】D

【解析】神经元即神经细胞，是神经系统的基本结构单位、功能单位和营养单位，是脑的建筑材料，基本功能是接受和传送信息。结构上包括胞体、树突、轴突。树突较短，负责接受刺激，将神经冲动传向胞体。轴突较长，每个神经元只有一根轴突，作用是将神经冲动从胞体传出去，到达与它联系的各种细胞。

7. 下列选项中，与有机体的呼吸、吞咽、排泄等基本生命活动有密切联系的是(　　)。[统考2015年研]

A. 桥脑　　B. 中脑　　C. 延脑　　D. 间脑

【答案】C

【解析】脑干包括桥脑、延脑、中脑。其中，延脑与有机体的基本生命活动有密切关系，它支配呼吸、排泄、吞咽、肠胃等活动，因而又称“生命中枢”。A项，桥脑对人的睡眠有调节和控制的作用；D项，间脑由丘脑和下丘脑组成，丘脑是感觉信息的中继站；下丘脑在情绪和体内平衡中起重要作用。

8. 大脑两半球之间传递信息的神经结构是(　　)。[统考2012年研]

A. 杏仁核　　B. 内囊　　C. 边缘系统　　D. 胼胝体

【答案】D

【解析】胼胝体位于大脑半球纵裂的底部，是大脑最大的白质带，是连接左右两侧大脑半球的横行神经纤维束，是大脑半球中最大的连合纤维，大脑两半球间的通信多数是通过胼胝体进行的。

9. 除嗅觉外，感觉信息传入大脑皮层最后一个中转站是(　　)。[统考2011年研]

A. 丘脑　　B. 下丘脑　　C. 海马　　D. 桥脑

【答案】A

【解析】丘脑是个中转站，丘脑后部有内、外侧膝状体，分别接受听神经与视神经传入的信息。除嗅觉外，所有来自外界感官的输入信息，都通过丘脑再导向大脑皮层。

10. 初级视觉区、初级听觉区、躯体感觉区、言语运动区，在大脑皮层的部位依次是(　　)。[统考2011年研]

A. 顶叶，额叶，颞叶，枕叶　　B. 顶叶，枕叶，颞叶，额叶

C. 枕叶，额叶，顶叶，颞叶　　D. 枕叶，颞叶，顶叶，额叶

【答案】D

【解析】视觉区位于顶枕裂后面的枕叶内；听觉区位在颞叶的颞横回处；躯体感觉区位于顶叶的中央后回处；在左半球额叶的后下方，靠近外侧裂处，是言语运动区。

二、概念题

1. 胶质细胞[吉林大学2018年研]

答：胶质细胞，又称神经胶质，是广泛分布于中枢神经系统内的，除了神经元以外的所有细胞，在中枢神经系统中数量大约是神经元的十倍。其具有支持、滋养神经元的作用，也有吸收和调节某些活性物质的功能。

2. 神经元[首都师范大学2015年研]

答：神经元，又称神经细胞，是神经系统的基本结构和功能单位，它的基本作用是接受和传递信息。神经元是具有细长突起的细胞，由胞体、树突和轴突三部分。胞体由细胞膜、细胞质和细胞核组成。树突是与胞体相连的小突起，它主要负责接收刺激，将神经冲

动传向胞体。轴突一般较长，每个神经元只有一根，它负责将神经冲动从胞体传出，到达与它联系的各种细胞。神经元之间通过接受和传递神经冲动来进行交往，这种传递有电传导和化学传导两种方式。

三、简答题

1. 简述布洛卡区在语言加工中的功能。［中国科学技术大学 2019 年研］

答：布洛卡区，即布鲁德曼第 44，45 区，位于左半球额叶的后下方，靠近外侧裂处。

（1）发现

法国医生布洛卡接待了一位失语病人。这位病人右侧身体瘫痪，只能说“tan”，而智力的其他方面正常。病人去世后，尸检的结果表明，病人的左侧额叶受到损伤。

（2）功能

布洛卡区为言语运动区，它通过邻近的运动区控制说话时的舌头和颚的运动；这个区域受损会引发运动性失语症，这种病人说话不流利，话语中常常遗漏功能词，因而形成“电报式”语言。它可以产生协调的发音程序；提供语言的语法结构；产生言语的动机和愿望。

2. 简述大脑皮层感觉中枢的定位特点及其机能。［苏州大学 2017 年研］

答：大脑皮层感觉区包括视觉区、听觉区和机体感觉区，是接受和加工外界信息的区域。

（1）视觉区

位于顶枕裂后面的枕叶内，属布鲁德曼的第 17 区，接受在光刺激的作用下由眼睛输入的神经冲动，产生初级形式的视觉。

（2）听觉区

位于颞叶的颞横回处，属布鲁德曼的第 41、42 区，接受在声音的作用下由耳朵传入的神经冲动，产生初级形式的听觉。

（3）机体感觉区

位于中央后回，属布鲁德曼的第 1、2、3 区，接受由皮肤、肌肉和内脏器官传入的感觉信号，产生触压觉、温度觉、痛觉、运动觉和内脏感觉等。

3. 什么叫割裂脑研究？它对揭示脑功能有何重要的作用？

答：（1）割裂脑研究的含义

割裂脑研究是在切断胼胝体（连接大脑左右半球的神经纤维束）的情况下，分别对大脑两半球的功能进行研究的一种实验方法。研究对象主要是因治疗严重癫痫等疾病而接受胼胝体切断手术的患者，通过对这些裂脑患者的观察和实验，来探索大脑两半球的功能差异和独特作用。

（2）对揭示脑功能的重要作用

①明确左右半球功能差异

该研究清晰地揭示了大脑左右半球在功能上具有明显的偏侧化现象。左半球主要负责语言、逻辑推理、数学运算等功能，大多数人的语言中枢在左半球，具有言语优势，能进行复杂的语言表达和理解。右半球则在空间知觉、音乐欣赏、艺术感知、情绪识别等方面表现突出，例如能更好地感知物体的空间关系、理解情绪情感的表达等。

②深化对脑功能机制的认识

该研究帮助研究者了解大脑两半球之间的信息传递和协同工作机制。在正常情况下，两半球通过胼胝体相互协作，共同完成各种认知和行为任务。而在割裂脑状态下，两半球功能分离，这种对比研究使人们更深入地理解了两半球在信息整合、加工过程中的分工与合作方式，以及大脑如何通过这种机制实现复杂的心理和行为功能。

③推动神经科学和心理学发展

该研究为神经科学和心理学领域提供了重要的研究范式和大量的实证研究数据。许多关于大脑功能的理论和模型都是在割裂脑研究的基础上发展起来的，极大地促进了相关学科对脑－行为关系的理解，也为后续的神经可塑性、认知神经科学等研究方向提供了启示和基础。

④助力临床治疗和康复

该研究对临床治疗和康复具有重要的指导意义。通过了解大脑两半球的功能特点，医生可以在治疗脑部疾病（如脑损伤、中风等）时，更有针对性地制定治疗和康复方案，根据患者受损半球的情况，采取相应的语言训练、认知训练等康复措施，提高患者的康复效果和生活质量。

4. 什么叫边缘系统？它在人的行为和心理活动中有什么重要作用？

答：（1）边缘系统的含义

在大脑内侧面最深处的边缘，有一些结构，它们组成一个统一的功能系统，称为边缘系统。这些结构包括扣带回、海马回、海马沟、附近的大脑皮层（如额叶眶部、岛叶、颞根、海马及齿状回），以及丘脑、丘脑下部、中脑内侧被盖等。

（2）重要作用

其在人的行为和心理活动中的重要作用包括：

①边缘系统与动物的本能活动有关。动物的喂食、攻击、逃避危险、配偶活动等，可能由边缘系统支配。在哺乳动物中，边缘系统好像能抑制某些本能行为的模式，使肌体对环境的变化做出更好的反应。

②边缘系统特别是海马在记忆功能中有重要作用。海马损毁的病人，空间信息记忆和时间编码功能将受到破坏。

③边缘系统与情绪也有密切的关系。表情、面孔、彩色情绪图片或情绪词等都能引起边缘系统中杏仁核的显著激活。

④边缘系统扣带回与注意有密切的关系。在有意注意时，在执行有冲突的任务或任务难度增加时，扣带回都有显著的激活。

四、论述题

论述19世纪以来的重要脑功能学说。［统考2025年研］

相关试题：当前有关脑功能的研究主要有哪些学说？［简答题，华南师范大学2015年研］

答：19世纪以来出现了许多重要的脑功能学说，这些学说对于理解大脑如何工作以及脑功能与心理、行为之间的关系具有重要意义，以下是一些主要的学说：

(1)定位说

①起源与发展

19 世纪初，加尔(F. J. Gall)和施普茨海姆(J. G. Spurzheim)提出了颅相学，可视为定位说的早期雏形，虽然颅相学缺乏科学依据，但推动了脑功能定位的研究。1861 年，布洛卡(P. Broca)发现大脑左半球额下回损伤会导致运动性失语症，这一发现为脑功能定位说提供了重要的证据。随后，1874 年，威尔尼克(C. Wernicke)发现了大脑左半球颞上回后部损伤与感觉性失语症的关系，进一步支持了脑功能定位的观点。

②主要观点

大脑的不同区域分别负责不同的特定功能，如运动、语言、视觉等，这些功能在大脑中具有明确的定位。

(2)整体说

①起源与发展

19 世纪中叶，弗洛伦斯(P. Flourens)通过对鸽子等动物进行脑切除实验，发现大脑的不同部位被切除后，动物的各种功能会受到不同程度的影响，但并没有发现特定功能与特定脑区的严格对应关系。20 世纪初，拉什利(K. S. Lashley)进行了一系列关于大鼠学习和记忆的实验，进一步支持了脑功能的整体说。

②主要观点

大脑是作为一个整体来发挥作用的，大脑的各个部分对各种心理功能的贡献是均等的，不存在特定功能由特定脑区完全负责的情况，学习和记忆等复杂心理功能是整个大脑皮层活动的结果，大脑皮层的损伤会导致整体功能的下降，而不是特定功能的丧失。

(3)机能系统学说

①起源与发展

20 世纪 50 年代，苏联神经心理学家鲁利亚(A. R. Luria)在对大量脑损伤患者进行研究的基础上，提出了机能系统学说。

②主要观点

大脑是一个复杂的机能系统，由多个相互联系、相互作用的机能系统组成，每个机能系统都由不同的脑区协同完成特定的功能。鲁利亚将大脑分为三个基本的机能系统，即调节激活与维持觉醒状态的机能系统、信息接收、加工和存储的机能系统以及运动调节系统，这些机能系统相互配合，共同完成各种复杂的心理活动。

(4)模块说

①起源与发展

20 世纪 80 年代，福多(J. A. Fodor)等提出了模块说，随着认知神经科学的发展，该学说得到了更多的研究支持和发展。

②主要观点

大脑是由多个相对独立的、具有特定功能的模块组成，这些模块在信息加工过程中具有各自独特的作用，它们之间相互协作，共同完成复杂的认知任务。模块具有领域特异性、信息封装性等特点，即每个模块只对特定类型的信息进行加工，并且模块内部的信息加工过程不受其他模块的影响。

(5)神经网络学说

①起源与发展

随着神经科学技术的不断进步，特别是脑成像技术、神经电生理技术等的发展，人们对大脑功能的认识逐渐深入到神经网络层面，神经网络学说在20世纪后期得到了快速发展。

②主要观点

大脑的各种功能是通过神经元之间相互连接形成的复杂神经网络来实现的，不同的功能由不同的神经网络负责，这些神经网络在结构和功能上相互联系、相互作用，形成一个动态的、协同工作的网络系统。

综上所述，这些脑功能学说从不同角度对大脑的功能进行了探讨和解释，它们相互补充、相互促进，共同推动了人们对大脑功能的认识不断深入。

第2编　人的信息加工

第3章　感　觉

3.1　复习笔记

【知识框架(庖丁解牛)】

- 感觉
  - 感觉概述
    - 定义
    - 种类
    - 研究的意义
    - 感受性、感觉阈限及其测定
    - 刺激强度与感觉大小的关系
    - 信号检测论
  - 视觉
    - 外部条件
    - 生理机制
    - 基本现象
    - 相关理论
  - 听觉
    - 基本特性
    - 生理机制
    - 相关理论
  - 化学感觉
    - 定义
    - 嗅觉
    - 味觉
  - 躯体感觉
    - 定义
    - 皮肤感觉
    - 动觉
    - 平衡觉
    - 内脏感觉

【复习向导(切中肯綮)】

本章重要考点及要求：了解感觉的定义、种类以及研究的意义；掌握关于刺激强度与感觉大小的关系的三大定律；了解信号检测论的内容。明确了解视觉、听觉、化学、躯体四种类型的感觉；掌握视觉、听觉的相关理论。

【考点难点归纳(游刃有余)】

考点一、感觉概述

表 3 – 1　感觉概述

要点	具体内容	
定义	是人脑对直接作用于感觉器官的客观事物的个别属性的反映	
种类	外部感觉	视觉、听觉、化学感觉(嗅觉、味觉)和躯体感觉(包括触觉、温度觉和痛觉)等
	内部感觉	又称机体觉，接收身体内部的刺激，如运动觉、平衡觉和内脏感觉
研究的意义	①研究感觉对理解知识的起源具有重要意义。 ②研究感觉也有重要的应用价值	
感受性、感觉阈限及其测定	感受性	感觉器官对适宜刺激的感觉能力
	绝对感觉阈限	刚刚能引起感觉的最小刺激强度
	差别感觉阈限	刚刚能引起差别感觉的刺激强度的最小变化量
	信号检测论	用一种数学方法来评价个体的感受性和他的反应标准对信号检测做出的不同贡献
刺激强度与感觉大小的关系	韦伯定律	差别阈限随原来刺激强度的变化而变化，但差别阈限与原来刺激强度的比值是一个常数。公式：$\Delta I/I = K$，其中 ΔI 是差别闽限，I 是刺激强度，K 是一个常数。韦伯分数越小，感觉越敏锐
	对数定律	费希纳认为，感觉的强度与刺激强度的对数成正比。公式：$S = KlgR$，其中 R 是物理量——刺激的强度，S 为心理量——感觉的大小，K 是常数(与某种感觉的韦伯分数有关)
	幂定律	斯蒂文斯认为，心理量与刺激的物理量的幂成正比。公式：$S = bI^a$，其中为刺激的物理量，S 为心理量，b 和 a 都是常数
信号检测论	被试判断信号是否存在，依赖他在进行这个任务时的一系列非感官的心理因素；对信号检测论来说，心理物理学中所称的“绝对阈限”似乎并不存在	

【习题精选】

试说明感觉阈限与感受性的相互关系。

思路点拨：感觉是由刺激物直接作用于某种感官引起的，但是，人的感官只对一定范围内的刺激做出反应；只有在这个范围内的刺激，才能引起人们的感觉，这个刺激范围及相应的感觉能力，称为感觉阈限和感受性。这是一组物理量，又有绝对和差别之分。

参考答案：

(1)绝对感觉阈限与绝对感受性的关系

绝对感觉阈限是指刚刚能引起感觉的最小刺激量；绝对感受性是指人的感官觉察这种微弱刺激的能力。绝对感受性可以用绝对感觉阈限来衡量。绝对感觉阈限越大，感受性就越小；绝对感觉阈限越小，则感受性越大。因此，绝对感受性与绝对感觉阈限在数值上成反比例。

(2)差别感觉阈限与差别感受性的关系

差别感觉阈限是指刚刚能引起差别感觉的刺激物间的最小差异量。差别感受性是指对这一最小差异量的感觉能力。差别感受性与差别阈限在数值上也成反比例。差别阈限越少，差别感受性就越大。

考点二、视觉

表3－2 视觉

要点	具体内容	
外部条件	光	是具有一定频率和波长的电磁辐射；可见光波长为380～780nm；人眼接受的光线主要是物体表面反射的光线
生理机制	折光机制	视觉的感受器是视网膜上的感光细胞，光线经过一系列聚光器官，折射并聚焦在视网膜上
	感光机制	光线到达视网膜后，首先穿过视神经纤维的节状细胞、双极细胞，再引起感光细胞(锥体细胞和棒体细胞)的变化，然后它们通过光化学反应，影响双极细胞和节状细胞，从而使视神经纤维的冲动传入视觉中枢
	传导机制	由于锥体细胞和棒体细胞中某些化学物质分子结构的变化而释放的能量，激起感光细胞发放了神经冲动，光能便转换为神经信号，这种信号经由三级神经元传递至大脑的视觉中枢而产生视觉
	中枢机制	视觉的直接投射区为大脑枕叶的纹状区(布鲁德曼第17区)，这是实现对视觉信号初步分析的区域；视网膜上的某些细胞就成为视觉中枢中某些神经细胞的感受野，不同的感受野感受不同的刺激，如感受线条、面积、角度、运动、方向等
基本现象	颜色	包括彩色和非彩色： ①彩色具有三种特性：a. 色调(取决于光的波长)；b. 明度(取决于光的强度和物体表面的反射系数)；c. 饱和度(又称浓度，取决于在彩色里掺杂其他色的程度)。 ②非彩色就是灰，它只有明度一种特性
	颜色混合	①定义：两种颜色混合到一起产生新的颜色的现象。 ②种类： a. 色光混合，是相加的混合； b. 颜料混合，是相减的混合。 ③规律： a. 互补律。每一种颜色都有另一种同它相混合而产生白色或灰色的颜色，这两种颜色互为补色； b. 间色律。混合两种非补色，可以产生一种新的介乎它们之间的中间色； c. 代替律。相混合的两种颜色，都可以由不同颜色混合后产生的相同颜色来代替
	视觉缺陷	包括色弱和色盲

续表

要点		具体内容
相关理论	色觉理论	①三色说：托马斯·杨和赫尔姆霍茨认为，视网膜上红、绿、蓝三种神经纤维的兴奋都能引起一种原色的感觉。 ②四色说：黑林认为，在视网膜上存在着黑－白、红－绿、黄－蓝三对视素，它们在光刺激的作用下表现为对抗的过程，即同化过程和异化过程
	视觉中的空间特性	①视觉对比：光刺激在空间上的小同分布引起的视觉经验。可以分为明暗对比和颜色对比。 ②马赫带：两个相邻明度不同的光带，虽然每个光带上光的强度是一样的，但是看起来亮区里临近暗区的地方更亮，暗区里临近亮区的地方更暗
	视觉中的时间特性	视觉适应：由于视觉刺激的持续作用而引起的感受性的变化。可分为： ①暗适应，是指照明停止或由亮处转入暗处时，视觉感受性提高的过程。 ②明适应，是指照明开始或由暗处转入明处时视觉感受性下降的过程
		①后像：是指刺激停止后暂时保留的感觉形象；和刺激物性质相同的后像称为正后像；和刺激物性质相反的后像称为负后像。 ②闪光融合：在明暗交替的光刺激作用下，当交替的速度加快时，原来看到的闪烁的光就变成了连续的光。 ③视觉掩蔽：在某种时间条件下，当一个闪光出现在另一个闪光之后时，这个闪光能影响到对前一个闪光的觉察

考点三、听觉

表 3－3 听觉

要点		具体内容
基本特性	音调	是由声波频率决定的听觉特性，人的听觉的频率范围为 16～20000Hz
	音响	是由声音强度或声压水平决定的听觉特性
	音色	是不同声音表现在波形方面的有与众不同的特性
生理机制	耳	由外耳、中耳、内耳组成。 ①外耳包括耳廓和外耳道，耳廓用于收集声音，外耳道起着共鸣箱的作用。 ②中耳由鼓膜、三块听小骨、卵圆窗和正圆窗组成。 ③内耳由前庭器官和耳蜗组成。耳蜗中的科蒂氏器官是听觉的感受器
	听觉的传导机制和中枢机制	①听觉系统为皮层提供了同侧和对侧的输入，以对侧为主。 ②腹侧通道投射到听觉的核心皮层（A1 或布鲁德曼第 41 区），背侧通路投射到第二级区，最后产生声音
相关理论	频率理论	①提出者：拉瑟福德。 ②观点：外界声音的振动会引起耳蜗基底膜相同频率的振动
	共鸣理论	①提出者：赫尔姆霍茨。 ②观点：基底膜上的横纤维长短不同，它们分别与外界不同频率的振动发生共鸣
	行波理论	①提出者：冯·贝克西。 ②观点：外来声音频率的不同，基底膜最大振幅所在的部位也不同
	神经齐射理论	①提出者：韦弗尔。 ②观点：当声音频率低于 400Hz 时，听神经个别纤维的发放频率是和声音频率对应的

【习题精选】

简要评述听觉的频率理论和位置理论。

思路点拨：要能明确回答两种理论的提出者及主要观点。位置理论又称共鸣理论。

参考答案：

(1)听觉的频率理论

①理论内容

该理论由物理学家罗·费尔提出。这种理论认为，内耳的基底膜是和镫骨按相同频率运动的。

②评价

振动的数量与声音的原有频率相适应，但频率理论难以解释人耳对声音频率的分析；人耳基底膜不能做每秒1000次以上的快速运动，这和人耳能够接受1000Hz以上的声音不相符。

(2)听觉的位置理论

①理论内容

a. 由于基底膜的横纤维长短不同，靠近蜗底较窄，靠近蜗顶较宽，因而能够对不同频率的声音产生共鸣。声音刺激的频率高，短纤维发生共鸣，做出反应；声音刺激的频率低，长纤维发生共鸣，做出反应；

b. 人耳基底膜约有24000条横纤维，它们分别反应不同频率的声音；

c. 基底膜的振动引起听觉细胞的兴奋，因而产生高低不同的音调。

②评价

共鸣理论主要根据基底膜的横纤维具有不同的长短，因而能对不同频率的声音发生共鸣。但人们以后发现，这种根据并不充分。横纤维的长短与频率的高低之间并不对应。

考点四、化学感觉

表3－4 化学感觉

要点		具体内容
定义		是指由化学物质作用于特定的感觉器官引起的感觉；主要包括嗅觉和味觉
嗅觉	定义	是指由有气味的气体物质引起的感觉
	感受器	嗅细胞位于鼻腔上部两侧的黏膜中；是唯一不通过丘脑而直接传入大脑的感觉
	影响因素	不同性质的刺激；环境因素(温、湿度)、机体状态(鼻炎、感冒)；适应("入芝兰之室，久而不闻其香；入鲍鱼之肆，久而不闻其臭")；性别和年龄；职业实践
	种类	基于人类主观感受可分为宜人的气味(花香、果香、食物的香气等)；不愉快的气味(腐臭味、刺鼻的化学气味、汗臭味等)；中性气味(普通纸张、清水等)
味觉	定义	是指可溶性物质作用于味蕾产生的味道感觉
	感受器	分布在舌表面、咽喉黏膜以及软腭等处的味蕾
	影响因素	嗅觉；温度；个体差异；民族差异等
	种类	基本味觉有甜、苦、酸、咸、鲜等

考点五、躯体感觉

表 3-5　躯体感觉

要点		具体内容
定义		是指由多种刺激作用于皮肤、肌肉和关节等人体组织或器官引起的感觉；主要包括触压觉、温度觉、痛觉、动觉、平衡觉、内脏感觉等
皮肤感觉	定义	是指刺激作用于皮肤引起各种各样的感觉
	种类	包括触压觉、温度觉、痛觉
	感受器	分布于真皮内的几种神经末梢
动觉	定义	是对身体各部分的位置及相对运动进行反映的感觉
	感受器	为肌梭、腱梭和关节小体，位于肌肉、肌腱、韧带和关节中
平衡觉	定义	是对人体作直线的加速或减速运动或做旋转运动进行反映的感觉
	感受器	位于内耳的半规管和前庭。半规管反映人的旋转运动，前庭反映人的直线加速或减速运动
内脏感觉	定义	是对机体饥、渴、痛、温度等状态的反映
	感受器	位于脏器壁上，将内脏的活动及变化信息传入中枢

3.2　典型题(含考研真题)详解

一、单项选择题

1. 下列心理现象中，可以用视觉现象中的侧抑制现象来解释的是(　　)。[统考 2023 年研]

A. 马赫带　　B. 普肯耶现象　　C. 闪光融合　　D. 视觉掩蔽

【答案】A

【解析】马赫带是指人们在明暗变化的边界上，常常在亮区看到一条更亮的光带，而在暗区看到一条更暗的线条。我们可以用侧抑制来解释马赫带的产生。

2. 电影胶片上的画面是静止的，但播放时人们看到的却是连续运动的画面，产生这种效果的视觉机制是(　　)。[统考 2019 年研]

A. 双眼视差　　B. 视轴辐合　　C. 视觉后像　　D. 线条透视

【答案】C

【解析】A 项，由于两眼之间有距离，因此，当用两只眼睛看同一物体时，这一物体落在两眼视网膜上的视像就有了差异，这两个略有差异的视像叫作双眼视差。它是产生深度知觉的最重要的线索。但如果两视像相差太大，则会产生双像，即把一个物体看成两个。B 项，视轴辐合是指看远的物体两眼的辐合角度小，看近的物体辐合角度大。双眼视轴的辐合由外展肌调节，因而外展肌的紧张度就给判断远近提供了线索。C 项，视觉后像是指刺激虽停止作用，但对刺激的感觉却暂时保留了下来。题目中描述的是动景运动，原理就是存在视觉后像。D 项，线条透视是指两条平行线向远方延伸，结果看起来趋于接近的现象。

3. 一杯水里加了一勺糖，另外一杯同样多的水里加了两勺糖。甲同学能辨别出两杯水的甜度不一样，而乙同学则认为两杯水一样甜，甲同学对甜味的______阈限______于乙同学的。(　　)[中山大学2018年研]

A. 绝对，低　　B. 绝对，高　　C. 差别，低　　D. 差别，高

【答案】C

【解析】绝对感觉阈限是指刚刚能引起感觉的最小刺激量，而人的感官觉察这种微弱刺激的能力叫绝对感受性，绝对感受性越大，绝对感觉阈限越小；差别阈限是指刚刚能引起差别感觉的刺激物间的最小差异量，而对这一最小差异量的感觉能力叫作差别感受性。差别感受性越高，差别阈限越低。甲同学能够察觉出这一勺糖的差异，而乙同学不能，所以甲同学差别感受性强，差别阈限低。

4. 感受性提高的感觉适应现象是(　　)。[中国科学院大学2018年研]

A. 触觉适应　　B. 嗅觉适应　　C. 暗适应　　D. 明适应

【答案】C

【解析】暗适应是指照明停止或由亮处转入暗处时视觉感受性提高的时间过程。

5. 当个体在弱光条件下直接观察物体时，往往看不清楚，但稍微移动一下物体，使其成像在视网膜边缘，则会看得清楚些。产生这种现象的原因是(　　)。[统考2018年研]

A. 视网膜边缘棒体细胞更多　　B. 视网膜边缘椎体细胞更多

C. 视网膜中央窝对弱光最敏感　　D. 视网膜边缘对强光最敏感

【答案】A

【解析】视觉细胞一般包括棒体细胞和锥体细胞。棒体细胞是夜视器官，感受明暗；锥体细胞是昼视器官，感受细节和颜色。棒体细胞与锥体细胞在网膜上的分布也不同。在网膜中央窝，只有锥体，没有棒体，这是网膜上对光最敏感的区域。离开中央窝，棒体细胞急剧增加。在网膜边缘，只有少量的锥体细胞，但有大量棒体细胞。

6. 韦伯定律(　　)。[中央财经大学2018年研]

A. 描述了差别阈限的规律　　B. 不适于中等强度刺激

C. 所得韦伯分数越大，感觉越敏锐　　D. 也称为对数定律

【答案】A

【解析】A项，韦伯定律表明刺激的增量与原刺激量的比值为定值。B项，韦伯定律只有在中等强度的刺激的情况下，韦伯分数才是一个常数。刺激过弱或过强，比值都会发生改变差别感觉。C项，韦伯定律公式表达为$K=\Delta I/I$，根据韦伯分数的大小，可以判断某种感觉的敏锐程度。韦伯分数越小，感觉越敏锐。D项，费希纳在韦伯研究的基础上，进一步探讨了刺激强度与感觉强度的关系，发现当刺激强度按几何级数增加时，感觉强度只按算术级数上升，即对数定律。

7. 在视觉信息加工过程中，我们的大脑的顶通路和背侧通路主要负责对空间信息加工，这个通路被称为(　　)。[北京师范大学2017年研]

A. What通路　　B. 听觉通路　　C. 视觉通路　　D. Where通路

【答案】D

【解析】20世纪视觉研究领域发现，视觉系统存在两条通路。背侧通路从枕叶到顶叶，主要负责处理运动、空间、位置的信息，因而也称为“Where”系统（Where 通路）。腹侧通路从枕叶的初级视皮层到颞下回，主要负责处理颜色和物体形状的信息，因而也称为“What”系统（What 通路）。

8. 在声音传导的过程中，中耳三块听小骨把声音最终传递到（ ）。［统考 2016 年研］

A. 科蒂氏器　　B. 正圆窗　　C. 卵圆窗　　D. 前庭器官

【答案】C

【解析】中耳由鼓膜、三块听小骨、卵圆窗和正圆窗组成。当声音从外耳道传入鼓膜时，引起鼓膜的机械振动，鼓膜的运动带动三块听小骨，把声音传至卵圆窗，引起内耳淋巴液的振动。

9. 在阳光照射下，红花与蓝花可能显得同样亮；而当夜幕降临时，蓝花似乎比红花更亮，造成这种现象的原因是（ ）。［统考 2015 年研］

A. 棒体细胞是夜视细胞，对波长较短的光具有较高感受性

B. 棒体细胞是明视细胞，对波长较长的光具有较高感受性

C. 锥体细胞是夜视细胞，对波长较长的光具有较高感受性

D. 锥体细胞是明视细胞，对波长较短的光具有较高感受性

【答案】A

【解析】棒体细胞是夜视器官，对波长较短的光具有很高的感受性，它们在昏暗的照明条件下起作用，主要感受物体的明、暗和轮廓；锥体细胞是昼视器官，在中等和强的照明条件下起作用，主要感受物体的细节和颜色。当人们从锥体视觉向棒体视觉转变时，人眼对光谱的最大感受性将向短波方向移动，因而出现明度不同的变化，这也称作普肯耶现象。当夜晚降临，蓝色（波长短）比红色（波长长）更能够刺激棒体细胞，因此蓝花比红花更亮。

10. 大部分患有色盲的人不能够区分的颜色是（ ）。［统考 2012 年研］

A. 红和青　　B. 红和黄　　C. 红和蓝　　D. 红和绿

【答案】D

【解析】色盲分全色盲和局部色盲两类。患全色盲的人只能看到灰色和白色，丧失了对颜色的感受性，这种病人很少见，在人口中只占 0.001%。而局部色盲中最常见的是红绿色盲。

11. 甜蜜的嗓音、温暖的色彩这种感觉现象是（ ）。［统考 2011 年研］

A. 适应　　B. 对比　　C. 后像　　D. 联觉

【答案】D

【解析】各种感觉之间产生相互作用的心理现象，即对一种感官的刺激作用触发另一种感觉的现象，被称为“联觉”。

12. 根据听觉位置理论观点，高音区在耳蜗的（ ）。［华东师范大学 2011 年研］

A. 顶部　　B. 中部　　C. 上部　　D. 底部

【答案】D

【解析】位置理论，也称为共鸣理论，由赫尔姆霍茨提出，强调基底膜振动部位对产生音调听觉的作用。由于基底膜的横纤维长短不同，靠近蜗底较窄，靠近蜗顶较宽，因而就像一部竖琴的琴弦一样，能够对不同频率的声音产生共鸣。声音的频率高，短纤维发生共鸣；声音的频率低，长纤维发生共鸣。基底膜的振动引起听觉细胞的兴奋，因而产生高低不同的音调。

13. 向远方直线延伸的两条平行铁轨看起来逐渐聚合，个体据此判断距离。他所依赖的单眼线索是(　　)。[统考2010年研]

A. 视轴辐合　　B. 线条透视　　C. 运动视差　　D. 运动透视

【答案】B

【解析】线条透视是指两条向远方伸延的平行线看来趋于接近的印象。A项，视轴辐合属于双眼线索。C项，运动视差是指近处物体看上去移动得快，方向相反，远处物体移动得慢，方向相同的印象。D项，运动透视是指近处物体视角大，在视网膜上运动的范围大，而远处物体视角小，在视网膜上运动的范围小，因而产生不同速度的现象。

二、概念题

1. 马赫带[吉林大学2019年研；广州大学2018年研]

答：马赫带是指人们在明暗变化的边界上，常常在亮区看到一条更亮的光带，而在暗区看到一条更暗的线条。可以用侧抑制来解释马赫带的产生。当我们面前出现一个明暗交界的视野时，感受器上的神经细胞接受了不同的光刺激，并产生了不同强度的侧抑制。亮区一侧边界处的细胞既接受了来自亮区一侧相邻细胞较强的侧抑制，也接受了来自暗区一侧相邻细胞较弱的侧抑制，结果使亮区一侧边界处的细胞输出的能量反而高于亮区的其他部分，因而显得更亮；同样，暗区一侧边界处的细胞既接受了来自暗区一侧较弱的侧抑制，也接受了来自亮区一侧较强的侧抑制，结果使暗区一侧边界处的细胞输出的能量反而低于暗区的其他部分，因而显得更暗。

2. 感觉[首都师范大学2015、2012年研；苏州大学2013、2011年研]

答：感觉是人脑对事物的个别属性的认识，具有直接性的特点。感觉提供了内外环境的信息；感觉保证了机体与环境的信息平衡；感觉是一切较高级、较复杂的心理现象的基础，是人的全部心理现象的基础。感觉是神经系统对外界刺激的反应，它和一切心理现象一样，具有反射的性质。不仅包含了感受器的活动，还包含了效应器的活动。

3. 绝对感觉阈限[首都师范大学2014年研；华东师范大学2013年研；苏州大学2011年研]

答：绝对感觉阈限是指刚刚能够引起感觉的最小刺激量，它并不是绝对不变的，在不同的条件下，同一感觉的绝对阈限可能不同。人的活动的性质，刺激的强度和持续时间，个体的注意、态度和年龄等，都会影响阈限的大小。绝对感受性可以用绝对感觉阈限来衡量，绝对感觉阈限越大，感受性就越小，反之，则相反。

4. 双眼视差[华东师范大学2014年研]

答：双眼视差是指人们知觉物体的距离与深度，主要依赖于两眼提供的线索。当物体的视像落在两眼网膜的对应部位时，人们看到单一的物体；当视像落在网膜非对应部位而差别不大时，人们将看到深度与距离。

5. 感觉剥夺实验[北京师范大学2011年研]

答：感觉剥夺实验是指要求被试安静地躺在实验室的一张舒适的床上，室内非常安静，听不到一点声音；一片漆黑，看不见任何东西；两只手戴上手套，并用纸卡卡住。被试的吃喝都由主试事先安排好，不用被试移动手脚。即对被试而言，来自外界的刺激几乎都被“剥夺”了。

三、简答题

1. 简述视觉三色说及其支持证据。[统考2023年研]

答：(1)视觉三色说

英国科学家托马斯·杨，假定人的视网膜上有红绿蓝三种感受器，每种感受器只对光谱的一个特殊成分敏感，当它们分别受到不同波长的光刺激时，就产生不同的颜色体验。后来赫尔姆霍兹又发展了杨的三色说。赫尔姆霍茨认为每种感受器都对各种波长的光有反应，但不同的感受器对不同的光更敏感，红色感受器对长波更敏感，绿色感受器对中波更敏感，蓝色感受器对短波更敏感。当光刺激作用于眼睛时，将在三种感受器中引起不同程度的兴奋。各种颜色经验是由不同感受器按相应的比例活动而产生的。

(2)支持证据

三色理论得到一些实验结果的支持在实验中，将直径为2微米的光束聚焦在单一视锥细胞上，然后分析单一视锥细胞的吸收特性。结果发现，第一组视锥细胞能吸收波长约450nm的光(蓝)，第二组能吸收波长约540nm的光(绿)，第三组能吸收波长约577nm的光(近似红光)。这些受纳器分别叫作短波、中波和长波受纳器。

2. 你怎么判断自己通过视觉感受到的是真实存在的东西还是幻象(或幻觉)？[中山大学2017年研]

答：(1)视觉感受是指个体通过视觉器官对可视之物、可见光色的感受。世界上的一切光色，都由赤橙黄绿青蓝紫七色组成，在一定空间，客观存在物都以一定的形式表现出来。视觉感受要求感受者运用视觉器官去辨别光的明暗强弱、色的色素组成，以及物体的大小远近、状貌变化，从而准确把握事物的特征，真实反映客观事物。

(2)幻觉是指没有相应的客观刺激时所出现的知觉体验。换言之，幻觉是一种主观体验，主体的感受与知觉相似。由于缺乏相应的现实刺激，所以客观检验结果证明主体的这种幻觉感受是虚幻的，但就个体自身体验而言，却并不感到虚幻。虽然幻觉源于主观体验，没有客观现实根源，但某些个体坚信其感受来自客观现实。

(3)如果想判断自己通过视觉感受到的是真实存在的东西还是幻象(或幻觉)，可以通过询问相同情境中的他人是否有相同的视觉体验，若在相同情境中的他人的视觉体验与个体本身的视觉体验几乎一致，则可证实通过视觉感受到的是真实存在的东西，反之，则很可能是幻象(或幻觉)。

3. 根据感觉相互作用的现象，说明为什么重感冒患者往往会感到食而无味。[统考2010年研]

答：感觉是人脑对事物的个别属性的认识。某种感觉器官受到刺激而对其他感觉器官的感受性造成影响，使其感受性提高或降低，这种现象称为不同感觉的相互作用。

(1)一般而言，在适当的条件下，不同感觉之间多少会有不同程度的影响，通常是：对此感觉的弱刺激会提高另一感觉的感受性，而强刺激会降低这种感受性。

(2)味道不完全取决于味觉，也受嗅觉的影响。味觉和嗅觉紧密联系在一起，并且相互作用。味觉受到食物气味的影响，当感冒时，人们不能感觉到食物的气味，就会食而无味。

4. 色觉的对立过程理论和传统的三色理论有什么联系和区别?

答：(1)色觉的对立过程理论与传统三色理论的联系

两个理论都得到一些实验结果的支持，分别解释了一些视觉现象。在视网膜上存在的三种锥体细胞，分别对不同波长的光敏感。在网膜水平上，色觉是按三色理论提供的原理产生的。而在视觉系统更高级的水平上，存在着功能对立的细胞，颜色的信息加工表现为对立的过程。

(2)色觉的对立过程理论与传统三色理论的区别

①两者的生理基础不同。三色说认为，视觉的生理基础是人的视网膜中的三种不同的感受器，它们具有能感受红色、绿色和蓝色的色素。对立过程理论认为，视觉的生理基础是视网膜存在的三对视素：黑－白视素，红－绿视素，黄－蓝视素。

②两者的颜色感受过程不同。三色说认为，每种感受器只对光谱的一个特殊成分敏感。当它们分别受到不同波长的光刺激时，将引起不同程度的兴奋，产生不同的颜色经验。对立过程理论认为，在光刺激的作用下，三对视素表现为对抗的过程，这被称为同化和异化。

③两者可以解释的现象不同。三色说可以解释颜色经验的产生，但是不能解释红绿色盲。和三色说相比，对立过程理论更好地解释了色的对比、后像和色盲现象。

第4章 知 觉

4.1 复习笔记

【知识框架(庖丁解牛)】

- 知觉
  - 知觉及其特征
    - 定义
    - 特征
    - 种类
  - 空间知觉
    - 形状知觉
    - 深度与距离知觉
    - 知觉定位
  - 时间知觉与运动知觉
    - 时间知觉
    - 运动知觉
  - 错觉
    - 定义
    - 分类
    - 产生的原因

【复习向导(切中肯綮)】

本章重要考点及要求：掌握知觉的定义及四种特性，特别是整体优先效应的内涵；了解知觉的种类。重点掌握知觉与感觉的关系(区别和联系)和知觉对象与背景的关系。掌握空间知觉、时间知觉与运动知觉的相关知识。重点掌握错觉的分类和产生的原因。

【考点难点归纳(游刃有余)】

考点一、知觉及其特征

表4-1 知觉及其特征

要点	具体内容	
定义	是人脑对直接作用于感觉器官的客观事物整体属性的反映	
特征	知觉的选择性	有选择地把少数事物当成知觉的对象，而把其他事物当成知觉的背景
	知觉的整体性	把物体的各个部分和各种属性结合起来作为一个整体来反映
	知觉的理解性	以知识经验为基础对感知的事物进行加工处理，并用语词加以概括且赋予其意义
	知觉的恒常性	知觉映像在一定范围内不随知觉条件的改变而保持相对稳定

续表

要点	具体内容	
种类	根据知觉时感官的特性	分成视知觉、听知觉、触知觉、嗅知觉、味知觉等
	根据人脑认识的事物特性	分为空间知觉、时间知觉和运动知觉等

【习题精选】

1. 什么是知觉？它与感觉的区别和联系是什么？

思路点拨：知觉和感觉是人类认识世界的两种基本认知过程。感觉是认识的起点，为人们提供了关于事物个别属性的信息；知觉则是在感觉的基础上，通过大脑的复杂认知加工过程，对各种感觉信息进行综合、分析、解释和整合，从而形成对事物更全面、更深入、更有意义的认识。感觉和知觉相互依存、相互作用，共同构成了人类丰富多彩的认知世界。

参考答案：

(1)知觉的含义

知觉是客观事物直接作用于感官而在头脑中产生的对事物整体的认识。

(2)知觉与感觉的区别和联系

①区别

a. 反映内容不同：

感觉主要反映的是事物的个别属性，即事物表面的、局部的特征。例如，我们看到一个苹果，感觉到它是红色的、圆形的，摸到它表面是光滑的，闻到它有香甜的气味，这些对苹果颜色、形状、光滑度、气味等个别属性的认识就是感觉。

知觉反映的是事物的整体属性，它是在感觉的基础上，通过大脑对各种感觉信息进行综合、分析、解释和整合而形成的对事物的整体认识。例如，当我们面对一个苹果时，知觉不仅包括对苹果颜色、形状、大小、气味等个别属性的感觉，还包括对苹果作为一个整体的认知，如它是一种水果，具有特定的营养价值，可以食用等。知觉使我们能够对事物有更全面、更深入的理解，它是认识过程的重要环节。

b. 产生过程不同：

感觉的产生主要依赖于感官的生理活动和客观刺激的直接作用。当客观事物的刺激作用于我们的感官时，感官内的感觉神经末梢会将这些刺激转化为神经冲动，然后通过神经传导通路将这些神经冲动传递到大脑的相应感觉中枢，从而产生感觉。

知觉的产生是在感觉的基础上，通过大脑的复杂认知加工过程而实现的。当我们通过感官获得了关于事物的各种感觉信息后，大脑会对这些感觉信息进行综合、分析、比较、分类、抽象、概括等一系列认知加工操作，从而将这些零散的、孤立的感觉信息整合为一个有意义的、完整的知觉形象。

c. 影响因素不同：

感觉的产生和性质主要受到客观刺激的物理特性和感官的生理特性的影响；此外，我们的感官的生理状态也会影响感觉的产生和性质。

知觉的产生和性质不仅受到客观刺激的物理特性和感官的生理特性的影响，还受到个体的知识和经验、兴趣和爱好、情绪和情感、动机和目的等多种主观因素的影响；此外，个体的兴趣和爱好、情绪和情感、动机和目的等主观因素也会影响知觉的产生和性质。

②联系

a. 感觉是知觉的基础：感觉为知觉提供了原始的感觉材料，是知觉产生的基础。没有感觉，我们就无法获得关于事物的任何信息，也就不可能产生知觉；

b. 知觉是感觉的深入和发展：知觉并不是感觉的简单相加，而是在感觉的基础上，通过大脑的复杂认知加工过程，对各种感觉信息进行综合、分析、解释和整合，从而形成对事物更全面、更深入、更有意义的认识；

c. 感觉和知觉相互作用：在实际的认知过程中，感觉和知觉并不是孤立存在的，而是相互作用、相互影响的。一方面，感觉的变化会影响知觉的形成和发展；另一方面，知觉也会对感觉产生反作用；此外，知觉还可以通过影响我们的注意力、记忆、思维等认知过程，间接地影响我们的感觉。

2. 请举例说明知觉对象与背景的关系。

思路点拨：在知觉过程中，知觉对象与背景之间的关系是动态且相互影响的，它们之间存在着几种典型关系。

参考答案：

知觉对象与背景的关系如下：

(1)对象与背景相互依存

知觉对象与背景是相互依存的关系，没有背景，就无法凸显出对象；反之，没有对象，背景也就失去了其参照意义。

例：在教室里，黑板的黑色表面是背景，而用白色粉笔书写在黑板上的字则成为知觉对象。正是因为有了黑色背景的衬托，白色粉笔字才得以清晰地呈现出来，让我们能够轻松地识别和阅读。反之，如果没有白色粉笔字作为对象，那么黑板的黑色表面仅仅只是一个没有特定意义的背景而已。

(2)对象与背景相互转换

在一定条件下，知觉的对象和背景可以相互转换，这种转换依赖于我们的注意力、观察角度以及兴趣爱好等因素。

例：在一片茂密的森林中，一位猎人正在寻找猎物。当猎人将注意力集中在森林中的动物身上时，那些动物，比如奔跑的野兔、跳跃的松鼠或者隐藏在树枝间的鸟类等，就成为猎人的知觉对象，而森林中的树木、草丛、岩石等自然环境元素则成为背景。然而，如果此时猎人突然听到了一阵异常的声响，他的注意力可能会立刻从动物身上转移到发出声响的方向。在这种情况下，发出声响的物体或者区域，比如被风吹动的树枝、隐藏在草丛中的小型哺乳动物或者其他可能发出声响的源头，就会成为猎人新的知觉对象，而之前作为知觉对象的动物以及森林中的其他自然环境元素则共同构成了新的背景。这种在不同情境下，知觉对象与背景之间的动态转换，反映了我们的知觉系统在面对复杂多变的环境时，能够迅速调整注意力和认知策略，以适应环境的变化并获取所需的信息。

(3)对象与背景差异影响知觉

知觉对象与背景之间的差异程度会显著影响我们对对象的知觉效果。一般来说，对象与背景之间的差异越大，对象就越容易被我们清晰地感知和识别；反之，对象与背景之间的差异越小，我们对对象的知觉就会变得越困难，甚至可能出现错误的知觉。

例：在军事行动中，士兵们常常会穿着迷彩服来隐藏自己，以便更好地执行任务和避免被敌人发现。迷彩服的设计原理就是利用了对象与背景之间的相似性，通过模仿自然环境中的色彩和图案，使得穿着迷彩服的士兵能够与周围的自然环境融为一体，从而降低被敌人发现的概率。

3. 什么叫整体优先效应？它对理解知觉的特性有什么重要意义？

思路点拨：整体优先效应，又称全局优先效应，是认知心理学领域的一个重要概念，它揭示了人类在感知和识别物体时，整体信息相对于局部信息具有优先性。整体优先效应对于人们理解知觉的整体性、选择性和理解性等特性具有重要的意义，它揭示了知觉过程中整体与局部信息处理的关系和机制，有助于人们更加全面、深入地认识人类知觉的本质和特点。

参考答案：

(1)整体优先效应的含义

整体优先效应是指在知觉过程中，人们对整体特征的知觉往往优先于对局部特征的知觉，并且整体特征会对局部特征的知觉产生影响。

(2)整体优先效应对理解知觉特性的重要意义

①强调知觉的整体性

整体优先效应突出了知觉不是对刺激物各个局部特征的简单堆积，而是一个主动的、有组织的过程，人们会优先从整体上去把握刺激物。这与格式塔心理学的观点相呼应，即整体大于部分之和，知觉具有整体性的特性。

②体现知觉的选择性

在知觉过程中，由于整体优先效应的存在，人们会更加倾向于优先关注和处理整体特征的信息，这实际上体现了知觉的选择性。人们在面对复杂的环境信息时，不可能同时对所有信息进行全面、深入的加工，而是会根据自身的需要、兴趣、经验以及当前的任务等因素，有选择地对某些信息进行优先处理和关注。整体优先效应表明，整体特征的信息在知觉选择过程中具有较强的吸引力和优先权，人们会自动地将注意力首先集中在整体特征上，以便快速地对刺激物进行整体的把握和初步的理解

③揭示知觉的理解性

整体优先效应还与知觉的理解性密切相关。知觉的理解性是指人们在知觉过程中，会根据自己已有的知识、经验和语言等信息，对所感知到的刺激物进行解释和理解，赋予其一定的意义。整体优先效应表明，人们在知觉过程中首先对整体特征进行把握，而这种对整体特征的初步认识会为后续对局部特征的理解以及对整个刺激物的全面理解提供重要的框架和基础。

考点二、空间知觉

表4－2 空间知觉

形状知觉	定义	大脑对物体轮廓和外形的反映
	人对物体的形状的知觉	首先要把物体的轮廓从背景中区分出来，而视神经节细胞正好具有检测边界的功能
	知觉系统的整合和完善功能	知觉系统根据邻近性、相似性、对称性、良好连续、共同命运、封闭、线条朝向、简单性、均质连接性等组织原则将个别特征进行整合；此外，过去的经验也起到一定作用
	形状知觉的理论	包括特征分析理论、成分识别理论、大范围优先的拓扑知觉理论等
深度与距离知觉	定义	又称“立体知觉”或“距离知觉”，大脑对物体的维度、远近的反映
	产生的线索	①肌肉线索： a. 眼睛调节：水晶体的曲度变化提供距离信息。看近处的物体，眼睛的水晶体曲度变大；物体移向远方，眼睛的水晶体曲度变小； b. 双眼视轴辐合：眼睛随距离的改变而将视轴会聚到被注视的物体上。物体近，辐合角大；物体远，辐合角小。 ②单眼线索：包括对象的重叠、线条透视、空气透视、相对高度、纹理梯度(结构级差)、运动视差与运动透视、明暗与阴影等。 ③双眼视差：人的两眼相距约65mm，当物体的视像落在两眼网膜的对应部位时，人们看到单一的物体；当视像落在网膜非对应部位而差别不大时，人们将看到深度与距离；两眼视差进一步加大，人们将看到双像
知觉定位	定义	大脑对物体空间位置关系和对自己在空间所处位置的反映
	视、听觉的作用	①视觉方位定位：借助各种主客观的参照物，此外，视觉、触觉、动觉、前庭觉的联合作用。 ②听觉方位定位：单耳线索、双耳线索、听觉优势效应、人类回声定位

【习题精选】

1. 知觉定势说明了什么？

思路点拨：知觉定势是指个体由于先前经验、习惯、预期、情绪状态等因素的影响，而倾向于以某种特定的方式来感知和解释新的刺激信息。知觉定势说明了过去经验对当前知觉具有重要影响，同时也揭示了知觉具有主动性和选择性的特点，以及知觉可能存在的局限性和偏差。了解知觉定势对于我们理解人类的认知过程、提高知觉的准确性和客观性、避免知觉偏差对我们的判断和决策产生不良影响等方面都具有重要的意义。

参考答案：

知觉定势说明了以下几个方面：

(1)过去经验对当前知觉的影响

①经验塑造知觉模式

个体在以往的生活中积累了大量的经验，这些经验会在大脑中形成特定的认知模式和记忆结构。当面对新的刺激时，这些已有的经验模式会被自动激活，引导个体以相应的方式去感知和理解刺激。

②经验导致知觉预期

过去的经验还会使个体对即将到来的刺激产生一定的预期。这种预期会影响个体对刺激的注意力分配、感知的敏锐程度以及对刺激的解释和理解方式。

(2)知觉的主动性和选择性

①主动构建知觉

知觉定势表明，知觉并不是对外部刺激的被动、机械的反映，而是个体在已有知识、经验、兴趣、动机等因素的基础上，主动地对刺激信息进行筛选、组织、解释和构建的过程。知觉定势作为个体内部的一种认知倾向和准备状态，会引导个体在知觉过程中更加关注与定势相关的刺激信息，并以特定的方式对这些信息进行加工和处理，从而构建出符合个体预期和认知模式的知觉形象。

②选择关注信息

知觉定势会使个体在面对众多的刺激信息时，有选择地关注那些与自己的预期、兴趣、经验等相关的信息，而忽略或相对不重视其他信息。这种选择性注意是知觉主动性的一种重要表现，它有助于个体在复杂多变的环境中快速地筛选出对自己有意义的信息，从而提高信息处理的效率和准确性，更好地适应环境和满足自身的需求。

(3)知觉的局限性和偏差

①局限于固有模式

知觉定势虽然在一定程度上有助于个体快速、有效地感知和理解环境信息，但它也可能使个体的知觉受到固有认知模式和经验的限制，难以突破常规去感知和理解新的、不同的刺激信息。当面对与个体已有的知觉定势不一致的刺激时，个体可能会不自觉地按照已有的认知模式和经验去解释和理解这些刺激，而忽略了刺激本身所具有的独特性和差异性。这种对固有模式的依赖会限制个体的知觉范围和灵活性，使个体难以对新的、复杂的环境信息做出全面、准确的感知和理解。

②产生知觉偏差

知觉定势还可能导致个体在知觉过程中产生各种偏差，这些偏差会使个体对刺激的感知和理解偏离客观事实，从而影响个体的判断、决策和行为。常见的知觉偏差包括首因效应、近因效应、晕轮效应、刻板印象等。这些知觉偏差都是由于个体的知觉定势受到先前经验、预期、情绪等因素的影响，而导致个体在对刺激进行感知和解释时出现了系统性的错误。

2. 为什么说大范围优先的拓扑知觉理论是对特征分析理论的挑战？

思路点拨：大范围优先的拓扑知觉理论在知觉加工起始点、整体与局部关系认知以及实验证据侧重点等方面，都与特征分析理论存在显著差异，从多个角度对特征分析理论提出了挑战，促使人们对知觉过程的本质进行更加深入的思考和研究。

参考答案：

大范围优先的拓扑知觉理论与特征分析理论在知觉理解的核心观点上存在显著差异，前者从多个方面对后者提出了挑战：

(1)知觉加工起始点

特征分析理论认为知觉过程是从对刺激的局部特征分析开始的。例如，在识别字母“A”时，先分析其两条斜线和一条横线这些局部特征，然后将这些特征整合起来，从而识别出字母“A”。

大范围优先的拓扑知觉理论则主张知觉过程首先关注的是刺激的大范围、整体的拓扑性质，而不是局部特征。例如，当人们看到一个圆形和一个方形时，首先感知到的是圆形的封闭性和连通性，以及方形的封闭性和连通性这些拓扑性质，而不是它们的边、角等局部特征。

(2)整体与局部关系认知

特征分析理论相对忽视整体结构对局部特征识别的影响，它认为局部特征是独立于整体结构而存在的，在知觉过程中，只需对这些独立的局部特征进行分析和整合，就能实现对整体对象的识别。例如，在识别一个由多个零部件组成的机器时，特征分析理论认为只需分别识别出每个零部件的局部特征，然后将这些特征组合起来，就能识别出整个机器，而不需要考虑这些零部件在整体机器中的结构关系对局部特征识别的影响。

大范围优先的拓扑知觉理论强调整体结构对局部特征识别的重要性，它认为整体的拓扑结构为局部特征的识别提供了一个重要的背景和框架，局部特征的识别是在整体拓扑结构的基础上进行的。例如，在识别汉字时，汉字的整体轮廓和结构(如上下结构、左右结构、包围结构等)这些拓扑性质，会对其中局部笔画的识别产生重要影响。当我们看到一个左右结构的汉字时，首先会根据其整体的左右结构这一拓扑性质，来确定对其中局部笔画的识别方式和顺序。如果没有整体拓扑结构的引导，对局部笔画的识别可能会变得困难和不准确。

(3)实验证据侧重点

特征分析理论的实验证据主要集中在对局部特征的分析和识别上。例如，在一些经典的视觉搜索实验中，要求被试在一系列干扰刺激中搜索目标刺激。特征分析理论认为，被试在搜索过程中，主要是通过分析目标刺激和干扰刺激的局部特征来进行识别和区分的。实验结果也表明，当目标刺激和干扰刺激的局部特征差异较大时，被试的搜索速度和准确性会明显提高。这些实验证据支持了特征分析理论关于局部特征在知觉中起关键作用的观点。

大范围优先的拓扑知觉理论通过一系列实验，为其整体优先的观点提供了有力证据。例如，在一些视觉辨别实验中，向被试呈现具有不同拓扑性质的图形，如封闭图形和开放图形、连通图形和非连通图形等，要求被试快速辨别这些图形。实验结果表明，被试对具有不同拓扑性质的图形的辨别速度和准确性都非常高，而且这种辨别能力不受图形的局部特征(如形状、大小、颜色等)的影响。

考点三、时间知觉与运动知觉

表4-3 时间知觉与运动知觉

要点	具体内容	
时间知觉	定义	大脑对客观事物和事件的连续性和顺序性等时间特性的反映
	四种形式	对时间的分辨、对时间的确认、对持续时间的估量、对时间的预测
	依据	自然界周期性的变化、计时器提供的信息、人体生理和心理周期性的变化
	影响因素	①感觉通道的性质。在判断时间的精准性方面，听觉最好，触觉其次，视觉最差。 ②一定时间内事件发生的数量和性质。 ③兴趣与情绪。 ④年龄差异。 ⑤疾病影响。 ⑥时间知觉与空间知觉的交互作用
运动知觉	定义	大脑对空间中物体运动特性的反映
	分类	①真正运动：物体按特定速度或加速度，从一处向另一处做连续的位移，由此引起的知觉。 ②似动知觉：在一定的条件下人们把静止的物体看成是运动的，或把不连续的位移看似是连续的运动。具体包括：a. 动景运动；b. 诱发运动；c. 自主运动；d. 运动后效

【拓展延伸】

知觉的信息加工

知觉的信息加工是指大脑对通过感觉器官获取的信息进行处理、组织和解释，从而形成对客观世界有意义认知的过程。这一过程主要包括自下而上加工和自上而下加工：

一、自下而上加工

1. 含义

自下而上加工，又称数据驱动加工，这种加工方式是从对刺激的最基本特征的分析开始，逐渐将这些特征整合为一个完整的知觉对象。在这个过程中，信息的流动是从较低层次的感觉信息向较高层次的知觉认知发展，加工的主要依据是刺激本身所具有的物理特征，而较少受到个体已有知识、经验、期望等因素的影响。

2. 示例

当我们看到一个字母“A”时，自下而上加工的过程如下：首先，我们的视觉感受器会接收到字母“A”的光线刺激，这些刺激会被转化为神经冲动，并传递到大脑的视觉皮层；在视觉皮层中，神经细胞会对这些神经冲动进行分析，从而提取出字母“A”的一些基本特征，如两条斜线和一条横线的线段特征、这些线段的长度和角度特征、它们之间的相对位置关系特征等。接下来，大脑会将这些提取出来的基本特征进行整合，通过识别这些特征之间的特定组合模式，将其与我们记忆中已有的字母“A”的模板或特征模型进行匹配和比较；如果匹配成功，我们就会将这个刺激知觉为字母“A”，从而完成对字母“A”的自下而上加工过程。

二、自上而下加工

1. 含义

自上而下加工，又称概念驱动加工，与自下而上加工相反，这种加工方式是从个体已有的知识、经验、期望、动机、兴趣等高层次的认知因素出发，来引导和影响对当前刺激信息的知觉和理解。在自上而下加工过程中，信息的流动是从较高层次的认知概念向较低层次的感觉信息处理发展，个体的已有知识和经验会在很大程度上影响对刺激信息的选择、注意、组织和解释方式，从而使知觉过程更加具有主动性、选择性和适应性。

2. 示例

假设你是一位经验丰富的鸟类观察者，对各种鸟类的特征和习性都非常熟悉。当你在森林中徒步时，听到了一种陌生的鸟鸣声，此时，自上而下加工的过程就开始了：首先，基于你已有的鸟类知识和观察经验，你会在脑海中迅速搜索与这种鸟鸣声相关的信息，你可能会想到一些已知鸟类的鸣叫声特征，并尝试将听到的陌生鸟鸣声与这些记忆中的特征进行匹配和比较，同时，你还会考虑到当前所处的环境因素，如森林的类型、地理位置、季节等，因为这些环境因素会影响到哪些鸟类可能会出现在这个地区，基于这些已有的知识、经验和对当前环境的考虑，你会对听到的陌生鸟鸣声形成一些初步的假设和预期：你可能会猜测这是一种你尚未见过的新鸟类的鸣叫声，或者是一种已知鸟类在特殊情况下发出的鸣叫声。接下来，你会根据这些假设和预期，有针对性地对周围的环境进行观察，寻找与这种陌生鸟鸣声相关的其他线索，比如鸟类的飞行姿态、羽毛颜色、体型大小等特征，通过对这些线索的观察和分析，你会不断地验证和调整自己最初的假设和预期，最终形成对这种陌生鸟鸣声的准确知觉和理解，比如，你可能会确定这是一种特定种类的鸟类在求偶时发出的鸣叫声。

三、两种加工方式的关系

自下而上加工和自上而下加工在知觉过程中并不是相互独立、截然分开的，而是相互作用、相互补充、协同工作的：

一方面，自下而上加工为自上而下加工提供了基础和原材料，它通过对刺激的基本特征的分析和提取，为个体提供了关于刺激的最直接、最客观的信息。这些信息是个体进行进一步认知加工和理解的基础，如果没有自下而上加工提供的这些基本信息，自上而下加工就会失去依据，成为无本之木。

另一方面，自上而下加工则对自下而上加工起到了引导、调节和补充的作用，它通过个体已有的知识、经验、期望、动机等高层次的认知因素，对自下而上加工过程中所涉及的信息选择、注意分配、特征整合和解释方式等方面进行引导和调节，使个体能够更加有针对性地、高效地对刺激信息进行加工和处理，从而更好地适应环境的变化和满足自身的需求；同时，自上而下加工还可以对自下而上加工过程中可能出现的信息缺失、模糊或错误等情况进行补充和修正，通过利用个体已有的知识和经验，对这些不完整或不准确的信息进行推断、猜测和修正，从而使个体能够形成更加完整、准确和有意义的知觉。

例如，在阅读一篇文章时，我们的眼睛会逐字逐句地扫描文字信息，这些信息会通过视觉感受器传递到大脑，大脑会对这些信息进行自下而上加工，首先提取出每个文字的笔画、形状、结构等基本特征，然后将这些特征整合为一个个完整的文字，并识别出每个文字的读音和意义；然而，在这个过程中，我们并不是孤立地对每个文字进行加工和理解，而是同时利用我们已有的语言知识、文化背景、阅读经验等高层次的认知因素，对文章中的文字信息进行自上而下加工，我们会根据文章的标题、上下文语境、语法规则等信息，对文章中可能出现的词汇、句子结构和语义内容等方面进行预期和推断，从而有针对性地对文章中的文字信息进行选择、注意和加工处理；当我们遇到一些不熟悉的词汇或句子结构时，我们会利用已有的语言知识和阅读经验，通过对上下文语境的分析和推断，对这些不熟悉的信息进行猜测和理解，从而弥补自下而上加工过程中可能出现的信息缺失或模糊等情况，使我们能够更加准确、完整地理解文章的内容和意义。

简而言之，在实际的知觉过程中，自下而上加工和自上而下加工是紧密结合、相互交织的，它们共同作用于个体对刺激信息的加工和处理过程，使个体能够形成对客观世界更加准确、完整和有意义的知觉。

考点四、错觉

表4－4 错觉

要点	具体内容	
定义	在特定条件下产生的对物体歪曲的知觉	
分类	大小错觉	包括缪勒－莱耶错觉、潘佐错觉、垂直－水平错觉、贾斯特罗错觉、多尔波也夫错觉、月亮错觉等
	形状和方向错觉	包括佐尔拉错觉、冯特错觉、爱因斯坦错觉、波根多夫错觉等
	螺旋和运动错觉	包括弗雷泽螺旋错觉、各个圆环转动的视错觉
	明暗错觉	包括赫尔曼格栅错觉、格力德火花错觉
产生的原因	目前解释错觉的理论有六种： ①眼动说：在看几何图形时，眼球会跟着图形的轮廓或线条做扫描的运动，而眼球运动的方向会影响到眼球运动的速度，这就会导致错觉的产生。以垂直一水平错觉为例，眼睛做垂直运动比做水平运动更困难，因而垂直线会比水平线看上去长一些。 ②移情说：观察者自己认同图形的某部分，并将自己的情感投射到图形上面，因而引起视觉变形。 ③完全倾向说：人的知觉系统有某种完形的倾向，这种倾向夸大了似乎能分开的事物各特征间的距离，因而引起错觉。 ④透视说：由于图形通过透视暗示着深度，因而导致图形大小知觉的变化。 ⑤常性误用说：当把知觉三维世界的经验运用于知觉平面物体的时候便产生了错觉。从这个意义上说，错觉是人们错误地运用了知觉恒常性的结果。人们在知觉三维空间物体的大小时，总把距离估计在内，这是保持物体大小恒常性的重要条件。当人们把知觉三维世界的这一特点，自觉或不自觉地应用于知觉平面物体时，就会引起错觉现象。 ⑥神经抑制作用理论：把错觉归结为知觉系统的神经生理学原因	

4.2 典型题（含考研真题）详解

一、单项选择题

1. 下列哪一项不属于时间知觉？（ ）［北京师范大学2025年研］

A. 了解“一寸光阴一寸金”的含义　　B. 知道今天是周几

C. 知道发试卷在前，考试作答在后　　D. 排队大概需要多久

【答案】A

【解析】时间知觉是指个体对客观现象延续性和顺序性的感知，包括对时间的分辨、确认、估量和预测等。A项，“了解‘一寸光阴一寸金’的含义”主要是对一种时间价值观念的理解，属于对时间意义的认知，而不是对具体时间的长短、先后顺序等时间特性的直接知觉，不属于时间知觉。B项，“知道今天是周几”涉及对时间的确认，能明确当前时间在一周中的位置，属于时间知觉。C项，“知道发试卷在前，考试作答在后”体现了对事件先后顺序的感知，属于时间知觉中的顺序知觉。D项，“排队大概需要多久”是对时间的估量，属于时间知觉。因此答案选A。

2. 双歧图形通常用来说明知觉过程中(　　)。[统考2023年研]

A. 大小与距离的关系　　B. 时间与空间的关系

C. 恒常与变化的关系　　D. 对象与背景的关系

【答案】D

【解析】我们只能感觉到作用于感觉器官的一部分事物，对它们的知觉非常清晰，而把其他一些事物当作知觉的背景，两歧图形可以很好地显示知觉中对象与背景的关系。

3. 当我们看到一个客观对象(如飞机)，并对这个对象进行可识别加工，这个认知过程至少到达了(　　)层面。[北京师范大学2017年研]

A. 感觉　　B. 注意　　C. 知觉　　D. 记忆

【答案】C

【解析】知觉是客观事物直接作用于感官而在头脑中产生的对事物整体的认识。知觉是在感觉的基础上产生的，是对感觉信息整合后的反映。

4. 作者在校对自己的文稿时，对错字“熟视无睹”。这反映的知觉特性主要是(　　)。[统考2017年研]

A. 恒常性　　B. 选择性　　C. 整体性　　D. 理解性

【答案】D

【解析】A项，知觉的恒常性：当知觉的条件在一定范围内发生改变时，知觉的映像仍然保持相对不变。B项，知觉的选择性：把一些对象(或对象的一些特性、标志、性质)优先地区分出来。C项，知觉的整体性：人在知觉客观对象时，总是把它作为一个整体来反映。做文字校对工作的人，由于对整个文句的感知，有时难以发现句中个别漏字或误写的字词，这就是由于对整体的知觉抑制了对个别成分的知觉。但由于本题强调了“自己的文稿”，所以整体性非最佳选项。D项，知觉的理解性：人在感知事物时，总是根据过去的知识经验来解释它、判断它，把它归入一定的事物系统之中，从而能够更深刻地感知它。理解可以产生知觉期待和预测，作家对自己的文稿非常熟悉，校对文稿时，不用逐字检查完单词就会通过预期产生正确的词义，因而产生对错字的“熟视无睹”。

5. 在夜空中，由于浮云的移动，使人们联想为浮云后面的月亮在动，这种现象称为(　　)。[统考2016年研]

A. 运动后效　　B. 诱导运动　　C. 自主运动　　D. 动景运动

【答案】B

【解析】诱导运动是指由于一个物体的运动使相邻的一个静止物体产生运动的现象(一般说来，视野中细小的对象看上去在动，而大的背景则处于静止的状态)。A 项，运动后效是在注视向一个方向运动的物体之后，如果将注视点转向静止的物体，那么会看到静止的物体似乎朝相反的方向运动。C 项，自主运动是指在暗室内，如果你点燃一支熏香或烟头，并注视着这个光点，你也会看到这个光点似乎在运动，这是因为眼睛不可能把注视点精确地保持在黑暗中的光点上，眼睛的移动引起光点的网像徘徊于视网膜上。D 项，动景运动是指当两个刺激物(光点、直线、图形或画片)按一定空间间隔和时间距离相继呈现时，我们会看到从一个刺激物向另一个刺激物的连续运动。

6. 下图所示的是两条长度相等的线段，但 b 线段显得比 a 线段长，这种现象是(　　)。[统考 2015 年研]

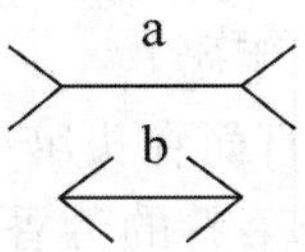

A. 缪勒－莱耶错觉　　　　B. 贾斯特罗错觉

C. 波根多夫错觉　　　　D. 多尔波尔夫错觉

【答案】A

【解析】缪勒－莱耶错觉又称箭形错觉。有两条长度相等的直线，如果一条直线的两端加上向外的两条斜线，另一条直线的两端加上向内的两条斜线，那么前者就显得比后者长得多。

7. 下列选项中，将明暗和阴影作为重要线索的知觉是(　　)。[统考 2015 年研]

A. 形状知觉　　B. 大小知觉　　C. 深度知觉　　D. 颜色知觉

【答案】C

【解析】深度知觉的线索有：①生理线索，包括双眼视差、双眼辐合、水晶体的调节、运动视差；②客观线索，包括对象的重叠、线条透视、空气透视、对象的纹理梯度、明暗和阴影以及熟悉物体的大小。

8. “鹤立鸡群”中的“鹤”和“万绿丛中一点红”中的“红”容易被人们知觉到，这种现象所反映的知觉性特征是(　　)。[统考 2013 年研]

A. 整体性　　B. 选择性　　C. 理解性　　D. 恒常性

【答案】B

【解析】知觉的选择性是指人在知觉客观世界时，总是有选择地把少数事物当成知觉的对象，而把其他事物当成知觉的背景，以便更清晰地感知一定的事物与对象。

二、概念题

1. 知觉恒常性[中国人民大学 2018 年研；首都师范大学 2011 年研]

答：知觉恒常性是指当知觉的客观条件在一定范围内改变时，人们的知觉映像在相当程度上却保持着它的稳定性。它是人们知觉客观事物的一个重要特性。在视觉范围内，恒常性的种类有：形状恒常性、大小恒常性、明度恒常性以及颜色恒常性。

2. 主观轮廓［湖南师范大学 2016 年研］

答：主观轮廓，又称错觉轮廓，是指当客观上不存在刺激的梯度变化时，人们在一片同质的视野中也能看到轮廓。其特点为：当视野中出现不完整因素时，视觉系统倾向于把它们完整起来，变成比较简单、稳定、正规化的图形。也有人认为，主观轮廓是由于明度对比产生的。

3. 知觉理解性［首都师范大学 2015 年研］

答：知觉理解性是指在知觉过程中，人用过去所获得的有关知识经验，对感知对象进行加工理解，并以概念的形式标示出来的特性。其实质是旧经验与新刺激建立多维度、多层次的联系，以保证理解的全面和深刻。在理解过程中，知识经验是关键。

4. 知觉［首都师范大学 2014、2013 年研］

答：知觉是客观事物直接作用于感官而在头脑中产生的对事物整体的认识。例如，看到一张桌子、听到一首乐曲、闻到一种菜肴的芳香等都是知觉现象。知觉作为一种活动、过程，包含了觉察、分辨和确认等互相联系的几种作用。

三、简答题

1. 简述知觉的组织原则。［统考 2014 年研］

答：(1) 知觉是客观事物直接作用于感官而在头脑中产生的对事物整体的认识。知觉的过程就是把对象从背景中分离出来的过程，因此对象和背景的关系是知觉组织最基本的原则。对象和背景相互依赖，又可以相互转化。

(2) 知觉图形组织原则有：

①临近性：空间和时间上比较接近的事物容易知觉为一个整体。

②相似性：相似的事物容易知觉为一个整体。

③对称性：对称的部分容易知觉为一个整体。

④良好连续性：连续的事物容易知觉为一个整体。

⑤共同命运：当某些成分按共同方向运动或变化时，容易组成图形。

⑥封闭：视野中封闭的线段容易组成图形。

⑦线条朝向：方向对图形组合也有重要意义。

⑧简单性：视野中具有简单结构的部分，容易组成图形。

⑨均质连接性：两个相连的点子更容易被看成一组。

2. 简述知觉的特性及含义。［北京师范大学 2014 年；首都师范大学 2012 年研］

答：(1) 知觉的含义

知觉是指人脑对直接作用于感官的客观事物的各个部分和属性的整体反映。知觉是在感觉的基础上产生的，是按一定方式来整合个别的感觉信息，形成一定的结构，并根据个体的经验来解释由感觉提供的信息。知觉作为一种活动、过程，包含了互相联系的几种作用：觉察、分辨和确认。

(2)知觉的特性

知觉的特性包括整体性、选择性、理解性和恒常性。

①知觉的整体性是指人根据自己的知识经验把直接作用于感官的客观事物的多种属性整合为统一整体的过程。知觉整体性不仅与客观事物本身的特性密切相连，而且也与知觉者的主观状态以及原有的知识经验有关。

②知觉的选择性是指人根据当前的需要，对客观刺激物有选择地作为知觉对象进行加工的过程。被选择的刺激物是知觉对象，而同时作用于感觉器官的其他刺激物是知觉对象的背景。两者区别在于：知觉对象有鲜明的、完整的形象，突出于背景之前。背景与对象可以相互转化，以保证有意义的事物内容成为知觉对象。

③知觉的理解性是指人在知觉一些事物或现象时，不仅能形成关于它的知觉形象，还能根据自己已有的知识、经验对事物加以解释或判断，即从不同方面对它加以理解。人在知觉过程中，不是被动地把知觉对象的特点登记下来，而是以过去的知识经验为依据，力求对知觉对象做出某种解释，使它具有一定的意义。

④知觉的恒常性是指当知觉的客观条件在一定范围内改变时，人们的知觉映像在相当程度上却保持着它的稳定性。恒常性的种类有：形状恒常性、大小恒常性、明度恒常性、颜色恒常性。知视觉线索对知觉恒常性有重要影响。它是指环境中的各种参照物给人们提供的物体距离、方位和照明条件的信息，实验证明，消除环境中的视觉线索，恒常性就会受到破坏。

3. 什么是阈下知觉？商业广告中是如何利用阈下知觉的？

答：(1)阈下知觉的含义

阈下知觉是指人们虽然不能清楚地意识到那些低于绝对感觉阈限的刺激，但仍然会受其影响而产生相应的行为反应。

(2)商业广告中的应用

在商业广告中，目前有一种广告模式称为隐性广告，即广告者在广告中加入一些强度在意识阈限以下的刺激，以此来进行商品推销。例如，20世纪50年代，新泽西的一家电影院里，在电影放映期间，可口可乐和炒玉米的广告快速地闪现在银幕上，观众并不能清楚地看到它们。据说，在六个星期内，这两样商品的销售量都有了大幅度的增长。

4. 如何理解知觉学习？请列举一些有趣的知觉学习的现象。

答：(1)知觉学习的定义

知觉学习是指由训练引起的知觉成绩的改变或知觉阈限的变化，发生在所有感觉通道中，如嗅觉、味觉、听觉和视觉等。

(2)知觉学习现象

人的知觉能力会随着训练而逐渐改变。这种改变一旦获得，就可以保持相当长的时间。比如，刚刚学习绘画的人对颜色的分辨能力比较差，作品的颜色比较单一；但是经过一段时间的学习后，就能分辨多种只有细微差别的颜色，作品的色彩也显得非常丰富了。同样的现象可见于学习舞蹈、学习唱歌等。

四、论述题

1. “远看像一条狗，近看也像一条狗，原来就是一条狗”，这里说明了知觉的哪些特性？［北京大学2024年研］

答：题干中描述的现象说明了知觉的恒常性。

（1）知觉的恒常性是指当知觉的客观条件在一定范围内改变时，人们的知觉映像在相当程度上却保持着它的稳定性。它是人们知觉客观事物的一个重要特性。在视觉范围内，恒常性的种类有：

①形状恒常性

当人们从不同角度观察同一物体时，物体在网膜上投射的形状是不断变化的。但是，人们知觉到的物体形状并没有显出很大的变化。如，一扇从关闭到敞开的门，尽管这扇门在我们视网膜上的投影形状各不相同，但人们看去都是长方形的。

②大小恒常性

当人们从不同距离观看同一物体时，物体在网膜上成像的大小是有变化的，距离大，它在网膜上成像较小；距离小，它在网膜上成像较大。而知觉到的大小却不完全随距离而变化，它趋向于原物的实际大小。如，一个人从我面前走向教室后门，尽管他在我的视网膜上的投射大小有很大变化，可是看到的大小并没有明显改变。

③明度恒常性

在照明条件改变时，物体的相对明度或视亮度保持不变。如白墙在阳光和月色下看，它都是白的；而煤块在阳光和月色下，看去都是黑的。

④颜色恒常性

一个有颜色的物体在色光照明下，它的表面颜色并不受色光照明的严重影响，而是保持相对不变。如室内的家具在不同灯光照明下，它的颜色相对保持不变。

（2）知觉恒常性的意义

恒常性对于人的正常生活和工作有重要意义。如果人的知觉随着客观条件的变化而时刻变化，那么要想获得任何确定的知识都是不可能的。研究恒常性不仅有助于建筑、艺术等实践部门的工作，而且有助于现代计算机技术的发展。现代的机器人有“视觉”可以看，有“听觉”可以听，但它们没有知觉的恒常性。因此，当观察条件明显变化时，机器人就难以执行自己原来的任务。如果我们能够把人和动物具有的知觉恒常性赋予机器人，那么计算机将会发挥更大的作用。恒常性使得我们对世界有一个稳定的印象。

2. 试论述深度知觉定义及其线索。［北京师范大学2012年研］

答：深度知觉是指以视觉为基础，对自身所在空间，与自身周围空间中各事物之间关系综合了解的心理过程。深度知觉涉及三维空间的知觉，即不仅能够知觉物体的高和宽，而且能够知觉物体的距离、深度、凹凸等。人们不仅能够知觉物体的形状，而且能够知觉物体的深度和距离。人们通过肌肉线索（生理线索）、单眼线索、双眼线索等来知觉物体的深度和距离。

（1）肌肉线索

①眼睛调节

水晶体的曲度变化提供距离信息。看近处的物体，眼睛的水晶体曲度变大；物体移向远方，眼睛的水晶体曲度变小。

②双眼视轴辐合

眼睛随距离的改变而将视轴汇聚到被注视的物体上。辐合可用辐合角来表示，物体近，辐合角大；物体远，辐合角小。控制辐合的眼肌运动提供了关于距离的信号。

(2)单眼线索

①对象重叠(遮挡)

如果一个物体部分地掩盖了另一个物体，那么被掩盖的物体就被知觉成远些。

②线条透视

两条向远方伸延的平行线看来趋于接近，就是线条透视。近处物体所占视角大，在网膜上投影大；远处物体占视角小，在网膜上投影小，因而使两条向远方伸延的直线看起来趋于接近。

③空气透视

物体反射的光线在传送过程中是有变化的，其中包括空气的过滤和引起的光线的散射。结果，远处物体显得模糊，细节不如近物清晰。

④相对高度

在其他条件相等时，视野中两个物体相对位置较高的那一个，就显得远些。

⑤纹理梯度(结构级差)

视野中的物体在网膜上的投影大小和投影密度发生有层次的变化。人们倾向于把小而密的物体看成比较远的，把大而疏的东西看成比较近的。

⑥运动视差与运动透视

运动视差是指当观察者与周围环境中的物体相对运动时，远近不同的物体在运动速度和运动方向上将出现差异。一般说，近处物体看去移动得快，方向相反；远处物体移动较慢，方向相同。运动透视是指当观察者向前移动时，视野中的景物也会连续活动。近处物体流动的速度大，远处物体流动的速度小。

(3)双眼线索——双眼视差

双眼视差是指人们知觉物体的距离与深度，主要依赖于两眼提供的线索。当物体的视像落在两眼网膜的对应部位时，人们看到单一的物体；当视像落在网膜非对应部位而差别不大时，人们将看到深度与距离；两眼视差进一步加大，人们将看到双像。

知觉深度和距离有重要的意义。由于人的两只眼睛之间大约相隔65mm，当人观看一个物体时，两眼视像不完全落在网膜的对应部位，而在水平方向上出现了位移。物体近，双眼视差较大，物体远，双眼视差较小。双眼深度线索随距离增加而变化，当距离超过1300米时，两眼视轴平行，双眼视差为零，对判断距离不起作用。

第5章　意　识

5.1　复习笔记

【知识框架（庖丁解牛）】

- 意识
  - 意识概述
    - 意识
    - 无意识
    - 生物节律的周期性与意识状态
  - 注意
    - 定义
    - 外部表现
    - 功能
    - 分类
    - 认知理论
    - 神经机制
  - 睡眠和梦
    - 睡眠
    - 梦
    - 失眠
  - 意识的其他状态
    - 催眠
    - 冥想
    - 精神活性药物

【复习向导（切中肯綮）】

本章重要考点及要求：了解意识与无意识的定义及相关知识。掌握注意的相关知识；重点掌握注意的认知理论。了解睡眠和梦；掌握对睡眠的四个阶段。了解意识的其他状态；掌握催眠、冥想的相关知识。

【考点难点归纳（游刃有余）】

考点一、意识概述

表5－1　意识概述

要点	具体内容	
意识	定义	人对自身、对外界环境以及自身与外界环境关系的觉知状态
	相关理论	①剧院模型：由（美）巴尔斯、（法）迪昂等提出，认为意识是一个容量有限的全局（公共）工作空间，在这里可以对各种平行的认知过程（通常是无意识进行的）进行信息交换和协调控制。 ②整合信息理论：由（美）托诺尼提出，认为意识经验的形成源自人脑在进行信息处理时产生的一种特殊的信息结构——整合信息

续表

要点	具体内容	
无意识	定义	又称潜意识，相对于意识而言，是人没有觉知到的心理活动和心理过程
	常见的无意识现象	①阈下知觉：个体尽管意识不到环境刺激的存在或特性，但刺激能引起或改变其行为或生理反应。 ②盲视：由于脑损伤引起的对刺激的无意识觉察。 ③非注意视盲：由于注意力分散而造成的对刺激的无意识觉察。 ④无意识行为：有时人的行为特别是那些已经自动化了的行为不受意识的控制
生物节律的周期性与意识状态	①人体的生物节律包括基本生理活动、体力和情绪状态等方面的周期性变化。 ②位于下丘脑的视交叉上核对人体的生理功能及心理状态的周期性变化起关键作用——可以促进或抑制松果体的活动，而松果体分泌起镇静的作用的褪黑素	

考点二、注意

表5－2 注意

要点	具体内容	
定义	是心理活动或意识对一定对象的指向与集中	
外部表现	①出现肢体血管收缩，头部血管舒张，吸气变短，呼气变等，还常伴随托腮、侧首、发呆等表情动作。 ②注意的外部行为表现可以伪装	
功能	选择功能、整合功能	
分类	根据引起注意的线索来源来划分	①外源性注意，又称不随意注意或无意注意，引起注意的线索来自外部，是一种被动的、不随意的、不费心神的注意。 ②内源性注意，又称随意注意或有意注意，引起注意的线索来自内部，是一种主动的、积极的、费心神的注意
	根据注意在信息加工中的功能来划分	①选择性注意，个体能在同一时刻只对有限的信息给予注意而忽视其他信息。 ②持续性注意，个体能够把已经选择为有意义、需要进一步加工的信息保持在意识之中。 ③分配性注意，个体能对几项不同的任务给予关注或能同时操作几项任务
认知理论	过滤器理论	布罗德本特1958年提出，认为神经系统加工信息的容量是有限度的，信息进入神经系统时要先经过一个过滤机制，它只允许一部分信息通过并接受进一步的加工，其他信息被阻止而消失了
	衰减理论	特瑞斯曼1964年提出，认为信息通过过滤器装置时，没有通过的信息只是在强度上减弱而不是完全消失了。不同刺激的激活阈限是不同的，对人有重要意义的信息的激活阈限低，容易被激活
	认知资源理论	①注意是一组对刺激进行归类和识别的认知资源或认知能力，而这种资源又是有限的。 ②刺激或加工任务越复杂，占用的资源就越多，当认知资源用完时，新的刺激就得不到加工了。 ③在认知系统里有一个机制负责资源的分配，我们可以把认知资源分配到重要的刺激上
	双加工理论	①人的认知加工有自动化加工和受意识控制加工两类。 ②前者不受认知资源的限制，不需要注意，可以自动化地进行；后者则受认知资源的限制，需要注意的参与，可以随环境的变化而不断进行调整

续表

要点	具体内容	
神经机制	朝向反射	由刺激的新异性引起的一种反射，是注意最初级的生理机制
	脑干网状结构	是指从脊髓上端到丘脑之间的一种弥散性的神经网络。它不传递环境中特定信息，而使大脑维持着一般性的兴奋水平，这是注意所必需的
	边缘系统	存在着大量的"注意神经元"，它们仅对新异刺激或刺激的变化作反应
	大脑皮层	调节、控制着皮层下组织，并主动调节行动，对信息进行选择，是产生注意的最高部位

【习题精选】

1. 简述意识与注意的区别与联系。

思路点拨：意识和注意是心理学中两个重要的概念，它们之间既存在明显的区别，又有着紧密的联系。

参考答案：

(1)意识与注意的区别

①概念性质

意识是人类大脑对客观世界的主观反映，它涵盖了个体对自身以及周围环境的感知、认知、情感、意志等多个方面；意识是一种高级的心理机能，它使人类能够对自身的行为和思维进行监控、调节和控制，从而更好地适应环境和实现自身的目标。

注意是心理活动或意识对一定对象的指向和集中，它是一种心理状态，而不是一种独立的心理过程。注意的指向性是指心理活动有选择地反映一定的对象，而离开其余的对象；注意的集中性是指心理活动停留在被选择的对象上的强度或紧张度，它使心理活动离开一切无关的事物，并且抑制多余的活动。

②功能特点

意识具有多种重要功能。首先，意识具有觉察功能，它使个体能够觉察到自身的存在、状态以及周围环境的变化。其次，意识具有选择功能，它使个体能够根据自身的需要、兴趣、目的等因素，有选择地对周围环境中的信息进行感知、加工和处理。最后，意识还具有监控和调节功能，它使个体能够对自身的行为和思维进行监控和调节，以确保其符合自身的目标和价值观。

注意的主要功能是对信息进行选择和集中，从而提高信息加工的效率和准确性。首先，注意的选择功能使个体能够从大量的环境信息中，有选择地关注那些与当前任务、目标或兴趣相关的信息，而忽略其他无关的信息。其次，注意的集中功能使个体能够将心理活动高度集中在被选择的对象上，排除一切无关干扰，从而提高信息加工的深度和准确性。

③存在状态

意识存在不同的状态，这些状态反映了个体在不同时刻对自身和环境的觉知程度和认知水平。其中，清醒意识状态是个体最常见、最典型的意识状态。在清醒意识状态下，个体能够清晰地感知到自身的存在、状态以及周围环境的各种信息，并且能够对这些信息进行积极的认知加工和处理，如思考、判断、推理等；同时，个体还能够在清醒意识状态下，有意识地控制自己的行为和思维，使其符合自身的目标和价值观。除了清醒意识状态外，意识还存在其他状态，如睡眠状态、催眠状态、白日梦状态等。在这些不同的意识状态下，个体对自身和环境的觉知程度和认知水平会有所不同。例如，在睡眠状态下，个体的意识活动会相对减弱，对周围环境的感知能力会降低，但个体的大脑仍然会进行一些无意识的活动，如做梦等。

注意本身没有像意识那样明显的不同状态划分，但注意可以在不同的强度水平上波动。当注意强度较高时，个体对目标对象的关注高度集中，能够排除各种干扰因素，对目标对象的信息进行全面、深入的加工和处理；相反，当注意强度较低时，个体对目标对象的关注程度相对较弱，容易受到各种干扰因素的影响，对目标对象的信息加工和处理也会相对肤浅和不全面。此外，注意的稳定性也是影响注意强度的一个重要因素。注意的稳定性是指注意在一定时间内保持在某个对象或活动上的能力。

(2) 意识与注意的联系

①注意以意识为基础

注意的选择和集中是以个体的意识内容和状态为基础的，个体的意识对注意的产生和发展具有重要的引导和调节作用。

②注意是意识的指向和集中

注意使意识能够有选择地指向特定的对象或信息，并对其进行集中的认知加工。通过注意的指向和集中作用，个体能够从纷繁复杂的环境信息中筛选出与当前任务、目标或兴趣相关的信息，将意识聚焦在这些信息上，从而提高信息加工的效率和准确性；此外，注意的指向和集中作用还能够使个体在意识层面上对目标对象进行更加深入、细致的认知加工。因此，注意是意识的指向和集中，它使意识能够更加有针对性地、高效地对目标对象进行认知加工，从而提高个体的认知能力和信息处理效率。

③二者相互作用、协同工作

在认知过程中，意识和注意相互影响、相互补充，共同促进个体对信息的感知、加工和处理。一方面，意识为注意提供了方向和背景，个体的意识内容和状态会影响注意的选择和集中，从而对个体的认知过程产生重要影响。另一方面，注意对意识具有调节和强化作用。通过注意的指向和集中作用，个体能够从纷繁复杂的环境信息中筛选出与当前任务、目标或兴趣相关的信息，将意识聚焦在这些信息上，从而提高信息加工的效率和准确性；此外，注意的指向和集中作用还能够使个体在意识层面上对目标对象进行更加深入、细致的认知加工。

2. 什么是双耳分听实验？用它研究注意哪方面的特征？

思路点拨：双耳分听实验是认知心理学中用于研究注意特征的重要实验范式。双耳分听实验通过巧妙的实验设计，为研究注意的选择性、分配和转移等重要特征提供了丰富的实验数据和有力的研究手段，有助于我们深入了解注意的本质和机制。

参考答案：

(1) 双耳分听实验

①实验设置

在实验中，被试需要戴上耳机，耳机的两个声道会同时呈现不同的听觉刺激，比如不同的单词、数字、句子或声音等。这些刺激可以在内容、语速、语调等方面存在差异。

②实验任务

常见的实验任务有两种。一种是追随任务，要求被试只注意并重复其中一个声道(追随耳)所听到的内容，而忽略另一个声道(非追随耳)的信息。另一种任务则不要求被试刻意追随某一耳的信息，而是要求被试在实验结束后，回忆或报告双耳听到的内容。在实验过程中，研究者会记录被试对追随耳信息的复述准确性、反应时间，以及对非追随耳信息的回忆或报告情况等数据。

(2)双耳分听实验对注意特征的研究

①注意的选择性

注意的选择性是指个体在同时面对多种刺激时，能够选择其中一部分刺激进行更深入的加工和处理，而忽略其他刺激的特性。双耳分听实验为研究注意的选择性提供了有效的手段，通过该实验可以深入了解个体在面对不同听觉刺激时，是如何进行注意的选择以及这种选择的机制和特点。

②注意的分配

注意的分配是指个体在同一时间内将注意指向不同的对象或活动，并且能够对这些对象或活动进行有效的加工和处理的能力。双耳分听实验也可以用于研究注意的分配特征，通过该实验可以探究个体在同时接收多种听觉刺激时，是如何在不同的刺激之间分配注意资源的，以及这种分配的能力和限制等问题。

③注意的转移

注意的转移是指个体根据当前任务的需要，主动地将注意从一个对象或活动转移到另一个对象或活动上的能力。双耳分听实验虽然不是专门用于研究注意转移的实验范式，但通过对实验过程和结果的分析，也可以在一定程度上探讨注意转移的特征和机制。

3. 什么是负启动？负启动现象可以说明什么？

思路点拨：负启动是认知心理学领域的一个重要概念，反映了大脑在信息处理过程中的一种抑制机制。负启动现象为我们深入理解注意、记忆以及信息加工等认知过程提供了重要的线索和依据，有助于揭示人类认知系统的复杂性和多样性。

参考答案：

(1)负启动的含义

在认知心理学实验中，通常会给被试呈现一系列刺激，并要求被试对特定的目标刺激做出反应。在这个过程中，会出现负启动现象。具体来说，在启动阶段，被试会看到包含目标刺激和干扰刺激的画面，并需要对目标刺激进行某种操作(如按键反应)。例如，在屏幕上呈现一个由红色、绿色和蓝色圆形组成的画面，要求被试对红色圆形(目标刺激)做出按键反应，而绿色和蓝色圆形则为干扰刺激。到了探测阶段，再次给被试呈现刺激画面，此时，部分探测刺激中的目标刺激与启动刺激中的干扰刺激相同。例如，在探测阶段的画面中，红色圆形(目标刺激)消失了，取而代之的是一个绿色圆形，而这个绿色圆形在启动阶段是作为干扰刺激出现的。研究发现，当探测刺激中的目标刺激与启动刺激中的干扰刺激相同时，被试对该目标刺激的反应时会延长，错误率也会增加。这种现象就被称为负启动，意味着之前作为干扰刺激的信息在后续的认知加工中对目标刺激的识别和反应产生了抑制作用。

(2)负启动现象可以说明的问题

①注意存在抑制机制

负启动现象为注意的抑制机制提供了有力证据。传统观点认为，注意主要是一种对目标信息进行选择和集中的机制，以便个体能够更好地对目标信息进行加工和处理；然而，负启动现象表明，注意不仅具有对目标信息的选择和促进作用，还存在一种对干扰信息的抑制机制。这种抑制机制的存在有助于个体在复杂的环境中更好地筛选出目标信息，排除干扰信息的影响，提高信息加工的效率和准确性。

②记忆与注意相互作用

负启动现象揭示了记忆与注意之间存在着密切的相互作用关系。这种记忆与注意之间的相互作用关系表明，认知过程是一个复杂的、多维度的信息处理过程，不同的认知成分之间相互影响、相互制约，共同完成对环境信息的感知、加工和处理。

③信息加工的自动性与控制性

负启动现象还反映了信息加工过程中存在自动性与控制性两种不同的加工方式，并且这两种加工方式之间存在着相互作用和协调的关系。自动性加工能够快速地对环境中的信息进行感知和初步加工，为控制性加工提供必要的信息基础，而控制性加工则能够对自动性加工所提供的信息进行进一步的分析、判断和整合，以确保信息加工的准确性和有效性，同时能够根据当前的任务目标和环境变化，对信息加工的过程进行灵活的调整和控制。这种自动性与控制性相结合的信息加工方式，使得人类能够在复杂多变的环境中高效地获取、处理和利用信息，以适应环境的变化和实现自身的发展目标。

考点三、睡眠和梦

表5-3 睡眠和梦

要点	具体内容	
睡眠	睡眠时的脑电活动	①清醒状态时，脑电波为β波；β波(14~30Hz)是高频低幅的。 ②安静状态时，脑电波为α波；α波(8~13Hz)频率较低，波幅稍大。 ③睡眠时，脑电波为δ波；δ波频率更低、波幅更大
	四个阶段	①第一阶段：脑电波成分是混合的，脑电波的频率和振幅都比较低，该阶段是浅度睡眠阶段，持续10分钟，β波转向α波。 ②第二阶段：偶尔出现睡眠锭(短暂爆发的高频高幅的脑电波)，持续20分钟，主要是α波。 ③第三阶段：出现δ波，有时会出现睡眠锭，持续40分钟。 ④第四阶段：大多数脑电波呈现为δ波时，即进入深度睡眠阶段，这个阶段持续的时间前半夜长、后半夜短。 第三、第四阶段的睡眠称为“慢波睡眠”。这四个阶段总共持续90分钟左右，此后便进入快速眼动的睡眠阶段(出现像清醒状态下的高频低幅的脑电波)，梦境是在这个阶段出现的
	功能	功能恢复；自我保护；促进身体发育；巩固和重建记忆；激发灵感和创造性思维

续表

要点	具体内容	
梦	研究仪器	夜晚帽
	梦的功能	①精神分析学派：梦是潜意识的显现。 ②生理学：梦是个体对脑的随机神经活动的主观体验。 ③认知心理学：梦担负着一定的认知功能，将个体知觉和行为经验重新编码和整合，将新旧记忆联系起来
失眠	表现	①入睡困难、睡眠质量不高。 ②每天的睡眠都没有规律。 ③失眠的概率女性一般高于男性
	失眠症	根据《中国成人失眠诊断与治疗指南(2023 版)》，失眠症的症状表现为入睡困难(成人入睡潜伏期超过 30min)、睡眠维持障碍(整夜觉醒次数≥2 次)、早醒、睡眠质量下降和总睡眠时间减少(通常少于 6.5h)，症状每周至少出现 3 次，并且必须伴有日间功能障碍或日间的痛苦体验
	失眠的原因	心理因素(焦虑、抑郁等)；生理因素(褪黑素分泌减少等)；环境因素(噪音、光线、温度等)；生活习惯(作息不规律、咖啡因摄入过多、电子产品过度使用等)
	失眠的对策	①药物治疗：镇静、助眠、抗抑郁、激动褪黑素受体等药物。 ②非药物治疗：认知行为疗法、物理疗法等

考点四、意识的其他状态

表 5－4　意识的其他状态

要点	具体内容	
催眠	定义	是指以人为诱导(如放松、单调刺激、集中注意、想象等)引起的一种特殊的类似睡眠又非睡眠的意识恍惚心理状态
	对催眠现象的解释	①特殊状态理论，认为催眠状态是一种特殊的意识状态，代表性理论是意识分离理论(希尔加德提出)。 ②非特殊状态理论，认为催眠产生于被试在催眠者的诱导下高度合作地扮演了另外一个角色，代表性理论是角色扮演理论(巴伯尔和斯潘诺斯提出)
冥想	定义	是指通过自我对身心的调节，对注意力产生系统影响，最终影响个体心理和行为的综合性训练
	历史	①古印度：关于禅定的训练。 ②古代中国：道家关于“心斋”“守中”“坐忘”的修习。 ③1979 年，乔·卡巴金将正念训练应用于医学临床治疗，创立现代正念冥想(又称正念)
	练习冥想的基本方法	①专注式冥想，即将注意集中在特定的对象上。 ②开放监控式冥想，对正在发生的心理体验进行不评判、不卷入的监控，如正念等
精神活性药物	分类	抑制剂、兴奋剂、致幻剂
	长期服用或滥用	①产生耐受性、依赖性(严重者会药物成瘾)。 ②会损害生理、心理机能

5.2 典型题(含考研真题)详解

一、单项选择题

1. 关于冥想，下面观点错误的是(　　)。[统考2025年研]

A. 练习冥想可以有效提高人的身心健康

B. 是正念，冥想时要把全身心专注在当前的状态之下

C. 是中国古代的“心斋”和“坐忘”都是冥想的形式

D. 正念冥想时，要对当前的状态进行的状态好坏进行评判

【答案】D

【解析】冥想是一种自我调节的方法，在冥想过程中，尤其是正念冥想，强调的是不加评判地觉察当下的状态，而不是对当前状态的好坏进行评判，这样才能更好地达到冥想所追求的专注和平静的效果，帮助人们减轻压力、增强专注力等。A项，大量研究和实践表明，练习冥想可以帮助减轻压力、缓解焦虑和抑郁情绪、提高注意力和专注力等，对人的身心健康有诸多益处，该选项观点正确。B项，正念冥想强调将全身心专注于当前的状态，不被过去的烦恼或未来的担忧所干扰，专注于当下的体验和感受，此选项符合冥想的特点，该选项观点正确。C项，中国古代的“心斋”和“坐忘”都具有让人心神宁静、专注内省等特点，与冥想在精神和方法上有相似之处，可以认为是冥想的形式，该选项观点正确。因此答案选D。

2. 梦出现在睡眠的哪个阶段？(　　)[浙江大学2025年研]

A. 入睡阶段　　B. 浅睡阶段

C. 深睡阶段　　D. 快速眼动睡眠阶段

【答案】D

【解析】睡眠可以分为非快速眼动睡眠期(NREM)和快速眼动睡眠期(REM)，梦主要出现在快速眼动睡眠阶段。A项，入睡阶段是睡眠的开始，脑电波逐渐变慢，身体开始放松，一般不会出现明显的梦境。B项，浅睡阶段仍处于较浅的睡眠状态，脑电波以θ波为主，可能会有一些简单的思维活动或片段性的感觉，但通常不是典型的梦境状态。C项，深睡阶段大脑活动进一步减弱，脑电波以δ波为主，身体得到充分休息，此阶段一般很少做梦，即使做梦也很难记住梦境内容。D项，在快速眼动睡眠阶段，大脑的活动非常活跃，与清醒时的脑电波相似，眼球会快速转动，身体肌肉处于麻痹状态，这个阶段是梦境出现的主要时期。人们在这个阶段被唤醒，通常能清晰地回忆起梦境内容。因此答案选D。

3. 最不适合研究注意的选择性的方法是(　　)。[华东师范大学2025年研]

A. 双侧干扰任务　　B. 警戒任务　　C. 线索提示任务　　D. Stroop任务

【答案】A

【解析】A项，双侧干扰任务主要用于研究大脑两半球的功能差异等，它不是专门针对注意选择性的研究方法，不太能直接有效地探究注意在不同刺激间进行选择的过程和机制。B项，警戒任务要求被试在一段时间内对特定的目标刺激保持警觉和注意，在这个过程中，

被试需要从众多可能的刺激中选择性地关注目标刺激，可用于研究注意的选择性，比如在长时间的警戒过程中，被试如何从各种无关刺激中挑选出需要关注的信号。C 项，线索提示任务通过提供线索来引导被试的注意，观察被试对不同位置或类型的线索提示下的注意分配和选择情况，能很好地研究注意的选择性，比如线索提示目标可能出现的位置，看被试是否能按照线索更快速准确地将注意集中到该位置上的目标刺激。D 项，Stroop 任务让被试对词的颜色进行命名，当词的意义与颜色不一致时会产生干扰，可用于研究注意的干扰等。综上所述，最不适合研究注意的选择性的方法是双侧干扰任务。因此答案选 A。

4．优秀的广告，总是用新颖的设计、强烈的对比来引起的注意主要是(　　)。[统考 2024 年研]

A．不随意注意　　B．随意注意　　C．随意后注意　　D．分配性注意

【答案】A

【解析】不随意注意是指没有预定目的、不需要意志努力、不由自主地对一定事物所产生的注意。引起不随意注意的原因主要有：①刺激物本身的特点，包括刺激物的新异性、刺激物的强度、运动变化等；②个体状态，包括个体的需要、情感、兴趣、经验等。题干中，广告通过“新颖的设计、强烈的对比”等“刺激物”正是为了引起人们的不随意注意。因此答案选 A。

5．个体进入催眠状态，下列表述错误的是(　　)。[统考 2022 年研]

A．进入睡眠状态　　B．主动活动性降低

C．受暗示性提高　　D．脑电波和清醒状态相类似

【答案】A

【解析】被催眠的个体很容易被暗示。催眠状态下，个体的思维、言语和活动均在催眠师的指示下进行，因此主动活动性降低。被催眠的个体在催眠过程中，大脑的 α 波和 β 波将占优势，和个体处于清醒的放松状态下的特征相类似。存在一个普遍的误解：认为被催眠和睡眠的状态非常类似。但事实上，被催眠之后，被催眠者仍然记得在催眠过程中他们的经历，除非催眠师要求他们忘记。

6．下列选项中，能够引起随意注意的原因是(　　)。[中国科学院大学 2018 年研]

A．刺激物的新颖性　　B．刺激物的强度

C．刺激物的运动变化　　D．对注意任务的依从性

【答案】D

【解析】引起随意注意的原因包括：①对注意目的与任务的依从性。随意注意是一种有预定目的的注意。目的越明确、越具体，随意注意越易于引起和维持。②对兴趣的依从性。生动有趣的事物容易引起随意注意。对活动结果的间接兴趣也能够维持人们稳定而集中的注意。③对活动组织的依从性。随意注意的引起和维持还与活动是否正确组织有关。有些人养成了良好的工作习惯和生活习惯，起居饮食很有规律，这样，在规定的工作时间内，他能全神贯注地工作。把智力活动与某些外部活动结合起来，也有利于注意的维持。④对过去经验的依从性。随意注意受到过去知识经验的制约。一方面，人们对自己所熟悉的事物和活动，可以自动地进行加工和操作，无需特别集中的注意；另一方面，人们想要在活

动中维持自己的注意，又和他们的知识经验有一定关系。⑤对人格的依从性。具有顽强、坚毅性格特点的人，比较容易使自己的注意服从于当前的目的与任务；相反，意志薄弱、害怕困难的人，不可能有良好的随意注意。

7. 根据鲁利亚的观点，由边缘系统与脑干网状结构等组成的机能系统是(　　)。[统考2018年研]

A. 平衡系统　　B. 调节系统

C. 动力系统　　D. 信息接收、加工和存储系统

【答案】C

【解析】鲁利亚提出的第一机能系统，即动力系统，由边缘系统与脑干网状结构等组成，基本功能是保持大脑皮层的一般觉醒状态，提高其兴奋性和感受性，并实现对行为的自我调节。

8. 大脑处于安静和休息状态时的脑电波通常为(　　)波。[统考2014年研]

A. α　　B. β　　C. δ　　D. θ

【答案】A

【解析】α波是大脑处于休息和安静状态的脑电波，频率为8～13Hz；β波是大脑处于清醒和警觉状态的脑电波，频率为14～30Hz；δ波是在睡眠时的脑电波，频率更低，波幅更高。

9. 下列方法中，通常用来测量持续性注意的是(　　)。[统考2013年研]

A. 警戒作业　　B. 双作业操作　　C. 双耳分听　　D. 负启动

【答案】A

【解析】持续性注意是指注意在一定时间内保持在某个认识的客体或活动上，又称注意的稳定性，通常用警戒作业来测量，要求被试在一段时间内，持续地完成某项工作，并用工作绩效的变化作指标。

10. 下列选项中，属于心理状态的是(　　)。[统考2012年研]

A. 感觉　　B. 想象　　C. 注意　　D. 记忆

【答案】C

【解析】心理状态是指人在某一时刻的心理活动水平，注意是心理活动或意识对一定对象的指向与集中，反映的是某一时刻心理活动的状态，是一种心理状态。

11. “眼观六路，耳听八方”的注意品质是(　　)。[华东师范大学2011年研]

A. 注意的广度　　B. 注意的转移　　C. 注意的分配　　D. 注意的稳定性

【答案】C

【解析】注意稳定性是指注意在一定时间内保持在某个认识的客体或活动上。注意广度是指一个人在同一时间内能够清楚地把握注意对象的数量。注意转移是指根据活动任务的要求，主动地把注意从一个对象转移到另一个对象。注意分配是指在同一时间内把注意指向不同的对象和活动。

二、概念题

1. 无意识[吉林大学 2018 年研]

答： 无意识，又称潜意识，是指那些在通常情况下根本不会进入意识层面的东西，比如内心深处被压抑而无法意识到的欲望，秘密的想法和恐惧等。无意识层面的原始冲动和本能以及之后的种种欲望，由于社会标准不容许，得不到满足而被压抑到意识之下，但它们并没有消失，而在无意识中积极活动。

2. 注意[苏州大学 2014 年、2011 年研]

答： 注意是心理活动或意识对一定对象的指向与集中。它具有两个特点：①指向性，是指心理活动或意识在哪个方向上进行活动。指向性不同，人们从外界接收的信息也不同。②集中性，是指心理活动或意识在一定方向上活动的强度或紧张度。心理活动或意识的强度越大，紧张度越高，注意也就越集中。注意的指向性和集中性密不可分。人在高度集中自己的注意时，注意指向的范围就缩小。这时候，他对自己周围的一切就可能“视而不见，听而不闻”。

3. 有意注意[苏州大学 2012 年研]

答： 有意注意，又称随意注意，是指事先有预定目的、需要一定意志努力的注意，是人们给自己提出一定的任务，自觉地把某些刺激物区分出来作为注意的对象。当我们确定于某件事(如写作、做作业)之后，在做这件事的过程中有意地把注意集中在我们认为要做的事情上。它是注意的一种积极、主动的形式。

三、简答题

1. 如果让你来为某汽车的车展活动设计一个展台，请用不随意注意的原理进行设计，如何吸引观众？[统考 2022 年研]

答：(1)概念

不随意注意是指事先没有目的，也不需要意志努力就能维持的注意。

(2)引起不随意注意的原因

①刺激物本身的特点

刺激物的新异性、刺激物的强度、运动变化等。因此我们可以从汽车品牌本身的特点入手设计一个比较新颖的外观、性能有别于其他品牌车等。

②个体状态

个体自身的状态、需要、情感、兴趣、经验等。我们可以从客户的需求角度出发，了解客户内在需求，以及关注的点，以此设计一整套宣传文案、展台及宣传语吸引顾客。

2. 注意具有哪些特点？列举出你了解的注意加工过程中常见的现象。[北京师范大学 2017 年研]

答：(1)注意的特点

注意是心理活动或意识对一定对象的指向与集中。它具有两个特点：

①指向性

是指心理活动或意识在哪个方向上进行活动。指向性不同，人们从外界接收的信息也不同。

②集中性

是指心理活动或意识在一定方向上活动的强度或紧张度。心理活动或意识的强度越大，紧张度越高，注意也就越集中。注意的指向性和集中性密不可分。人在高度集中自己的注意时，注意指向的范围就缩小。这时候，他对自己周围的一切就可能“视而不见，听而不闻”。

(2)注意加工过程中常见的现象

①选择性注意

选择性注意是个体在同时呈现的两种或两种以上的刺激中选择一种进行注意，而忽略另外的刺激。例如，在双耳分听实验中，用耳机分别向被试的双耳呈现不同的声音刺激，要求被试注意其中一耳的刺激，而忽略另一耳的刺激。

负启动现象、返回抑制现象和注意瞬脱现象反映了选择性注意的抑制机制的特点。

a. 负启动，是指当探测刺激与先前被忽略的启动刺激相同或相关时，对探测刺激的反应变慢或准确度下降的现象；

b. 返回抑制，是指对原先注意过的物体或位置进行反应时表现出的对目标刺激反应时变慢或正确率降低的现象；

c. 注意瞬脱，是指在识别一系列刺激流时，对某个刺激的准确识别会影响到其后对特定时间间隔(一般为500毫秒以内)的刺激的识别的现象。

②持续性注意

持续性注意是指个体将注意在一定时间内保持在某个客体或活动上的现象，也叫注意的稳定性。例如，学生在45分钟的上课时间内，使自己的注意保持在与教学活动有关的对象上；外科医生在连续几小时的手术中聚精会神地工作；雷达观察站的观测员长时间地注视雷达荧光屏上可能出现的光信号，这些都是持续性注意的表现。

当持续性注意不能保持时，会出现注意动摇。注意动摇不同于注意转移，前者是指注意在短暂时间内起伏波动的现象，而后者是指将注意从一项活动有目的地转移到另一项活动的现象；前者的注意内容并没有离开当前活动，而后者的注意内容已经变成新的活动。

③分配性注意

分配性注意是指个体在同一时间对两种或两种以上的刺激进行注意，或将注意分配到不同的活动中的现象。例如，学生在课堂上一边听讲，一边记笔记；汽车司机在驾驶汽车时手扶方向盘，脚踩油门，眼睛还要注意路标和行人等。

3. 简述注意分配的双加工理论。[北京大学2015年研]

答：注意分配的双加工理论由谢夫林等人提出，该理论认为，人类的认知加工有两类：自动化加工和受意识控制的加工，具体内容如下：

(1)自动化加工

①含义

是一种不受认知资源限制，不需要注意，自动化进行的加工。

②特点

其发生比较快，形成之后难以改变，几乎不需要意识的参与，通常在经过大量练习后形成。例如，人们学会骑自行车后，骑车时基本可以自动完成一系列动作，无需刻意去注意每个动作如何操作，此时就是自动化加工在起作用。

(2)受意识控制的加工

①含义

受认知资源的限制，需要注意的参与，可以随环境的变化而不断进行调整的加工。

②特点

其速度较慢，在进行此类加工时，需要意识的控制，且不能同时进行多项，因为它需要占用认知资源。比如，新手在学习骑自行车时，需要全神贯注地去注意保持平衡、控制车把、蹬踏板等动作，这就是受意识控制的加工。

双加工理论认为，在同时进行的两种活动中，若其中一项或多项已变成自动化的过程(如熟练地骑自行车)，不需要太多的注意资源，那么个体就可以将注意资源分配到其他需要意识控制的活动(如思考问题)上，从而实现注意的分配。这样，人类就可以同时进行多种活动，大大提高了认知和行为的效率。

4．试说明注意的概念和功能。[北京师范大学2011年研]

答：(1)注意的概念

注意是心理活动或意识对一定对象的指向与集中，其主要特征是指向性和集中性。

①指向性

是指心理活动有选择地反映一定的对象，而离开其他对象。比如，在一个热闹的聚会上，有人可能会将注意力指向自己感兴趣的某个人的谈话，而忽略周围其他人的声音和活动，体现了心理活动对特定对象的选择。

②集中性

是指心理活动停留在被选择对象上的强度或紧张度，它使心理活动离开一切无关事物，并且抑制多余的活动。例如，科学家在进行实验时，会全神贯注于实验的操作和数据的记录，对周围的其他事情视而不见、听而不闻，将心理活动高度集中在实验任务上。

(2)注意的功能

①选择功能

注意可以使心理活动指向有意义的、符合需要的和与当前活动任务相一致的各种刺激，避开或抑制其他无意义的、附加的、干扰当前活动的各种刺激。例如，学生在课堂上能从老师的讲解、周围同学的动静等众多刺激中，选择出老师讲授的知识作为注意对象，从而更好地学习。

②保持功能

注意可以使心理活动稳定在选择的对象上，直至达到活动目的为止。例如，学生在完成一篇作文时，能在较长时间内将注意力保持在作文的构思和写作上，保证写作任务的顺利完成。

③调节和监督功能

注意可以控制心理活动向一定的目标和方向进行，根据活动的需要及时调整注意的对象。例如，在驾驶汽车过程中，驾驶员需要根据路况、交通信号等不断调节自己的注意，及时将注意力从一个方面转移到另一个方面，以确保驾驶安全。

5. 结合自己的理解，谈谈注意在日常生活、工作和学习中的重要性。

答：我认为注意的重要性主要体现在以下几个方面：

(1)日常生活方面

①保障安全

注意能帮助人们及时感知周围环境中的危险信号。例如，过马路时，注意到交通信号灯的变化以及过往车辆的行驶情况，能确保我们安全通过马路；在家里，注意到电器设备是否正常运行、燃气是否关闭等，能预防火灾、燃气泄漏等安全事故的发生。

②提升生活质量

在日常活动中保持注意，可以让人们更好地享受生活。例如，品尝美食时，集中注意能让我们充分感受食物的味道、口感，从而获得更好的味觉体验；欣赏音乐时，专注能使我们更深入地理解音乐的旋律、节奏，沉浸在美妙的音乐世界中，提升精神上的愉悦感。

③促进人际交往

与他人交流时，注意对方的语言、表情、肢体动作等，能让人们更好地理解对方的意图和情感，做出恰当的回应，从而增进彼此之间的关系；如果在交流时心不在焉，就可能会误解对方的意思，导致沟通不畅，甚至产生矛盾。

(2)工作方面

①提高工作效率

注意能使人们在工作时专注于任务本身，减少分心和干扰，从而更快、更准确地完成工作。例如，程序员在编写代码时，集中注意力能降低出错率，提高代码的质量和编写速度；设计师在进行创意设计时，专注能让他们更好地发挥创造力，快速构思出满意的设计方案。

②保证工作质量

许多工作需要高度的注意力来确保质量。例如，医生在手术过程中必须全神贯注，任何一点疏忽都可能危及患者的生命；质检员在检查产品时，只有保持专注，才能发现产品的细微瑕疵，保证产品质量符合标准。

③助力职业发展

在工作中善于集中注意力的人，往往能够更好地把握机会，展现自己的能力，他们能够更高效地学习新知识、新技能，不断提升自己的专业素养，从而在职业道路上取得更好的发展，获得更多的晋升机会。

(3)学习方面

①增强知识吸收

学习新知识时，注意力集中能更有效地接收和理解信息。例如，学生在课堂上专注听讲，能够更好地掌握老师讲解的内容，跟上教学进度；阅读书籍时，全神贯注能帮助我们深入理解书中的知识，提高阅读效果，增强对知识的记忆和理解。

②提升学习能力

培养良好的注意力有助于锻炼自己的思维能力、分析能力和解决问题的能力，从而提升学习能力。例如，在做数学题时，专注思考能让我们更快地找到解题思路，提高逻辑思维能力。

③提高学习成绩

注意是取得好成绩的关键因素之一。注意力集中的学生在学习过程中能够更高效地完成学习任务，更好地应对考试，取得优异的成绩；相反，注意力不集中的学生可能会错过重要的学习内容，导致学习成绩不理想。

四、论述题

1. 什么是选择性注意？简述选择性注意的抑制机制。［中国科学技术大学2019年研］

答：（1）选择性注意的含义

选择性注意是个体在同时呈现的两种或两种以上的刺激中选择一种进行注意，而忽略另外的刺激。例如，在双耳分听实验中，用耳机分别向被试的双耳呈现不同的声音刺激，要求被试注意其中一耳的刺激，而忽略另一耳的刺激。用这种方法可以考察选择性注意。

（2）选择性注意的抑制机制

选择性注意的抑制机制体现在负启动效应中。研究负启动通常采用如下方法：首先给被试呈现两个不同颜色的字母（启动刺激），要求被试识别其中一个字母（目标字母），而忽略另外一个字母（忽略字母）。紧接着呈现探测刺激，也是两个不同颜色的字母。在目标重复启动条件中，启动刺激中的目标字母与探测刺激中的目标字母是一致的；在忽略重复条件中，启动刺激中的忽略字母与探测刺激中的目标字母是一致的；在控制条件中，启动刺激与探测刺激没有任何关系。研究表明，在目标重复条件下识别探测刺激的目标字母比在控制条件下的字母要快，而在忽略重复条件下，识别目标字母则比识别控制条件下的字母要慢。前者是启动效应，后者是负启动效应。

对负启动效应的一般解释是：在对启动刺激进行加工时，注意在对目标字母进行选择和识别的同时，抑制了忽略字母的激活。

2. 举例论述引起无意注意的原因。［南开大学2014年研］

相关试题：简述无意注意的影响因素。［简答题，浙江师范大学2012年研］

答：无意注意，又称不随意注意，是事先没有预定的目的，也不需要做意志努力的注意。无意注意是人和动物都具有的初级注意。引起无意注意的原因很多，归纳起来可以分为刺激物的特点和人本身所处状态。

（1）刺激物的特点

刺激物的特点包括刺激物的强度、刺激物的新异性、刺激物的运动变化和刺激物的对比性等，它们是产生无意注意的主要原因。

①刺激物的强度

强烈的刺激容易引起人的无意注意。在现实生活中，浓烈的味道、巨大的声响、鲜艳的颜色、浓烈的气味等，容易引起人的无意注意。引发无意注意的往往不是刺激的绝对强度，而是刺激的相对强度，即这个刺激与其他刺激的强度相比所引起无意注意的作用。

②刺激物的新异性

新鲜奇异的刺激容易成为注意的对象。人们对于熟悉的事物往往会视而不见，熟视无睹，不大去注意，只有那些新颖奇妙的刺激物才会吸引人。新异性未必是个人从未见过或体验过的事物，它们也可以是刺激物特征的改变或各种特性的重新组合。

③刺激物之间的对比

对比强烈的刺激物容易引起无意注意。刺激物之间在强度、形状、大小、颜色或持续时间等方面的差异越显著，越容易引起人的无意注意。

④刺激物的活动和变化

刺激物的活动或变化容易引起人的无意注意。刺激物的变化不仅包括由弱到强的变化，而且也包括由强到弱的变化。此外，任何突然变化的刺激也会引起人的无意注意。

(2)人本身所处的状态

无意注意不仅由外界刺激物被动地引起，也与人本身所处的状态有关，如需要、兴趣、情绪情感、个人的期待、人格特征等。

①个人的需要和兴趣

人对客观事物的需要和兴趣会影响无意注意。由于生活和成长经验存在差异，人格特征、兴趣爱好、知识经验也各不相同，因此，在同样的场合下，不同的人会注意不同的事物，即使对同一事物，也会注意到该事物的不同方面。

②个人当时的情绪情感状态

人当时的情绪情感状态会影响无意注意。人在心情愉快、精神饱满的时候，容易注意周围事物的变化，注意范围比较广，容易对外界事物引起无意注意。

③个人的期待

期待的事物或人，或对个人具有重要意义的事情，容易引起无意注意。教师在一堂课结束前，留下期待的线索，对于吸引学生下堂课的注意是很有帮助的。

无意注意具有两重性，一方面可以帮助人对新异事物的定向，以期获得对客观事物的清晰认识，这是无意注意的积极作用；另一方面，无意注意会使人从当前正在进行的活动中被动离开，从而干扰了正在进行的活动，这是无意注意的消极作用。

第6章 记 忆

6.1 复习笔记

【知识框架(庖丁解牛)】

- 记忆
  - 记忆概述
    - 定义
    - 记忆的过程
    - 作用
    - 分类
    - 生理机制
  - 感觉记忆
    - 特征
    - 编码
    - 存储
    - 转化
  - 短时记忆和工作记忆
    - 短时记忆
    - 工作记忆
  - 长时记忆
    - 编码
    - 存储
    - 信息提取
    - 遗忘
    - 提高记忆效果的记忆策略
  - 内隐记忆
    - 内隐记忆的定义
    - 外显记忆的定义
    - 区别

【复习向导(切中肯綮)】

本章重要考点及要求：了解记忆的定义、过程、作用、生理机制等；掌握记忆的分类。重点掌握记忆的结构(感觉记忆，短时记忆、工作记忆，长时记忆)；重点掌握遗忘的相关知识，掌握错误记忆以及产生的原因。掌握内隐记忆以及它与外显记忆的关系。

【考点难点归纳(游刃有余)】

考点一、记忆概述

表6-1 记忆概述

要点	具体内容
定义	是过去经验在人脑中的反映。人脑感知过的事物，思考过的问题和理论，体验过的情感和情绪，练习过的动作，都可以成为记忆的内容

续表

<table>
<tr><th>要点</th><th colspan="4">具体内容</th></tr>
<tr><td>记忆的过程</td><td colspan="4">①传统心理学认为，记忆包括识记、保持、再现或再认三个环节。
②认知心理学认为，记忆包括编码、储存、提取三个环节</td></tr>
<tr><td>作用</td><td colspan="4">①在知觉中，没有记忆的参与，人就不能分辨和确认周围的事物。
②当解决复杂问题时，记忆提供的知识经验起着巨大的作用。
③记忆联结着人的心理活动的过去和现在，是人们学习、工作和生活的基本机能</td></tr>
<tr><td rowspan="7">分类</td><td rowspan="3">根据信息保持时间的长短</td><td>感觉记忆</td><td colspan="2">又称瞬时记忆或感觉登记，是指外界刺激以极短的时间一次呈现后，感觉信息保持的时间在0.25～4秒(目前无定论，此为彭版教材的观点)的记忆</td></tr>
<tr><td>短时记忆</td><td colspan="2">是指外界刺激以极短的时间一次呈现后，感觉信息保持的时间在5秒～1分钟(目前无定论，此为彭版教材的观点)的记忆</td></tr>
<tr><td>长时记忆</td><td colspan="2">是指信息经过充分地和有一定深度地加工后，在头脑中保持时间在1分钟(目前无定论，此为彭版教材的观点)以上的记忆</td></tr>
<tr><td rowspan="2">根据记忆是否被意识到</td><td>外显记忆</td><td colspan="2">又称受意识控制的记忆，是指在个体意识的控制下，过去经验对当前活动产生的有意识的影响的记忆</td></tr>
<tr><td>内隐记忆</td><td colspan="2">又称自动的、无意识的记忆，是指个体并没有意识到的，过去的经验却对当前的活动产生影响的记忆</td></tr>
<tr><td rowspan="2">根据记忆内容在时间轴上的指向</td><td>前瞻性记忆</td><td colspan="2">是指对未来要执行的行为或有待完成的活动的记忆</td></tr>
<tr><td>回溯性记忆</td><td colspan="2">是指对过去发生的事件或者以前学过的信息的记忆</td></tr>
<tr><td rowspan="4">生理机制</td><td rowspan="3">与记忆相关的神经网络</td><td rowspan="2">颞叶中部及其皮层下结构</td><td>海马</td><td>①负责巩固记忆，从而使信息由短时记忆进入长时记忆。
②对空间记忆的保持也起着非常重要的作用。
③若损伤会引起顺行性遗忘，患者表现为外显记忆的损伤</td></tr>
<tr><td>杏仁核</td><td>在与情绪有着强烈关联的记忆中起着重要的作用</td></tr>
<tr><td>前额叶</td><td colspan="2">①在情景记忆、工作记忆、空间记忆、时间顺序记忆，以及记忆的编码、存储和提取过程中都起着重要作用。
②左侧额叶的言语运动区受损，将造成言语记忆的缺陷，病人能记住别人的面貌，但记不住单词。
③右侧额叶受损伤后，非言语刺激的记忆发生困难，但对言语记忆的影响却不大</td></tr>
<tr><td>记忆的生物化学机制</td><td colspan="3">①坎德尔：发现突触变化在记忆中的作用，即更多神经递质的释放提高了突触传递信息的效率，增加了突触连接的强度。
②波里斯等：发现长时程增强现象，即传递信息的神经元和接收信息的神经元之间突触连接强度的增强，是突触传递功能可塑性的反映</td></tr>
</table>

【拓展延伸】

增强记忆的方法

①注意集中

记忆时只要聚精会神、专心致志，排除杂念和外界干扰，大脑皮层就会留下深刻的记忆痕迹而不容易遗忘。如果精神涣散，一心二用，就会大大降低记忆效率。

②兴趣浓厚

如果对学习材料、知识对象索然无味，即使花再多时间，也难以记住。

③理解记忆

理解是记忆的基础。只有理解的东西才能记得牢记得久。仅靠死记硬背，则不容易记得住。对于重要的学习内容，如能做到理解和背诵相结合，记忆效果会更好。

④过度学习

在记住学习材料的基础上，多记几遍，达到熟记、牢记的程度。

⑤及时复习

遗忘的速度是先快后慢。对刚学过的知识，趁热打铁，及时温习巩固，是强化记忆痕迹、防止遗忘的有效手段。

⑥经常回忆

学习时，不断进行尝试回忆，可使记忆有错误得到纠正，遗漏得到弥补，使学习内容难点记得更牢。闲暇时经常回忆过去识记的对象，也能避免遗忘。

⑦视听结合

可以同时利用语言功能和视、听觉器官的功能，来强化记忆，提高记忆效率。比单一默读效果好得多。

⑧多种手段

根据情况，灵活运用分类记忆、图表记忆、缩短记忆及编提纲、做笔记、卡片等记忆方法，均能增强记忆力。

⑨选择时间

一般来说，上午9～11时，下午3～4时，晚上7～10时，为最佳记忆时间。利用上述时间记忆难记的学习材料，效果较好。

⑩科学用脑

在保证营养、积极休息、进行体育锻炼等保养大脑的基础上，科学用脑，防止过度疲劳，保持积极乐观的情绪，能大大提高大脑的工作效率。这是提高记忆力的关键。

考点二、感觉记忆

表6－2　感觉记忆

要点	具体内容	
特征	①感觉记忆，又称瞬时记忆、感觉登记，刺激作用于感觉器官所引起的短暂记忆。 ②感觉登记保持的信息量较大，但都处于相对地未经加工的原始状态。 ③感觉记忆的保持时间较短。 ④感觉记忆以感觉的原始形式储存在记忆系统中，具有鲜明的形象性	
编码	视觉的感觉记忆	又称图像记忆或映象记忆，是指眼睛短暂保持视觉图像的过程，保持时间约为1秒
	听觉感觉记忆	又称为声像记忆或者回声存储，是指声音刺激结束后，短暂地保持声音的映象，保持时间为5～10秒
存储	①存储的时间十分短暂。 ②声像记忆的容量比图像记忆小，平均约有5个字母；声像记忆的保持时间比图像记忆长	
转化	外界刺激→感觉记忆（有引起个体注意的信息）→短时记忆	

考点三、短时记忆和工作记忆

表6－3 短时记忆和工作记忆

要点		具体内容
短时记忆	编码	①听觉编码：即使信息以视觉方式呈现，短时记忆的编码仍具有听觉性质。 ②视觉编码：在视觉呈现条件下，形状相似的字母之间很少发生混淆，而发音相似的字母之间容易混淆。 ③语义编码：把刺激转换为意义存储在头脑中
	容量	短时记忆的容量相当有限，大约为7±2个单位
	存储	复述是短时记忆信息存储的有效方法。它可以防止短时记忆中的信息受到无关刺激的干扰而发生遗忘。复述又分为两种： ①机械复述或保持性复述：将短时记忆中的信息不断地简单重复。 ②精细复述：将短时记忆中的信息进行分析，使之与已有的经验建立起联系。精细复述是短时记忆存储的重要条件
	遗忘	①消退理论：遗忘是由于信息痕迹的自然消退。 ②干扰理论：遗忘是由于短时记忆中的信息受到其他无关信息的干扰
工作记忆	定义	是指信息加工过程中，对信息进行暂时存储和加工的、容量有限的记忆系统，是一种在完成当前任务时起作用的记忆
	成分	①语音环路：用于处理以语音为基础的信息。 ②视觉－空间模板：用于处理视觉和空间的信息。 ③情景缓冲器：用于整合视觉、空间和言语信息。 ④中央执行系统：用于协调语音环路和视觉空间模板活动；注意资源的分配与控制；选择性的注意以及转换策略，是工作记忆中最重要的成分
	容量的测量方法	①阅读广度测验。 ②操作广度测验

考点四、长时记忆

表6－4 长时记忆

要点		具体内容
编码	编码方式	①按语义类别编码。 ②以语言特点为中介进行编码。 ③主观组织：识记材料没法按语义类型、语音等特点加以归类时，人们常常按照自己的标准对识记材料加以分类
	影响编码的因素	影响长时记忆编码的主要因素有编码时的觉醒状态和加工深度
存储	是一个动态变化的过程	
	量的方面	存储信息的数量随着时间的推移逐渐减少
	质的方面	个体先前的知识经验和事后接触到的信息等因素会影响对当前信息或者事件的记忆

续表

要点	具体内容		
信息提取	再认	是指对于感知过、思考过或体验过的事物，当它再度呈现时，人们仍能认识的心理过程	
	回忆	是指人们过去经历过的事物以形象或概念的形式在头脑中重新出现的过程	
	提取线索	情境、生理或心理状态	
遗忘	定义	是指记忆的内容不能保持或者提取时有困难	
	遗忘曲线	艾宾浩斯通过实验发现：遗忘在学习之后立即开始，遗忘的过程最初进展得很快，以后逐渐缓慢。保持和遗忘是时间的函数	
	影响遗忘的因素	时间因素	遗忘在学习之后立即开始，遗忘的过程最初进展得很快，以后逐渐缓慢
		识记材料的性质与数量	①对形象的材料比对抽象的材料遗忘得慢。 ②对有意义的材料比对无意义的材料遗忘得慢。 ③在学习程度相等的情况下，识记材料越多，忘得越快；材料少，则遗忘较慢
		学习的程度	①低度学习的材料容易遗忘，过度学习的材料比恰能背诵的材料记忆效果要好一些。 ②过度学习有一定限度，花费在过度学习上的时间太多，会造成精力与时间的浪费
		识记材料的系列位置	①在回忆系列材料时发生的现象称为系列位置效应。 ②最后呈现的材料最易回忆，遗忘最少，称为近因效应。 ③最先呈现的材料较易回忆，遗忘较少，称为首因效应
		识记者的态度	在人们的生活中不占重要地位的、不引起人们兴趣的、不符合一个人需要的事情容易出现遗忘
	遗忘理论	衰退说	遗忘是记忆痕迹得不到强化而逐渐减弱，以致最后消退的结果
		干扰说	①遗忘是因为在学习和回忆之间受到其他刺激的干扰所致。 ②前摄抑制是先学习的材料对识记和回忆后学习的材料的干扰作用。 ③倒摄抑制是后学习的材料对识记和回忆先学习材料的干扰作用。 ④一旦干扰被排除，记忆就能恢复，而记忆痕迹并未发生任何变化
		压抑说	遗忘是由于情绪或动机的压抑作用引起的，如果这种压抑被解除了，记忆也就能恢复
		提取失败说	①存储在长时记忆中的信息是永远不会丢失的，之所以对一些事情想不起来，是因为在提取有关信息的时候没有找到适当的提取线索。 ②从长时记忆中提取信息是个复杂的过程，而不是一个简单的“全或无”的问题
提高记忆效果的记忆策略	编码阶段	在清醒状态下去记忆；集中注意去记忆；进行深层次的意义加工；把记忆的材料形象化、韵律化	
	存储阶段	及时复习、经常复习；使用精细复述；正确分配复习的时间；阅读与回忆交替进行；适当地过度学习	
	提取阶段	利用编码特异性原则；利用测试效应帮助记忆	

【习题精选】

什么是错误记忆？它产生的原因是什么？

思路点拨：错误记忆是一个复杂的心理现象，它的产生受到多种因素的综合影响。了解错误记忆产生的原因，有助于我们更好地理解人类记忆的本质和机制，同时也能够为我们在日常生活、教育、司法等领域中有效地预防和减少错误记忆的发生提供有益的参考和借鉴。

参考答案：

(1)错误记忆的含义

错误记忆是指个体对事件的记忆与事实不符的现象。

(2)错误记忆产生的原因

①误导信息的干扰

在某个事件发生后，个体可能会接触到各种误导性信息，这些信息会干扰个体对原始事件的记忆，从而导致错误记忆的产生。在现实生活中，误导性信息的来源十分广泛，如他人的描述、媒体的报道、暗示性的提问等。

②记忆的重构特性

人类的记忆并不是对过去事件的精确复制，而是一个动态的、重构的过程。在记忆的过程中，个体往往会根据自己已有的知识、经验、期望、情感等因素，对事件的信息进行选择、组织、解释和整合，从而构建出一个对事件的记忆表征；然而，由于个体的知识、经验、期望、情感等因素的不同，以及在记忆过程中可能会受到各种干扰因素的影响，个体对事件的记忆表征可能会与原始事件的实际情况存在一定的偏差，从而导致错误记忆的产生。

③源监控错误

源监控是指个体对自己记忆来源的判断和监控过程。在日常生活中，个体的记忆来源十分广泛，如直接的感知经验、他人的讲述、媒体的报道、想象等。为了准确地回忆和使用这些记忆信息，个体需要对自己的记忆来源进行有效的监控和判断，以便能够区分哪些记忆是基于真实的事件经验，哪些记忆是受到他人的影响、想象或其他因素的干扰而产生的；然而，在某些情况下，个体可能会出现源监控错误，即个体无法准确地判断自己记忆的来源，从而导致错误记忆的产生。此外，在一些情况下，个体可能会受到暗示、误导或其他因素的影响，从而导致源监控错误的发生。

④情绪和动机因素的影响

情绪和动机因素在错误记忆的产生过程中起着重要的作用。情绪是个体对客观事物是否符合自己的需要而产生的一种主观体验，它可以影响个体的认知、记忆、思维和行为等方面。动机是个体发动、维持和指引行为的内部动力，它可以影响个体的注意力、认知加工方式、记忆策略的选择和使用等方面。在错误记忆的产生过程中，情绪和动机因素可能会通过以下几种方式影响个体的记忆，从而导致错误记忆的产生：

a. 情绪一致性效应：情绪一致性效应是指个体在情绪状态下，更容易记住与当前情绪状态一致的信息，而对与当前情绪状态不一致的信息则更容易遗忘或出现记忆错误；

b. 动机性遗忘：动机性遗忘是指个体为了避免不愉快的情绪体验或满足某种心理需

求，而主动地抑制或遗忘那些与不愉快的情绪体验或心理需求相关的信息；

c．期望和偏见的影响：期望和偏见是个体在认知过程中形成的一种预先的倾向或态度，它可以影响个体的注意力、认知加工方式、记忆策略的选择和使用等方面。在错误记忆的产生过程中，期望和偏见可能会导致个体对事件的信息进行选择性的注意、编码和存储，从而使得个体的记忆出现偏差，产生错误记忆。

考点五、内隐记忆

表6－5 内隐记忆

要点	具体内容	
内隐记忆的定义	又称无意识的记忆，是指在不需要意识或有意回忆的条件下，过去经验对当前任务自动产生影响的现象	
外显记忆的定义	又称有意识的记忆，是指在意识的控制下，过去经验对当前任务产生的有意识的影响的现象	
区别	加工深度	①对刺激项目的加工深度并不影响被试的内隐记忆效果。 ②对刺激项目的加工深度对外显记忆有非常明显的影响
	保持时间	①在外显记忆的研究中，回忆量会随着学习和测验之间时间间隔的延长而逐渐减少。 ②内隐记忆随时间延长而发生的消退要比外显记忆慢得多，能够保持较长的时间
	记忆负荷量	①记忆的项目越多，越不容易记住，这是记忆的一种普遍现象。但这一规律仅适用于外显记忆。 ②内隐记忆不容易受到记忆负荷量增加的影响
	呈现方式	①以听觉形式呈现的刺激以视觉形式进行测验时，这种感觉通道的改变会严重影响内隐记忆的作业成绩。 ②感觉通道的改变对外显记忆的效果没有影响
	干扰因素	①外显记忆很容易受到其他无关信息的干扰。 ②内隐记忆很少受到干扰的影响

【习题精选】

什么是内隐记忆？研究内隐记忆有什么意义？

思路点拨：内隐记忆是一种自动的、无意识的记忆形式，与外显记忆（需要有意识地回忆和提取信息）相对。内隐记忆作为记忆研究领域的一个重要方向，其研究成果不仅有助于我们深化对记忆本质的理解，揭示认知过程的复杂性，还对教育、临床心理学和神经科学等领域具有重要的应用价值和理论意义。

参考答案：

（1）内隐记忆的含义

内隐记忆是指个体在无意识状态下，过去的经验对当前的认知任务产生影响的记忆现象。这种记忆不需要有意识的努力去回忆，而是通过个体的行为、操作或对特定刺激的反应等方式表现出来。它具有无意识性（这是内隐记忆最显著的特点）、自动性、持久性、启动效应（是指个体在先前的学习或经验中接触到的某个刺激，会对其后续在相关任务中对该刺激或与之相关的刺激的加工和反应产生促进作用)等特点。

(2)研究内隐记忆的意义

①深化对记忆本质的理解

传统的记忆研究主要关注外显记忆，即个体有意识地回忆和提取信息的过程；然而，内隐记忆的发现揭示了记忆的另一个重要层面，即无意识的记忆过程。研究内隐记忆有助于我们全面了解记忆的本质和机制，认识到记忆不仅仅是有意识的回忆和提取，还包括无意识的、自动的记忆过程。通过深入研究内隐记忆的特点、形成机制、神经基础等方面的问题，我们可以进一步深化对记忆本质的理解，为构建更加完善的记忆理论体系提供重要的依据。

②揭示认知过程的复杂性

内隐记忆的存在表明，人类的认知过程是一个复杂的、多层次的系统，其中既包括有意识的、受控的认知过程，也包括无意识的、自动的认知过程。研究内隐记忆有助于我们揭示认知过程的复杂性，认识到不同层次的认知过程之间相互作用、相互影响，共同完成对信息的感知、加工、存储和提取等任务。通过深入研究内隐记忆与其他认知过程之间的关系，我们可以更加全面地了解人类认知系统的工作原理，为提高认知能力、优化认知策略提供理论支持。

③在教育领域的应用价值

在教育领域，传统的教育模式往往过于强调有意识地学习和记忆，注重知识的传授和记忆，而忽视了无意识的学习和记忆过程的作用；然而，内隐记忆的研究表明，无意识的学习和记忆过程在人类的学习和认知发展中起着重要的作用，因此，在教育领域，我们应该充分认识到内隐记忆的重要性，将内隐记忆的研究成果应用于教育教学实践中，创新教育教学方法和模式，促进学生的全面发展和综合素质的提高。

④对临床心理学和神经科学的贡献

在临床心理学方面，内隐记忆的研究可以为一些心理障碍的诊断和治疗提供新的视角和方法。例如，我们可以利用内隐记忆的测量方法，如启动效应实验、内隐联想测验等，来评估 PTSD 患者对创伤事件的内隐记忆水平，为 PTSD 的诊断提供客观的依据。此外，我们还可以通过设计一些针对内隐记忆的治疗方法，如暴露疗法、认知重构疗法等，来帮助 PTSD 患者降低对创伤事件的内隐记忆水平，减轻 PTSD 的症状，提高患者的心理健康水平和生活质量。

在神经科学方面，内隐记忆的研究可以为我们揭示记忆的神经基础和神经机制提供重要的线索和依据。通过采用一些先进的神经科学技术和方法，如功能性磁共振成像(fMRI)、正电子发射断层扫描(PET)、脑电图(EEG)等，研究人员可以对个体在进行内隐记忆任务时的大脑活动进行实时监测和分析，从而揭示内隐记忆的神经基础和神经机制。通过进一步深入研究内隐记忆的神经基础和神经机制，我们可以更加全面地了解记忆的本质和机制，为开发新的治疗记忆障碍的方法和药物提供理论支持。

6.2 典型题(含考研真题)详解

一、单项选择题

1. 以下哪种方法最有利于提高短时记忆容量?( )[浙江大学 2025 年研]

A. 对记忆内容进行复述

B. 对记忆内容进行想象

C. 对记忆内容进行组织,形成有意义的组块

D. 对记忆内容进行精细加工

【答案】C

【解析】短时记忆的容量有限,一般为 7±2 个组块。对记忆内容进行组织,形成有意义的组块是提高短时记忆容量最有效的方法。A 项,复述有助于将信息保持在短时记忆中,防止信息遗忘,但它主要是维持信息的激活状态,对于直接增加短时记忆的容量效果相对不明显。B 项,对记忆内容进行想象可能有助于在一定程度上加深对信息的加工和记忆,但它不是直接针对提高短时记忆容量的最有效方法,更多的是在记忆的编码和巩固等方面发挥作用。C 项,通过组块化,人们可以将零散的信息组合成更大的、有意义的单元,从而在有限的短时记忆容量中容纳更多的信息。例如,将电话号码“13812345678”分成“138”“1234”“5678”三个组块来记忆,就比逐个数字记忆更容易,能大大提高短时记忆的容量和效率。D 项,精细加工是对信息进行深度处理,与已有知识建立更多联系,主要是有利于长时记忆的存储和提取,对短时记忆容量的提高效果不如组块化明显。因此答案选 C。

2. 小宁上周日参加了“歌唱祖国”文艺晚会,演出盛况至今历历在目,这种记忆属于( )。[统考 2023 年研]

A. 语义记忆 B. 情景记忆 C. 短时记忆 D. 程序性记忆

【答案】B

【解析】情景记忆是指自己亲身经历过的、有时间、地点和情节的事件的记忆。语义记忆又叫语词-逻辑记忆,是用语词概括的各种有组织的知识的记忆。短时记忆是处在三级记忆系统的中间环节,对信息进行暂时存储的,保持时间约一分钟的容量有限的记忆系统。程序性记忆是指,往往需要通过多次识记才能获得,而在利用的时候又往往不需要意识参与的,如何做某件事的记忆,包括对知觉技能、认知技能和运动技能的记忆。

3. 根据系列位置效应,个体按顺序学习一个由 30 个词组成的词表后,回忆正确率较低的部分是( )。[统考 2018 年研]

A. 开始 B. 结尾 C. 中间 D. 开始和结尾

【答案】C

【解析】系列位置效应是指材料在系列里所处的位置对记忆效果的影响,分为首因效应和近因效应。首因效应指对接近开头的材料记忆效果好,近因效应指对接近结尾的材料记忆效果好。

4. 证明记忆表象有可操作性的经典实验是( )。[南京大学 2017 年研]

A. Stroop 实验　　B. 点探测实验　　C. 视觉策略实验　　D. 心理旋转实验

【答案】D

【解析】在库柏等人的一项研究中，每次给被试呈现一个旋转角度不同的字母 R，呈现的字母有时是正写的，有时是反写的。被试的任务是判断字母是正写的，还是反写的。结果表明，当呈现字母垂直时(0°或 360°)，反应时最短，随着旋转角度的增加，反应时也随着增加，当字母旋转 180°时，反应时最长。这说明，被试在完成任务时，对表象进行了心理操作，即他们倾向于把倾斜的字母在头脑中旋转到直立的位置，然后再做出判断。它还说明，人们在完成某种作业时确实可以借助表象进行形象思维，形象思维的支柱就是人们已经形成的各种各样的表象。A 项，Stroop 实验表明对字的颜色判断时会受到字义的干扰。B 项，点探测范式用于研究注意偏向。C 项，视觉策略与表象可操作性无关，且不属于经典实验范式。

5. 记忆是人类的重要高级认知功能之一，下面哪个大脑区域是非常重要的记忆脑区？(　　)[北京师范大学 2017 年研]

A. 背侧额叶皮层　　B. 前额叶皮层　　C. 海马　　D. 基底神经节

【答案】C

【解析】在大脑内侧面最深处的边缘，有一些结构，它们组成一个统一的功能系统，称为边缘系统。这些结构包括扣带回、海马回、海马沟、附近的大脑皮层(如额叶眶部、岛叶、颞根、海马及齿状回)，以及丘脑、丘脑下部、中脑内侧被盖等。边缘系统特别是海马在记忆功能中有重要作用。海马损毁的病人，空间信息记忆和时间编码功能将受到破坏。

6. 小王先学习了汉语拼音，随后学习英语，在使用拼音录入汉字时经常会混淆拼音和英语，产生这种干扰的原因是(　　)。[统考 2017 年研]

A. 前摄抑制　　B. 倒摄抑制　　C. 记忆重构　　D. 记忆恢复

【答案】B

【解析】A 项，前摄抑制是先学习的材料对识记和回忆后学习材料的干扰作用。B 项，倒摄抑制是后学习的材料对识记和回忆先学习材料的干扰作用。C 项，记忆重构是对原初记忆的重新组合和加工。D 项，记忆恢复是指在学习某种材料以后，延缓回忆比识记后立即回忆在内容上更为完全的记忆现象。本题中，先学习了汉语(先学习材料)，后学习英语(后学习材料)，而在回忆汉语时产生干扰(混淆拼音和英语)，这是后学习材料对先学习材料的干扰作用，故是倒摄抑制。

7. 根据艾宾浩斯遗忘曲线，为了取得最好的记忆效果，个体对初次识记的无意义材料进行复习的时间应在识记后(　　)。[统考 2011 年研]

A. 1 小时内　　B. 2~12 小时　　C. 13~24 小时　　D. 24 小时后

【答案】A

【解析】根据艾宾浩斯遗忘曲线，初次识记无意义材料在一小时内的记忆遗忘量超过 60%，而在 31 天之后遗忘仅达到 78.9%。由于记忆材料没有意义，使得无意义材料很难与已有记忆产生联系并得以巩固，因此需要在记忆材料没有大部分遗忘时进行及时复习。

8. 在记忆系统中，具有加工处理信息和存储信息双重功能的记忆是(　　)。[华东师范大学2011年研]

A. 工作记忆　　B. 感觉记忆　　C. 短时记忆　　D. 长时记忆

【答案】A

【解析】工作记忆是指在执行认知任务的过程中对信息进行暂时储存与加工的有限的资源系统，最早由英国心理学家巴德利提出。它由三个部分组成：①中央执行部分；②语音回路；③视觉空间速写缓冲。外界输入的信息要经过工作记忆激活才能进入长时记忆而储存，长时记忆中的信息只有被提取到工作记忆中并活化后才能被再次利用。

二、概念题

1. 倒摄抑制[吉林大学2019年研]

答：倒摄抑制是后学习的材料对识记和回忆先学习材料的干扰作用。缪勒和皮尔扎克首先发现这种现象。他们发现后面从事的活动对前面的学习起了干扰作用，因而使成绩下降。另外，倒摄抑制受前后两种学习材料的类似程度、难度、时间安排以及识记的巩固程度等条件的影响。

2. 反响回路[南京大学2017年研]

答：反响回路是指神经系统中皮层和皮层下组织之间存在的某种闭合的神经环路。当外界刺激作用于神经环路的某一部分时，回路便产生神经冲动。刺激停止后，这种冲动并不立即停止，而是继续在回路中往返传递并持续一段短暂的时间。心理学家认为反响回路是短时记忆的生理基础。

3. 记忆[首都师范大学2014年研；苏州大学2014年研]

答：记忆是在头脑中积累和保存个体经验的心理过程，运用信息加工的术语讲，就是人脑对外界输入的信息进行编码、存储和提取的过程。记忆作为一种基本的心理过程，与其他如知觉、想象、语言等心理活动密切相关；记忆联结着人心理活动的过去和现在，是人们学习、工作和生活的基本机能；此外，记忆帮助个体保存经验，有利于个体的心理发展。

4. 短时记忆编码方式[北京师范大学2013年研]

答：短时记忆编码方式是指对刺激信息进行加工的形式，可分为听觉编码、视觉编码、语义编码。康拉德通过实验发现听觉编码是短时记忆的一种主要编码形式；波斯纳又发现了短时记忆存在视觉编码；维肯斯采用前摄抑制设计实验发现短时记忆存在某种语义编码。也就是说，短时记忆的编码以听觉编码为主，也存在视觉编码和语义编码。

5. 遗忘曲线[苏州大学2013、2011年研；天津师范大学2012年研]

答：遗忘曲线是德国心理学家艾宾浩斯对人类大脑的遗忘规律的一种描述。艾宾浩斯采用无意义音节作为记忆材料，发现了遗忘的规律，提出了艾宾浩斯遗忘曲线。他发现遗忘在学习之后立即开始，在识记后的短时间内遗忘比较快、比较多，以后保持量渐趋稳定地下降，到了相当时间几乎不再遗忘。遗忘曲线表明了遗忘是时间的函数，揭示了人类遗忘的规律是“先快后慢”。

6. 长时记忆与短时记忆［西南大学2012年研；苏州大学2011年研］

答：①短时记忆是感觉记忆和长时记忆的中间阶段，保持时间大约为5秒~1分钟。容量为7±2个单位。编码方式为以言语听觉形式为主，也存在视觉和语义的编码。

②长时记忆是指信息经过充分的和有一定深度的加工后，在头脑中长时间保留下来，是一种永久性的存储。其保存时间长，从1分钟以上到许多年甚至终身，容量没有限度，信息的来源大部分是对短时记忆内容的加工，也有由于印象深刻而一次获得的。

③短时记忆和长时记忆的区分只是相对的。它们之间是相互联系、相互影响的。信息只有经过短时记忆的加工才能进入长时记忆，而长时记忆的信息也可以进入短时记忆进行编码。

三、简答题

1. 什么是工作记忆？请分析工作记忆各成分的功能。［统考2014年研］

答：(1)工作记忆的含义

短时记忆中的信息既有从感觉记忆转换来的，又有从长时间记忆中提取出来的。处于工作状态的短时记忆，或者在完成当前任务时起作用的短时记忆称为工作记忆。工作记忆是指信息加工过程中，对信息进行暂时存储和加工的、容量有限的记忆系统。

1974年，Baddeley和Hitch在模拟短时记忆障碍的实验基础上提出了工作记忆的三系统概念。用“工作记忆”替代原来的“短时记忆”概念。工作记忆是一种对信息进行暂时加工和储存的容量有限的记忆系统，在许多复杂的认知活动中起着重要作用。

(2)工作记忆各成分的功能

工作记忆分为四个子系统：

①语音环路：主要用于记住词的顺序，保持信息。

②视觉空间模板：主要用于加工视觉和空间信息。

③情境缓冲器：用来整合视觉、空间和言语信息。

④中央执行器：类似于注意的中枢系统。主要用于分配注意资源，控制加工过程，这是工作记忆的关键成分。

2. 艾宾浩斯以自己为被试，采用机械重复的记忆方法对遗忘规律进行了定量研究。据此回答下列问题：

(1)实验使用的材料是什么？

(2)测量记忆保持量的指标是什么？

(3)用简图画出艾宾浩斯遗忘曲线。

(4)实验的结论是什么？［统考2013年研］

答：(1)艾宾浩斯发明了无意义音节作为记忆研究的材料，并发明了节省法来测量记忆效果。无意义音节是由若干字母组成，能够读出，但无内容意义即不是词的音节，通常由中间一个元音、两边各一个辅音构成的音节，如ZEH、GUB等。

(2)艾宾浩斯发明节省法来测量记忆效果，通过记下初学记忆材料所用时间及遍数，和经过一段时间后再次学习所用的时间和遍数，进行比较。因此，测量记忆保持量的指标是节省率，即重新学习时比新学习时节省的时间百分数。节省的百分数 =（初学所用时间 – 重学所用时间）/ 初学所用时间 ×100%。

（3）艾宾浩斯遗忘曲线简图如下：

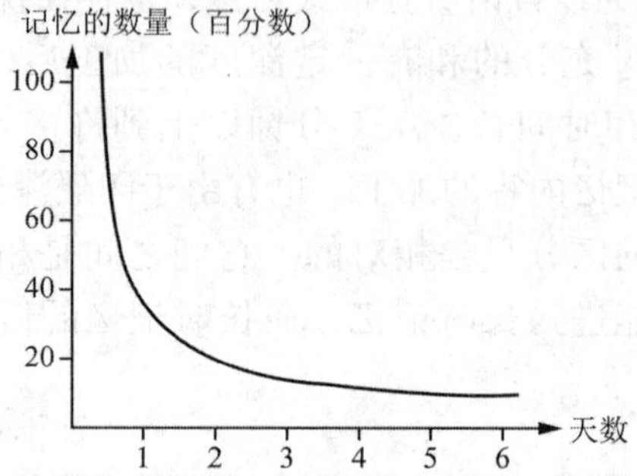

（4）遗忘是在学习之后立即开始，遗忘的过程最初进展得很快，以后逐渐缓慢。

3. 什么是短时记忆？影响短时记忆的因素有哪些？［统考 2012 年研］

答：（1）短时记忆的含义

短时记忆是感觉记忆和长时记忆的中间阶段，对信息的保持时间大约为 5 秒 ~1 分钟。一般包括两个成分：

①直接记忆

即输入的信息没有经过进一步的加工，其容量相当有限，大约为 7 ±2 个单位，编码方式以言语听觉形式为主，也存在视觉和语义的编码。

②工作记忆

即输入信息经过再编码，使其容量扩大。

（2）影响短时记忆的因素

短时记忆编码的效果受到许多因素的影响，包括以下几个因素：

①觉醒状态

即大脑皮层的兴奋水平，它直接影响到记忆编码的效果。研究结果表明，记忆广度的高峰在上午 10 点 30 分左右，而整个下午都在下降，晚上效率最低。

②组块

组块，即在编码过程中，将几种水平的代码归并成一个高水平、单一代码的编码过程。短时记忆的突出特点是其容量的有限性，为 7 ±2 组块。可以利用已有的知识经验，通过扩大每个组块的信息容量来达到增加短时记忆容量的目的。例如，数字 1，9，1，9，5，4，凡熟悉中国现代史的人都能够形成一个块 191954，知道这是爆发“五四运动”的年代。

③加工深度

认知加工深度也是影响短时记忆编码的因素。语义的加工效果要好。

此外，材料的数量和质量、材料的系列位置也会影响短时记忆的编码；同时，复述是短时记忆信息存储的有效方法，它可以防止短时记忆中的信息受到无关刺激的干扰而发生遗忘。

4. 简述记忆的过程。[苏州大学2012年研]

答：记忆是一个过程，它由编码、存储和提取三个基本过程构成。

(1)信息编码

是指人们获得个体经验的过程，或者说是对外界信息进行形式转换的过程。编码是对外界信息进行形式转换，以便更好地储存和提取的过程。在整个记忆系统中，编码有不同的层次或水平，而且是以不同的形式存在着的。

(2)存储

是指把感知过的事物、体验过的情感、做过的动作、思考过的问题等，以一定的形式保持在人们的头脑中的过程。知识的存储有时也称知识的表征，它可以是事物的图像，也可以是一系列概念或命题。存储是信息编码和提取的中间环节，它在记忆过程中有着重要的作用，没有信息的存储就没有记忆。

(3)提取

是指从记忆中查找已有信息的过程，是记忆过程的最后一个阶段。再认和回忆是提取的基本形式。记忆好坏是通过信息的提取表现出来的。

5. 影响遗忘的因素主要有哪些？[南开大学2012年研；首都师范大学2011年研]

答：遗忘是指记忆的内容不能保持或者提取时有困难。如识记过的事物，在一定条件下不能再认和回忆，或者再认和回忆时发生错误。

影响遗忘的因素包括有：

(1)时间因素

遗忘在学习之后立即开始，遗忘的过程最初进展得很快，以后逐渐缓慢。

(2)识记材料的性质与数量

一般认为，对熟练的动作和形象材料遗忘得慢；对有意义的材料比对无意义的材料遗忘要慢得多；在学习程度相等的情况下，识记材料越多，忘得越快，材料少，则遗忘较慢。

(3)学习的程度

低度学习的材料容易遗忘，而过度学习的材料比恰能背诵的材料记忆效果要好一些。当然过度学习需要有一定限度，花费在过度学习上的时间太多，会造成精力与时间的浪费。

(4)识记材料的系列位置

在回忆系列材料时发生的现象称为系列位置效应。最后呈现的材料最易回忆，遗忘最少，称为近因效应。最先呈现的材料较易回忆，遗忘较少，称为首因效应。

(5)识记者的态度

识记者对识记材料的需要、兴趣等，对遗忘的快慢也有一定的影响。研究表明，在生活中不占重要地位的、不引起人们兴趣的、不符合一个人需要的事情容易出现遗忘。

6. 简述内隐记忆和外显记忆的含义及主要区别。[华东师范大学2011年研]

答：(1)内隐记忆与外显记忆的含义

①内隐记忆，是指在无意识状态下，个体已有的经验对当前任务产生影响作用的记忆，是个体过去经验对当前活动的一种无意识影响，又称自动记忆。内隐记忆能在不需要对特定的过去经验进行有意识或外显的回忆的测验中表现出来，其形成和提取不依赖于有意识

的认知过程，一般不能用言语表达。

②外显记忆，是指人在意识的控制下，主动搜集某些知识经验来完成当前任务时表现出来的记忆，是过去经验对个体当前活动的一种有意识影响，又称受意识控制的记忆。其形成一般有评估、比较和演绎等认知过程的参与，能对记忆的信息进行较准确的言语描述。

(2) 内隐记忆与外显记忆之间的区别

内隐记忆与外显记忆的主要区别在于：内隐记忆对信息的检索和提取是无意识进行的，外显记忆对信息的检索和提取是有意识进行的。二者的区别具体表现在以下几个方面：

①信息加工水平(加工深度)不影响内隐记忆的效果，但对外显记忆的影响明显。

②内隐记忆和外显记忆的保持时间不同。一般内隐记忆的消退速度比外显记忆慢，外显记忆会随着学习和测验之间时间间隔的延长而逐渐减少，内隐记忆则表现出完全不同的特点。

③记忆负荷量的变化对内隐记忆和外显记忆的影响不同。外显记忆的成绩随识记数目的增加而逐渐下降，但内隐记忆则不受其影响。

④感觉通道的改变会影响内隐记忆，但不影响外显记忆。加考比等人在研究中发现，以听觉形式呈现的刺激以视觉形式进行测验时，会严重影响内隐记忆的作业成绩，而对外显记忆的效果没有影响。

⑤外显记忆容易受到无关因素的干扰，但内隐记忆很少受到它们的影响。前摄抑制和倒摄抑制现象说明外显记忆很容易受到其他无关信息的干扰，但是内隐记忆的情况则有所不同。

四、论述题

1. 小张期末考试不理想。有些知识因为没有及时复习而遗忘，有些知识由于相互混淆而无法正确答题，有些知识明明记住了，但就是想不起来，请用三种遗忘的学说来解释小张的遗忘现象。[统考 2022 年研]

答：遗忘是指对识记过的材料不能再认与回忆，或者错误地再认与回忆，是一种记忆的丧失。遗忘分为暂时性遗忘和永久性遗忘，前者指在适宜条件下还可能恢复记忆的遗忘；后者指不经重新学习就不可能恢复记忆的遗忘。遗忘可由各种器质或心理因素引起。目前，学界关于遗忘成因理论主要有：编码缺失说、衰退说、干扰说、压抑说、提取失败说等。

(1) 衰退说

①主要观点：记忆痕迹得不到强化而逐渐减弱，以致最后消退，时间是造成遗忘的决定因素。

②小张有些知识由于没有及时复习出现的遗忘，主要是因为记忆的痕迹没有得到强化。

(2) 干扰说

①主要观点：在学习和回忆之间受其他刺激的干扰造成了遗忘。干扰包括前摄抑制(先前学习的材料对识记和回忆后学习材料的干扰作用)和倒摄抑制(后学习的材料对识记和回忆先前学习材料的干扰作用)

②小张出现知识混淆无法答题，很有可能是因为先学习和后学习的知识记得比较牢固，中间知识记忆比较模糊，出现了混淆。

(3)压抑说

①主要观点：遗忘是由于情绪或动机的压抑作用造成的，若这种压抑解除了，记忆还能得到恢复。

②小张在考试的场景下，会有紧张、焦虑的情绪，这些情绪会使他出现有些知识明明记住了，却想不起来的情况。

(4)提取失败说

①主要观点：在长时记忆中保存的信息是不会丢失的，只是在提取的时候没有找到适当的提取线索而已。

②小张有些知识记住了却回忆不起来，可能是缺少合适的线索，导致提取失败。

2．试述遗忘的影响因素及理论，并谈谈如何防止遗忘？［浙江师范大学2013年研］

答：遗忘是指识记过的内容不能再认与回忆或错误地再认与回忆。遗忘有几种不同的情况：能再认不能回忆称为不完全遗忘；不能再认也不能回忆称为完全遗忘；一时不能再认或重现称为临时性遗忘；永久不能再认或回忆称为永久性遗忘。

(1)遗忘的影响因素

遗忘的进程受到许多因素的影响：

①时间因素

艾宾浩斯遗忘曲线显示，随着时间的推移，长时记忆的保持量将发生变化。刚学完时保持量最大，在学后的短时间内保持量急剧下降，然后保持量渐趋稳定地下降，最后接近水平。

②识记材料的性质与数量

记忆材料性质的不同对保持进程有很大影响。一般对熟练的动作和形象材料遗忘得慢；对有意义的材料比对无意义的材料遗忘得慢；在学习程度相等的情况下，识记材料越多，遗忘得越快。

③学习的程度

学习程度的不同对保持进程也有影响。针对一种学习材料，如果学习没有达到一次完全能背诵的标准，即为低度学习的材料；如果达到恰能背诵之后还继续学习下去，这种材料就是过度学习的材料。显然，低度的学习材料容易遗忘，过度学习的材料要比恰能背诵的材料保持得好一些。

④识记材料的系列位置

回忆系列材料时，材料的顺序对记忆材料有重要影响。一般最后呈现的材料成绩最好，其次是最先呈现的材料，最后是中间部分。

⑤识记者的态度

识记者对识记材料的需要、兴趣等，对遗忘的快慢也有一定的影响。在人们的生活中不占重要地位的、不引起人们兴趣的、不符合个人需要的事情容易遗忘。

(2)遗忘理论

主要有衰退理论、干扰理论、提取失败理论和压抑理论：

①衰退理论

该理论认为，遗忘是记忆痕迹随着时间的推移而逐渐消退的结果。衰退理论接近于常识，但无法用实验来证明，目前我们只能肯定：衰退是感觉记忆和维持性复述被阻断时，短时记忆信息丧失的一个重要原因。

②干扰理论

该理论认为，遗忘是因为我们在学习和再现之间受到了其他刺激的干扰。一旦排除了这些干扰，记忆就能够恢复。干扰理论最明显的证据是倒摄抑制和前摄抑制。

③提取失败理论

该理论认为，遗忘是一时难以提取出欲求的信息。一旦有了正确的线索，经过搜寻，所要的信息就能被提取出来。“舌尖现象”这种明明知道某件事，但就是不能回忆出来的现象，很好地证实了这一点。

④压抑理论

该理论认为，遗忘是因为我们不想记，而将一些记忆推出意识之外，因为它们太可怕、太痛苦、太有损于自我。也就是说，遗忘不是保持的消失，而是记忆被压抑。

(3)防止遗忘

根据遗忘的影响因素以及遗忘相关的理论，防止遗忘的方法可以从以下几个方面陈述。

①明确识记任务，培养学习兴趣

是否明确识记目的和任务，是否对学习有浓厚的兴趣，是影响识记的重要因素。在识记之前明确识记目的和任务，对学习的内容有强烈的学习愿望且保持良好的情绪会对识记具有事半功倍的效果。

②加强对识记材料的理解

识记中对材料理解得越透彻，记忆效果越好。要做到这一点，首先对本来已经有意义的材料，尽量使用已有的知识经验去理解，采用意义识记；其次是赋予无意义识记材料以人为的意义，即把无意义材料意义化，进行主观组织、再编码，这样有助于储存和保持。

③合理分配识记数量

一般而言，要达到同样的识记水平，材料越多，识记所用的平均时间也就越多，因此在一定时间内识记的数量不宜太多。识记一定的材料之后进行休息，然后再进行其他的记忆活动。

④多种感官合作记忆

多种感官在识记中同时发挥作用，可取得良好的识记效果。在学习外语时，眼看、耳听、手写同时发挥作用，其记忆效果大大优于单一感官的识记效果。

⑤对信息的合理组织

对信息进行合理的组织，可以使它们处于一定的前后关系中，增加线索，促进提取。

⑥把握150%的学习程度

研究表明，过度学习达150%，保持的效果最佳。超过或者低于150%，记忆效果都将下降。所以，识记时一定要掌握度，防止识记不够熟练，当然也不要超过150%，造成学习时间的浪费。

⑦加强复习

学过的知识，如果不经过复习，是不可能永久、完全保持在记忆中的。根据遗忘的规律，总结出以下科学的复习方法：

a. 及时复习：遗忘进程先快后慢的规律表明，遗忘最严重的时刻是在识记刚刚达到记住的最初时刻，这是因为，新学过的材料在头脑中建立的连接还不牢固，痕迹很容易消退。而及时复习可以使即将消失、微弱的痕迹重新强化，变得清晰，并在头脑中进一步巩固。复习还能促进理解，使所学过的内容更加条理化、系统化，便于精确记忆；

b. 采用多样化的复习方法：单调的复习方法容易使人感到枯燥乏味，会让人觉得厌倦、疲劳。多样化的复习，可使人感到新颖，容易激发智力活动，使所要复习的材料与有关知识之间建立新的联系，就能够更灵活、更牢固地掌握；

c. 合理分配复习时间：复习的效果并不单纯决定于复习的次数，复习具有积累效果，刚学过的知识不但要及时复习，而且也要增加复习时间，随着记忆巩固程度的提高，复习的次数可逐渐减少，间隔时间也可逐渐加长。

第7章 思 维

7.1 复习笔记

【知识框架(庖丁解牛)】

- 思维
  - 思维概述
    - 定义
    - 特征
    - 分类
    - 生理机制
  - 表象和概念
    - 表象
    - 概念
  - 推理和问题解决
    - 推理
    - 问题解决
  - 决策
    - 定义
    - 分类
    - 决策过程中人的理性观
    - 相关理论
    - 决策过程中的启发法策略

【复习向导(切中肯綮)】

本章重要考点及要求：了解思维的定义、特征、生理机制；掌握思维的分类。掌握表象与概念；重点掌握表现的特征、概念形成的理论和概念组织的理论。了解推理和问题解决的相关知识；重点掌握推理错误的原因、问题解决策略以及影响问题解决的因素。了解决策相关知识；重点掌握决策的相关理论；运用决策过程中的启发法策略分析一些简单现象。

【考点难点归纳(游刃有余)】

考点一、思维概述

表7－1 思维概述

要点	具体内容	
定义	是借助于语言、表象或动作实现的，对客观事物间接的、概括的反映	
特征	概括性	在大量感性材料的基础上把一类事物共同的特征和规律抽取出来加以概括
	间接性	借助于一定的媒介和一定的知识经验对客观事物进行间接的认识

续表

要点	具体内容	
分类	根据思维过程凭借心理表征的形式来划分	①直观动作思维，又称实践思维，思维任务具有直观的形式，依赖实际动作解决问题。 ②形象思维，依赖头脑中的具体形象（表象）来解决问题。 ③抽象思维，又称逻辑思维，思维任务具有理论性质，依赖概念、理论知识来解决问题
	根据思维探究结果的方向性来划分	①辐合思维，根据已有的知识和熟悉的规则进行的思维。 ②发散思维，沿着不同的方向思考，重新组织当前的信息和记忆系统中存储的信息，产生其他新的解决问题的方法
	根据思维的创新程度来划分	①常规性思维，运用已经获得的知识经验，按照现成的方案和程序直接解决问题。 ②创造性思维，重新组织已有的知识经验，提出新的方案或程序，并创造出新的思维成果；创造性思维的主要成分是发散思维，还需要辐合思维和创造性想象参与
生理机制	思维活动是多个脑区联合活动的结果，其中额叶最重要，颞叶和顶－枕叶次之	

【拓展延伸】

创造性思维

一、定义

创造性思维是指以新颖独创的方法解决问题的思维过程，通过这种思维能突破常规思维的界限，以超常规甚至反常规的方法、视角去思考问题，提出与众不同的解决方案，从而产生新颖的、独到的、有社会意义的思维成果。

二、相关研究

创造性思维在解决问题的活动中，需要一定的过程。心理学家对这个过程也做过大量的研究。比较有代表性的是英国心理学家华莱士所提出的四阶段论和美国心理学家艾曼贝尔所提出的五阶段论。华莱士认为任何创造过程都包括准备阶段、酝酿阶段、明朗阶段和验证阶段四个阶段；而艾曼贝尔从信息论的角度出发，认为创造活动过程由提出问题或任务、准备、产生反应、验证反应、结果五个阶段组成，并且可以循环运转。

三、特点

1. 新颖性

创造性思维往往能突破传统思维的束缚，提出前所未有的新观点、新方法或新设想，以独特的视角看待问题，发现别人未曾注意到的事物之间的联系或规律。这是创造性思维最显著的特点。

2. 灵活性

创造性思维不受固定的思维模式、规则或框架的限制，能够根据问题的变化和情境的不同，迅速调整思维方向和方法，从多个角度、多个层面去思考问题，提出多种不同的解决方案。

3. 流畅性

创造性思维能够快速、连续地产生大量的想法、观念或思路，思维活动畅通无阻，在单位时间内能够涌现出较多的思维成果。它反映了个体思维在单位时间内的产出效率和数量。

4. 综合性

创造性思维需要综合运用各种知识、经验和思维方法，将不同领域、不同类型的信息进行整合、加工和提炼，从而创造出新的知识或成果。它不是单一思维形式的运用，而是多种思维形式的有机结合。

5. 突发性

创造性思维往往在不经意间突然出现，表现为灵感的闪现或顿悟。在对问题进行长时间思考和探索后，可能在某个瞬间，大脑中会突然产生一种新的想法或解决方案，具有一定的突发性和偶然性。

四、主要形式

1. 发散思维

它从一个目标或问题出发，沿着不同的方向、角度去思考，提出各种不同的设想和答案，使思路呈现出辐射状。例如，在思考"如何提高手机的功能"这一问题时，通过发散思维可以想到增加新的传感器、改进软件系统、创新外观设计等多种途径。

2. 聚合思维

与发散思维相对，它将各种信息聚合起来，朝着一个方向、一个目标进行思考，以寻求唯一的或最佳的答案。例如，在众多的手机设计方案中，通过分析、比较、评估等，选择出最具可行性、最能满足用户需求和市场要求的方案。

3. 直觉思维

它是一种未经逐步分析就迅速对问题答案做出合理猜测、设想或突然领悟的思维形式。例如，一位设计师在看到某种新材料时，凭借直觉立刻想到可以用它来设计一款新型手机外壳，这种瞬间的灵感就是直觉思维的体现。

4. 灵感思维

它是人的大脑皮层高度兴奋时产生的一种特殊的状态，往往是在长期思考的基础上，由于某种偶然因素的触发而突然出现的创造性思维成果。例如，科学家在长期研究某个课题毫无进展时，可能在一次偶然的实验现象或生活中的某个场景启发下，突然获得灵感，找到解决问题的关键。

五、培养方法

1. 丰富知识储备

广泛学习不同领域的知识，包括科学、艺术、文化等，拓宽自己的视野和思维边界，为创造性思维提供更多的素材和灵感来源。

2. 进行思维训练

通过做一些思维训练题、参加创意工作坊等方式，锻炼自己的发散思维、逻辑思维等能力，提高思维的灵活性和敏捷性。

3. 鼓励质疑和批判

不盲目接受既有观念和结论，敢于对传统的思维方式、方法和理论提出质疑，以批判性的眼光去审视问题，寻找新的突破点。

4．营造宽松环境

无论是在学习、工作还是生活中，创造一个宽松、自由、开放的氛围，鼓励自己和他人自由地表达想法和观点，不设过多的限制和约束，让思维能够自由驰骋。

5．积极参与实践

将理论知识与实践相结合，在实践中发现问题、解决问题，通过实际操作和体验，激发创造性思维，因为很多创造性的想法和成果都是在实践中产生的。

考点二、表象和概念

1．表象

表7－2　表象

要点	具体内容	
定义	是指人在头脑中出现的关于事物的形象或者像图画一样的心理表征	
特征	直观性	表象是以生动具体的形象在头脑中出现的。人头脑中产生某种事物的表象，就好像直接看到或者听到这种事物的某些特征一样
	概括性	表象是人们多次知觉的结果，它不是表征事物的个别特征，而是表征事物的大体轮廓和主要特征，因此表象具有抽象性
	可操作性	①表象是知觉的类似物，人们可以在头脑中对表象进行操作，这种操作就像人们通过外部动作控制和操作客观事物一样。 ②表象的可操作性可以用“心理旋转”的实验来说明
与表象有关的双重编码理论	佩维奥认为： ①人脑中同时存在双重编码系统： a．言语符号系统，负责处理语言的信息； b．非言语符号系统，即表象系统，负责处理非语言的或者形象的信息，如图片等。 ②两个系统既相互独立，又相互作用。 ③如果对于某个刺激能够采用两种方式编码会比采用一种方式编码具有认知加工上的优势	
在思维中的作用	为概念的形成提供了感性基础	①表象是认知过程的一个重要环节，它既有直观性，又有概括性。从直观看，它接近于知觉；从概括性来看，它接近于思维。 ②表象离开了具体的事物，摆脱了感知觉的局限性，因而为概念的形成奠定了感性的基础
	促进问题的解决	小学低年级学生在解决数的运算问题时，在很大程度上要有表象的参与；中学生在解决几何问题时，要依赖表象的支持；成人在利用概念进行抽象思维时，也需要具体形象的帮助与支持

2．概念

表7－3　概念

要点	具体内容
定义	是人脑对客观事物本质特征的认识；其内涵是指概念的质，即概念所反映的事物的本质特征；其外延是指概念的量，即概念的范围

续表

要点		具体内容
功能		①是人类知识经验的概括和总结，是解决问题的基础，是人类交流的基础。 ②具有分类功能。 ③是一个层级系统，包括上位概念、基本水平的概念和下位概念等层级
分类	合取概念	根据一类事物中单个或多个相同属性形成的概念，它们在概念中必须同时存在，缺一不可。例如，“毛笔”
	析取概念	根据不同的标准，结合单个或多个属性所形成的概念。例如，“好学生”
	关系概念	是指根据事物之间的相互关系形成的概念。例如，“高低”“上下”“左右”等
	自然概念	在人类历史发展过程中自然形成的概念，它的内涵和外延是由事物自身的特征决定的
	人工概念	在实验室的条件下，为模拟自然概念的形成过程而人为制造出的一种概念，它的内涵和外延常常可以人为确定
概念形成	定义	个体掌握概念所包含的本质属性的过程
	相关理论	①假设检验说：布鲁纳等人认为，概念的形成是不断地提出假设，验证假设的过程。 ②原型理论：茹什认为，概念的形成是在头脑中形成概念的原型(即概念范畴中最能代表该范畴的典型成员)的过程
概念组织的理论	层次网络模型	柯林斯等人提出层次网络模型，认为概念都以节点形式储存在概念的网络中，各类的概念按照逻辑上的上下级关系组成概念的网络，概念之间的关系用连线来表示。层次越高的概念抽象概括的水平越高，一个节点上反映的是事物的属性
	激活扩散模型	在层次网络模型的基础上，柯林斯等人又提出了激活扩散模型。激活扩散模型认为各种概念组成为一个相互联系的概念网络。假定当一个概念被加工时，其意义激活会自动传递到相关的概念，使得相关概念的意义也得到激活，而且激活的强度随着传递距离的增加或者传递时间的延长而降低

【拓展延伸】

概念、判断、推理

理性认识的三种形式有：概念(对事物本质属性的概括)、判断(在概念的基础上对事物的各种关系进行区分、识别)、推理(由一个已知的判断推出下一个判断)。

其中判断是对思维对象有所肯定或有所否定的一种思维形式。其分类如下：

①直言判断：是断定事物具有或不具有某种性质的简单判断，又称性质判断。

②联言判断：是断定几种事物情况共存的判断。

③选言判断：是断定在几种可能情况下，至少有一种情况存在的判断，又分为相容选言判断和不相容选言判断。

④假言判断：是反映事物之间条件关系的复合判断，在假言判断中表示条件的判断叫作前件，表示结果的判断叫作后件。假言判断又分为充分条件假言判断、必要条件假言判断和充分必要条件假言判断。

⑤负判断：是通过否定某个判断所得的判断。如“并非一切产品都是商品”，就是负判断。负判断是由原判断加上否定联结词“并非”而形成的复合判断。原判断用“P”表示，负

判断则是"并非P"。由此决定了负判断与原判断成对立关系。负判断的真假，与原判断的真假有密切关系。原判断"P"真，则负判断"并非P"就假；原判断"P"假，则负判断"并非P"就真。

【习题精选】

1. 评述有关概念形成的假设检验说和原型理论。

思路点拨：概念形成是指个体掌握概念本质属性的过程，假设检验说和原型理论是解释概念形成的两种重要理论。假设检验说和原型理论作为解释概念形成的两种重要理论，它们各自都有其独特的贡献和局限性。假设检验说能够较为详细地解释概念形成的过程，强调个体在概念形成过程中的主动性和探索性，为概念形成的实验研究提供了重要的理论基础和研究思路；然而，它对知识经验的作用强调不足，难以解释自然概念的形成。原型理论更加符合自然概念的实际情况，为我们理解概念的形成和认知发展提供了一个全新的视角，能够更好地解释自然概念的模糊性、不确定性和多样性等特点；但是，它对原型的确定存在主观性和模糊性，难以解释概念间的层次关系和推理现象。因此，在研究概念形成的过程中，我们应该综合考虑这两种理论的优点和局限性，结合其他相关的理论和方法，来对概念形成的机制和影响因素进行更加深入、全面的探讨和研究。

参考答案：

(1)假设检验说

①理论内容

假设检验说是由布鲁纳等人提出的。该理论认为，概念形成的过程是一个提出假设并对假设进行检验的过程。在概念形成过程中，个体首先根据自己的知识经验和对实验材料的分析，提出一些与概念相关的假设，这些假设可能是关于概念的定义、特征、属性等方面的推测；然后，个体在实验中根据主试提供的反馈信息，对自己提出的假设进行检验；如果反馈信息表明某个假设是正确的，那么个体就会继续保留这个假设；如果反馈信息表明某个假设是错误的，那么个体就会放弃这个假设，并重新提出一个新的假设。个体就是通过这样不断地提出假设、检验假设，最终找到一个能够正确解释概念的假设，从而完成概念的形成过程。

②贡献

a. 具有较强的解释力：假设检验说强调个体在概念形成过程中的主动性和探索性，认为个体不是被动地接受概念的定义和特征，而是通过自己的思考和尝试，主动地提出假设并对假设进行检验，从而逐步掌握概念的本质属性。这种观点与传统的概念形成理论相比，更加注重个体的认知过程和主动参与，能够更好地解释为什么不同的个体在掌握同一个概念时会存在差异，以及个体在面对新的概念时是如何进行学习和探索的；

b. 推动了概念形成的实验研究：在假设检验说的影响下，研究者们设计了各种各样的实验任务，来模拟概念形成的过程，并通过对实验结果的分析，来验证假设检验说的观点和预测。这些实验结果表明，假设检验说是一种能够较好地解释概念形成过程的理论，它为我们深入了解概念形成的机制和影响因素提供了一个重要的理论框架。

③局限

a. 对知识经验的作用强调不足：假设检验说虽然认识到个体的知识经验在概念形成过

程中会起到一定的作用，但并没有对知识经验的具体作用机制进行深入的探讨和分析。事实上，个体的知识经验在概念形成过程中起着非常重要的作用，它不仅会影响个体对概念的理解和掌握程度，还会影响个体在概念形成过程中的假设提出和检验策略。这在一定程度上限制了该理论对概念形成过程的全面解释和深入理解；

b. 难以解释自然概念的形成：假设检验说主要是基于人工概念的实验研究提出的，它在解释人工概念的形成方面具有较强的说服力；然而，自然概念与人工概念存在着很大的差异，自然概念是在人类的日常生活和社会实践中逐渐形成和发展起来的，它们具有更加丰富的内涵和外延，并且往往与人类的情感、价值观、文化背景等因素密切相关，因此，假设检验说在解释自然概念的形成方面存在着一定的局限性。

(2)原型理论

①理论内容

原型理论是由罗施等人提出的一种关于概念结构和概念形成的理论。该理论认为，概念主要是以原型，即它的最佳实例来表示的。原型是一个概念中最具代表性、最典型的实例，它包含了该概念的大多数关键特征和属性；原型理论还认为，在概念形成过程中，个体首先会接触到一些概念的实例，这些实例可能包括原型和一些非原型的范畴成员，然后，个体通过对这些实例的观察、比较和分析，逐渐掌握原型和范畴成员之间的相似性和差异性，从而形成对概念的理解和掌握。

②贡献

a. 更符合自然概念的实际情况：原型理论的观点更加符合自然概念的实际情况，因为自然概念往往具有模糊性、不确定性和多样性等特点，会因不同的情境、文化背景、个体差异等因素而有所不同；即使在同一文化背景中，不同的个体对同一个概念的理解和定义也可能会存在差异。而原型理论能够更好地解释自然概念的这些特点，它为我们深入理解自然概念的本质和形成机制提供了一个更加符合实际情况的理论框架；

b. 对概念的理解和认知发展提供新视角：原型理论认为，个体在概念形成过程中首先会接触到一些概念的实例，然后通过对这些实例的观察、比较和分析，逐渐掌握原型和范畴成员之间的相似性和差异性，从而形成对概念的理解和掌握。这种观点与传统的概念形成理论相比，更加注重个体的认知过程和主动参与，故而为我们理解概念的形成和认知发展提供了一个全新的视角。

③局限

a. 对原型的确定存在主观性和模糊性：在实际应用中，对原型的确定往往存在主观性和模糊性，不同的个体由于其知识经验、文化背景、认知风格等方面的差异，可能会对同一个概念的原型有不同的理解和判断；即使对于同一个个体来说，在不同的情境下，他们对同一个概念的原型的理解和判断也可能会发生变化，因此，该理论在实际应用中可能会面临一些困难和挑战；

b. 难以解释概念间的层次关系和推理现象：原型理论虽然能够较好地解释概念的形成和结构，以及个体对概念的理解和认知发展等方面的问题，但它在解释概念间的层次关系和推理现象等方面存在一定的局限性；此外，原型理论也可能无法提供一个充分的、合理的解释，它可能需要结合其他的理论和方法，如逻辑推理理论、认知心理学理论等，来对这些现象进行深入的探讨和分析。

2. 简述激活扩散模型的观点。

思路点拨：激活扩散模型由柯林斯和洛夫特斯于1975年提出，是认知心理学中关于语义记忆的重要模型。激活扩散模型从网络结构、激活扩散机制以及对知识提取和推理的解释等方面，系统地阐述了语义记忆的工作原理，为认知心理学的研究提供了重要的理论基础，对我们理解人类的记忆、认知和思维过程具有重要的意义。

参考答案：

该模型主要有以下观点：

(1)以网络形式存储概念

①节点与连线

激活扩散模型认为，语义记忆是由概念之间的相互联系所组成的一个巨大的网络。在这个网络中，每个概念都被表示为一个节点，节点之间通过连线相互连接。

②语义联系强度

连线的长短和粗细表示了概念之间语义联系的紧密程度。连线越短、越粗，说明两个概念之间的语义联系越紧密；反之，连线越长、越细，说明两个概念之间的语义联系越松散。

(2)概念的激活与扩散

①激活过程

当一个概念节点被激活时，意味着这个概念被个体所注意或思考。激活的来源可以是外部的刺激，如看到、听到或触摸到与某个概念相关的事物；也可以是内部的认知过程，如回忆、想象或推理等。

②扩散过程

激活的概念节点会向与其相连的其他概念节点传递激活能量，这一过程被称为激活的扩散。激活能量的传递遵循一定的规则，一般来说，激活能量会优先传递到与激活节点语义联系紧密的节点上，并且传递的激活能量会随着距离的增加而逐渐减弱。正因为激活能量会在语义网络中不断地扩散，个体对相关概念的理解和认知也会得到进一步的拓展和深化。

(3)对知识提取和推理的解释

①知识提取

激活扩散模型认为，当个体需要提取某个知识时，实际上是通过激活语义网络中的相关概念节点来实现的，这些节点的激活会使我们想起与该概念相关的特征，这很好地解释个体是如何从语义记忆中提取相关知识的。

②推理过程

激活扩散模型还可以解释个体在进行推理时的认知过程。当个体面临一个推理任务时，他们的大脑会首先激活与任务相关的概念节点，然后激活能量会在语义网络中扩散，使更多的相关概念节点被激活。通过对这些激活的概念节点之间的关系进行分析和整合，个体就可以得出推理的结论。

考点三、推理和问题解决

1. 推理

表7-4　推理

要点		具体内容
定义		是指从具体事物或现象中归纳出一般规律(归纳推理)，或者根据一般原理推出新结论(演绎推理)的思维活动
三段论推理	定义	由两个假定真实的前提和一个可能符合也可能不符合这两个前提的结论组成的推理
	三段论推理发生错误的解释	①“气氛效应”：三段论推理中，前提所使用的逻辑量词(如所有、一些等)产生一种“气氛”，使人们容易接受包含有同一逻辑量词的结论，但这一结论不一定正确。比如，两个全称的前提使人倾向于得出全称的结论。 ②前提解释错误(换位理论)：查普曼认为，三段论推理中的错误不是由前提造成的，而是人们错误地解释了前提。例如，“所有A是B”，人们往往认为“所有B也是A”。 ③心理模型理论：约翰逊-莱尔德等人认为，推理中的错误，是人们对前提信息加工不充分，或者说受工作记忆容量的限制，人们只根据前提创建一个心理模型，而没有考虑建立更多的心理模型
条件推理	定义	是指人们利用条件性命题进行的推理
	证实倾向	是指人们倾向于证实某种假设或规则，而很少去证伪的现象，沃森的“四卡片选择作业”实验证实了这种现象。这是在条件推理中经常发现的现象

【习题精选】

简述推理错误的原因。

思路点拨：推理是从已知信息得出结论的思维过程，但在这个过程中，人们常常会犯各种错误。推理错误的原因是多方面的，包括前提错误、推理过程中的认知偏差以及逻辑规则应用错误等。了解这些原因有助于我们在日常生活和学习中，更加准确地进行推理和判断，避免出现推理错误。

参考答案：

以下从多个方面简述推理错误的常见原因：

(1)前提错误

①信息不准确

如果推理所依据的前提信息不准确，那么基于这些信息得出的结论就很可能是错误的。在很多情况下，人们可能会因为各种原因而获取到不准确的信息，比如信息来源不可靠、信息传递过程中出现偏差等。

②信息不完整

当推理所依赖的信息不完整时，个体就难以全面、准确地把握事物的本质和规律，从而在推理过程中出现错误。在现实生活中，人们往往会受到各种条件的限制，无法获取到足够完整的信息，如果人们基于这些不完整的实验数据进行推理和分析，就很可能会得出错误的结论。

(2)推理过程中的认知偏差

①代表性启发偏差

代表性启发法是指人们在进行推理判断时，会根据当前事物与某个典型事物的相似程度来进行判断，而这种启发法可能会导致人们在推理过程中出现偏差。

②可得性启发偏差

可得性启发法是指人们在进行推理判断时，会根据某个事件在记忆中容易被提取的程度来进行判断。如果某个事件在记忆中更容易被提取，那么人们就会倾向于认为这个事件发生的概率更高，而这种启发法也可能会导致人们在推理过程中出现偏差。

③锚定效应偏差

锚定效应是指人们在进行推理判断时，会受到最初获得的信息(即“锚”)的影响，从而在后续的判断过程中，难以摆脱这个“锚”的束缚，而倾向于围绕这个“锚”来进行判断和调整，而这种效应可能会导致人们在推理过程中出现偏差。

(3)逻辑规则应用错误

①忽视逻辑关系

在推理过程中，各种命题之间存在着特定的逻辑关系，如因果关系、条件关系、并列关系等。正确理解和把握这些逻辑关系是进行有效推理的基础，但在实际推理过程中，人们常常会忽视这些逻辑关系，从而导致推理错误；此外，在进行逻辑推理时，人们还可能会忽视命题之间的逻辑顺序，从而导致推理过程出现混乱和错误。

②错误运用推理规则

推理过程需要遵循一定的逻辑规则，如演绎推理中的三段论规则、归纳推理中的求同法和求异法等。正确运用这些推理规则是保证推理有效性的关键，但在实际推理过程中，人们常常会错误地运用这些推理规则，从而导致推理错误；此外，在进行归纳推理时，人们还可能会犯“以偏概全”错误，即只根据部分对象的情况就得出关于所有对象的一般性结论，从而导致归纳推理的结论不够可靠。

2．问题解决

表7－5　问题解决

要点	具体内容	
定义	是指由一定的情境引起的，按照一定的目标，应用各种认知活动、技能等，经过一系列的思维操作，使问题得到解决的过程	
问题的种类	①根据问题的明确程度，可分为定义良好的问题和定义不良的问题。 ②根据在问题解决时问题解决者是否有对手，可分为对抗性问题与非对抗性问题。 ③根据在问题解决时解题者具有的相关知识的多少，问题可分为语义丰富的问题和语义贫乏的问题	
问题解决的概念	是指根据一定的问题情境，按照一定的目标，应用一系列的认知操作，使问题得以解决的过程	
问题解决的策略	算法	类似于一些公式和程序，如计算机都是使用算法策略解决问题的，但该策略需要大量的尝试，费时费力
	启发法	根据一定的经验，在问题空间内进行较少的搜索，以达到问题解决，该策略不能完全保证问题解决的成功，但较为省时省力。具体包括：手段－目的分析法、逆向搜索法、爬山法等

续表

要点		具体内容
影响问题解决的因素	知识因素	专家与新手在知识数量与知识组织方式上的差别
	问题表征的方式	问题表征得越显著，干扰因素越少，对人思维的局限越小，越利于问题的解决
	无谓的限制	有时会受到并不存在的限定条件的影响
	定势	活动前的心理准备状态对后续心理活动会产生积极的或消极的影响
	功能固着	把某种功能赋予某个对象的倾向影响解决问题的灵活性
	动机	动机的强度和解决问题的效率之间呈倒U型关系，动机太强或太弱都不利于问题的解决，中等强度的动机是解决问题的最佳水平（耶克斯－道德森定律）
	情绪	积极乐观的情绪有利于问题的解决，消极沮丧的情绪会阻碍问题的解决
	人际关系	人之间的相互信任、相互帮助和积极合作有助于问题的解决

【习题精选】

简述定势的含义及其对问题解决的影响。

思路点拨：定势，又称心向，是指个体在先前的活动中形成的一种心理准备状态，它会使个体在面临新的情境或问题时，倾向于以某种特定的方式进行感知、思考和行动。定势在问题解决中具有双重影响。了解定势的含义及其对问题解决的影响，有助于我们在问题解决过程中，充分发挥定势的积极作用，同时克服定势的消极影响，提高问题解决的效率和质量。

参考答案：

(1)定势的含义

定势，又称心向，是指活动前的心理准备状态对后续心理活动会产生积极的或消极的影响。

(2)其对问题解决的影响

①积极影响

a. 提高问题解决的效率：在某些情况下，定势可以帮助个体快速识别问题的类型和特征，并基于以往的经验和成功模式，迅速制定出相应的解决方案。这种基于定势的快速反应和决策能力，可以大大节省个体在问题解决过程中的时间和精力，提高问题解决的效率；

b. 促进问题解决的自动化：定势还可以使个体在问题解决过程中逐渐形成一些自动化的思维和行为模式。这些自动化的模式可以使个体在面临类似的问题时，无需进行过多的有意识思考和决策，就能够自然而然地采取相应的行动来解决问题。这种自动化的问题解决过程不仅可以提高问题解决的效率，还可以减少个体在问题解决过程中的认知负荷，使个体能够更加轻松地应对各种问题。

②消极影响

a. 阻碍问题解决的灵活性：定势在某些情况下也可能会使个体在问题解决过程中形成一种固定的思维模式和行为习惯，从而阻碍个体在面对新的、复杂的或非常规的问题时，能够灵活地调整自己的思维方式和行为策略，以适应问题的变化和需求；

b. 导致问题解决的错误倾向：定势在某些情况下还可能会使个体在问题解决过程中产生一些错误的倾向和偏见，这是因为定势会使个体在面临新的情境或问题时，倾向于以某种特定的方式进行感知、思考和行动，而这种特定的方式可能是基于个体以往的经验和成功模式，但并不一定适用于当前的情境或问题。此外，定势还可能会使个体在问题解决过程中忽视一些重要的信息和线索，或者对一些信息和线索进行错误的解读和判断，从而导致个体在问题解决过程中产生一些错误的倾向和偏见，影响问题解决的质量和效果。

考点四、决策

表7-6 决策

要点	具体内容	
定义	是指在几种备选的方案中进行选择的过程	
分类	确定性决策	在确定的条件下，对备选的方案做出选择的过程
	风险决策	在不确定的条件下做出选择的过程
决策过程中人的理性观	古典决策理论	认为决策者具有完全的理性能力；决策者总是追求个人利益的最大化
	行为决策理论	西蒙指出，决策者的理性是有限的理性。因为人的认知能力是有限的，加之决策情境的复杂性，决策者不可能找到所有备选的方案；不可能准确预知所有方案的结果
相关理论	期望效用理论	冯·纽曼和摩根斯坦提出期望效用值可用下面公式来表示：$EU=\sum P_i \cdot U(X_i)$ 其中，$U(X_i)$是指结果 i 的效用，P_i是指时间 X_i发生的客观概率
	前景理论	卡尼曼等人(1979)提出，人在决策时采用的启发策略主要有：代表性启发法、易得性启发法和锚定与调整启发法
决策过程中的启发法策略	代表性启发法	是指人们倾向于根据事物或者人代表某范畴的程度来判断其是否属于某范畴
	易得性启发法	是指人们倾向于根据事件或现象在记忆中获得的难易程度来评估其发生的概率，即根据事件或现象容易回忆的程度来做判断
	锚定与调整启发法	是指人们根据给定的信息做出最初的估计后，根据当前的问题对最初的估计做出调整，但是调整的幅度不大

【习题精选】

说明行为决策理论对决策的认识。

思路点拨：行为决策理论兴起于20世纪50年代，它从心理学角度研究决策行为，对传统决策理论提出了挑战，为人们理解决策过程提供了新的视角。行为决策理论从有限理性、启发式策略、框架效应、风险态度等多个方面对决策进行了深入的研究和分析，为人们理解决策过程提供了新的视角和方法。该理论指出，决策者在决策过程中并非完全理性，而是受到多种因素的限制，表现出有限理性；决策者在决策过程中常常会使用启发式策略来简化决策过程，但这些启发式策略可能会导致推理偏差；决策者的决策行为不仅受到问题本身的客观特征的影响，还受到问题的表述方式(即框架)的影响，这种现象被称为框架效应；决策者在面对风险时，其风险态度并不是一成不变的，而是会受到多种因素的影响，表现出多样性。行为决策理论的这些观点对于人们在实际决策过程中更好地理解自己的决策行为，避免决策偏差，提高决策质量具有重要的指导意义。

参考答案：

以下从有限理性、启发式策略、框架效应、风险态度等方面详细说明行为决策理论对决策的认识：

(1)有限理性

①突破完全理性假设

传统决策理论认为决策者是完全理性的，能够掌握所有相关信息，准确预测各种可能结果，并根据自身利益最大化原则做出最优决策；然而，行为决策理论指出，在现实生活中，决策者受到认知能力、时间、信息获取成本等多种因素的限制，无法达到完全理性的状态，而是表现出有限理性。

②满意原则取代最优原则

由于决策者的有限理性，行为决策理论提出决策者在决策过程中并非追求最优解，而是寻求一个满意解，这意味着决策者在面对复杂的决策问题时，不会花费大量时间和精力去收集所有可能的信息，评估所有可能的方案，而是在有限的信息和时间内，对各种方案进行筛选和比较，当找到一个能够满足其基本要求和期望的方案时，就会停止搜索并做出决策。

(2)启发式策略

①代表性启发法

行为决策理论认为，在决策过程中，决策者常常会根据当前事物与某个典型事物的相似程度来进行判断和决策，这种启发式策略被称为代表性启发法。这种基于代表性启发法而导致的推理偏差，可能会使人们在决策过程中犯下错误。

②可得性启发法

可得性启发法是指决策者在决策过程中，会根据某个事件在记忆中容易被提取的程度来进行判断和决策。如果某个事件在记忆中更容易被提取，那么决策者就会倾向于认为这个事件发生的概率更高，然而，事实上这些事件发生的概率可能并没有人们想象的那么高，只是因为某些原因——如媒体的频繁报道等——而使这些事件在人们的记忆中更容易被提取，从而导致人们产生了错误的判断，继而使人们决策失误。

③锚定与调整启发法

锚定与调整启发法是指决策者在决策过程中，会受到最初获得的信息(即“锚”)的影响，从而在后续的判断过程中，难以摆脱这个“锚”的束缚，而倾向于围绕这个“锚”来进行判断和调整。这种基于锚定与调整启发法而导致的推理偏差，可能会使人们在决策过程中误入歧途。

(3)框架效应

行为决策理论指出，决策者的决策行为不仅受到问题本身的客观特征的影响，还受到问题的表述方式(即框架)的影响。这种现象被称为框架效应。因为这种框架效应的存在，所以在决策过程中问题的表述方式会对决策者的决策行为产生重要影响，因此决策者在做出决策时要尽量避免受其误导。

(4)风险态度

①风险偏好的多样性

行为决策理论认为，决策者在面对风险时，其风险态度并不是一成不变的，而是会受到多种因素的影响，表现出多样性。具体来说，决策者在面对风险时，可能会表现出三种不同的风险态度：风险厌恶、风险寻求和风险中立。风险厌恶是指决策者在面对风险时，更倾向于选择确定性的结果，而不愿意选择具有风险的结果，即使具有风险的结果可能带来更高的收益；风险寻求是指决策者在面对风险时，更倾向于选择具有风险的结果，而不愿意选择确定性的结果，即使具有风险的结果可能带来更低的收益；风险中立是指决策者在面对风险时，对确定性的结果和具有风险的结果持无所谓的态度，只关注结果的预期收益，而不考虑结果的风险程度。

②影响风险态度的因素

行为决策理论认为，决策者的风险态度会受到多种因素的影响，主要包括以下几个方面：一是决策者的个性特征，不同的决策者具有不同的个性特征，这些个性特征会影响决策者的风险态度；二是决策者的经验和知识水平，决策者的经验和知识水平会影响决策者对风险的认知和评估，从而影响决策者的风险态度；三是决策情境的特征，决策情境的特征会影响决策者对风险的感知和评估，从而影响决策者的风险态度；此外，决策情境中的其他因素，如时间压力、社会影响等，也会影响决策者的风险态度。

7.2 典型题(含考研真题)详解

一、单项选择题

1. 根据概念组织的激活扩散模型，概念组织的基础是(   )。[统考2025年研]

A. 原型类比　　B. 逻辑关系　　C. 层次网络　　D. 语义相关性

【答案】D

【解析】激活扩散模型是认知心理学中的一个概念模型，用于解释人类大脑中概念的组织和信息的提取方式，其概念组织的基础是语义相关性。A项，原型类比通常是指在概念形成中，将新的实例与头脑中的原型进行比较来判断是否属于该概念范畴，不是激活扩散模型中概念组织的基础。B项，逻辑关系虽然在概念之间也存在，但激活扩散模型更强调基于语义的自然联系，而不是严格的逻辑关系来组织概念。C项，层次网络是另一种概念组织模型的特点，如柯林斯和奎利恩提出的层次网络模型，它按照概念的上下级关系等层次结构来组织概念，而不是激活扩散模型所强调的语义相关性。D项，在激活扩散模型中，概念是根据它们之间的语义相关性来组织的，也就是说，意义相近或相关的概念在网络中彼此连接，距离较近。当一个概念被激活时，激活会沿着这些语义连接扩散到与之相关的其他概念，使这些相关概念也更容易被提取和加工。例如，当提到“苹果”这个概念时，与它语义相关的“水果”“红色”“甜”等概念也会被激活，因为它们在语义上存在紧密的联系。因此答案选D。

2. 邓克尔的一项研究(K. Duncker)的一项研究要求被试利用一盒火柴、一盒图钉把一根蜡烛安放在墙壁上且要求蜡烛与墙面平行，许多被试不能完成该任务。该研究所反映的

影响问题解决的因素是(　　)。[统考2023年研]

A. 功能固着　　B. 思维定势　　C. 认知风格　　D. 表征方式

【答案】A

【解析】把某种功能赋予某种物体的倾向叫作功能固着。思维定势是活动前的心理准备状态，它对后续的心理活动会产生积极的或消极的影响。认知风格是指个人所偏爱使用的信息加工方式，也叫认知方式。表征方式是指问题的呈现形式。

3. 儿童观看"喜羊羊和灰太狼"动画片后，头脑中浮现的"灰太狼"形象是(　　)。[统考2018年研]

A. 幻想　　B. 表象　　C. 图式　　D. 创造想象

【答案】B

【解析】A项，幻想是指无根据的看法或信念。B项，表象是事物不在面前时，头脑中出现的关于事物的形象。C项，图式是人的大脑中已有的知识经验的网络。D项，创造想象是有意想象的一种，是对已有的感性材料进行深入分析，综合，加工和改造，在头脑中进行创造性的构想。

4. "哺乳动物都是胎生的"，"鲸鱼是哺乳动物"，据此可以推论"鲸鱼是胎生的"。这种推理是(　　)。[统考2017年研]

A. 演绎推理　　B. 逆向推理　　C. 归纳推理　　D. 类比推理

【答案】A

【解析】A项，演绎推理，就是从一般性的前提出发，通过推导即"演绎"，得出具体陈述或个别结论的过程。演绎推理的逻辑形式对于理性的重要意义在于，它对人的思维保持严密性、一贯性有着不可替代的校正作用。B项，逆向推理又称目标驱动推理，它的推理方式和正向推理正好相反，它是由结论出发，为验证该结论的正确性去知识库中找证据。C项，归纳推理(简称归纳)，就是根据一类事物的部分对象具有某种性质，推出这类事物的所有对象都具有这种性质的推理。归纳是从特殊到一般的过程，它属于合情推理。D项，类比推理是根据两个或两类对象有部分属性相同，从而推出它们的其他属性也相同的推理，简称类推、类比。它是以关于两个事物某些属性相同的判断为前提，推出两个事物的其他属性相同的结论的推理。

5. 库柏等人的"心理旋转"实验说明表象具有(　　)。[北京师范大学2017年研]

A. 概括性　　B. 可操作性　　C. 直观性　　D. 旋转性

【答案】B

【解析】表象是指人在头脑中出现的关于事物的形象或者像图画一样的心理表征。库柏等人在研究中每次给被试呈现一个旋转角度不同的字母R，呈现的字母有时是正写的，有时是反写的。被试的任务是判断字母是正写的，还是反写的。结果表明，当呈现字母垂直时(0°或360°)，反应时最短，随着旋转角度的增加，反应时也随着增加，当字母旋转180°时，反应时最长。实验结果说明：被试在完成任务时，对表象进行了心理操作，即他们倾向于把倾斜的字母在头脑中旋转到直立的位置，然后再做出判断；这说明表象具有可操作性。

6. 进行三段论推理时，有时出现错误的结论。例如“有些哲学家是诗人，有些诗人是画家，所以有些哲学家是画家。”伍德·沃斯对这种错误推理的解释是(　　)。[统考2016年研]

A. 前提逻辑量词产生气氛影响人的结论

B. 没有根据前提建立更多的心理模型

C. 在推理中过程中没有集中注意力

D. 个体错误地解释了前提

【答案】A

【解析】伍德·沃斯认为，在三段论推理中，前提的性质所造成的气氛引导人们得出一定的结论。具体地说，就是两个肯定前提使人得出肯定结论，两个否定前提使人得出否定结论，而一个肯定前提和一个否定前提则使人倾向于做出否定结论，前提所使用的逻辑量词(如所有、一些等)产生一种“气氛”，使人们容易接受包含有同一逻辑量词的结论，但是这样的逻辑推论所得出的结论不一定正确。题中推理的错误主要是由于逻辑量词产生的气氛效应。

7. “小赵比小王聪明，小王比小李聪明”，据此得出“小赵最聪明”的结论。该推理属于(　　)。[统考2015年研]

A. 演绎推理　　B. 归纳推理　　C. 类比推理　　D. 概率推理

【答案】A

【解析】题干中所给予的两个前提说明了三个逻辑项之间的可传递性，三个逻辑项之间有线性的特点，是线性推理，属于演绎推理。演绎推理是指根据一般原理推出新结论的思维活动。演绎推理包括三段论推理、线性推理、条件推理。B项，归纳推理是指从具体事物或现象中归纳出一般规律。C项，类比推理是指根据两个或两类对象有部分属性相同，从而推出它们的其他属性也相同的推理。D项，概率推理是指根据事物发生的可能性来进行的推理，属于归纳推理方法。

8. 司机可以边开车边听音乐，能够解释这种现象的最恰当的理论是(　　)。[统考2013年研]

A. 衰减理论　　B. 过滤器理论　　C. 反应选择理论　　D. 认知资源理论

【答案】D

【解析】认知资源理论把注意看作一组对刺激进行归类和识别的认知资源或认知能力。这些认知资源是有限的，对刺激的识别需要占用认知资源，输入刺激本身并不能自动地占用资源，而是认知系统内存在一个机制负责资源的分配。这一机制是灵活的，可以受我们的控制。认知资源理论解释了注意是如何协调不同的认知活动的。例如，对一个熟练司机来说，开车是一件很容易的事，所以他可以毫无困难地边开车边听音乐。

9. 爱因斯坦说：“在我的思维结构中，书面的或口头的文字似乎不起任何作用，作为思维元素的心理的东西是一些记号和有一定明晰程度的意象，由我随意地再生和组合……”这段话体现的主要思维种类是(　　)。[统考2013年研]

A. 动作思维　　B. 形象思维　　C. 抽象思维　　D. 常规思维

【答案】B

【解析】按照思维任务的性质、内容和解决问题的方法，可将思维分为直观动作思维、形象思维和逻辑思维。直观动作思维依赖于实际操作来解决问题；形象思维借助于表象来解决问题；逻辑思维面临的是理论性质的任务，又要依赖于概念、理论知识来解决问题。常规思维是运用已经获得的知识经验，按照现成的方案和程序直接解决问题的思维。题干中提到了"……意象，由我随意的再生和组合……"，"意象"其实就是表象，借助表象进行的思维是一种形象思维。因此答案选 B。

10. "夜来风雨声，花落知多少"，反映了思维的（　　）。[华东师范大学 2013 年研]

A. 概括性　　B. 深刻性　　C. 独立性　　D. 间接性

【答案】D

【解析】思维的间接性是指人们借助于一定的媒介和一定的知识经验对客观事物进行间接的认识，即通过倾听风雨的声音就可推断花落。

二、概念题

1. 心理定势[中国人民大学 2020 年研]

答：心理定势，又译心理定式，也称心向，是指一种活动的准备状态或行为倾向，通常是意识不到的。定势对人的心理活动的影响既有积极的促进作用，也有消极的干扰作用。定势有助于认知思维活动的迅速、敏捷而有效地进行；但同时，定势会使创造性思维活动受到限制，难以突破旧框架，或使思维僵化缺乏灵活性，甚至造成认知的歪曲反映。破除定势消极影响的办法要具体情况具体分析，一旦发现自己以习惯的方式解决问题发生困难时，不要执意固守，应换一种思路，寻求新方法。

2. 功能固着[吉林大学 2019 年研]

答：功能固着是人们把某种功能赋予某种物体的倾向。在功能固着的影响下，人们不易摆脱事物用途的固有观念，因而直接影响到人们灵活地解决问题。克服功能固着需要人们灵活机智地使用已有的工具或材料，使之服务于解决问题的目的，这称之为功能变通。

3. 远距离联想测验[南京大学 2017 年研]

答：远距离联想测验是由萨乐诺夫・梅德尼克在 1960 年前后设计的一种研究创造力问题的测验。通常，提供几个相隔较远的词组，猜测它们共同的关联词。远距离联想能力是创造性的一种构成成分。远距离联想能力高的人能够根据某些标准把互不相关的概念联系起来，形成一种新的联想。

4. 创造性[首都师范大学 2014 年研]

答：创造性，又称创造力，是指个体不受成规的束缚而能灵活运用知识、经验，产生新思想，或发现和创造新事物的能力。它是成功完成某种创造性活动所必需的心理品质。作为其重要成分的发散思维，在一定程度上反映了创造能力的高低。人在进行创造性活动时，既需发散思维，也需聚合思维，任何成功的创造性都是这两种思维整合的结果。

5. 表象［苏州大学2013、2012年研］

答：表象是指事物不在面前时，人们在头脑中出现的关于事物的形象。从信息加工的角度来讲，表象是物体或事件的一种知识表征，这种表征具有鲜明的形象性。表象具有直观性、概括性和可操作性等特点。表象为概念的形成提供了感性基础，并有利于对事物进行概括的认识；同时，表象也促进了问题解决。

6. 发散思维［南开大学2012年研；苏州大学2012年研］

答：发散思维，又称求异思维、分散思维、辐射思维，是指从一个目标出发，沿着各种不同途径去思考，探求多种答案的思维，其主要特点是求异与创新。这种思维无一定方向和范围，不墨守成规，不囿于传统方法，是由已知探索未知的思维。思维的变通性（思维灵活、能随机应变）、流畅性（思维敏捷、反应迅速）和独特性（对问题能提出超乎寻常的、独特、新颖的见解）是发散思维的三个主要特点。

7. 演绎推理与归纳推理［西南大学2012年研］

答：①演绎推理是指从一般知识前提到特殊知识结论的思维活动，一般是根据某个或某些假设为真的论断而得到新的结论。三段论推理、条件推理和线性推理是演绎推理的重要形式。

②归纳推理是指从特殊知识前提到一般知识结论的推断，即从具体事物或现象中归纳出一般规律。归纳是人类思维活动的重要形式，归纳推理与其他思维形式一起在问题解决和学习活动，尤其在概念形成、概念与行为的联结、将感觉和记忆信息结合到知觉中去等方面，都起了重要的作用，归纳推理是一个人认知发展和智力水平的重要指标。

三、简答题

1. 简述表象的含义及特征。［统考2019年研］

相关试题：

①简述表象及其特点。［吉林大学2019年研］

②简述表象的特征。［中央财经大学2018年研］

答：表象是指事物不在面前时在头脑里出现事物的现象。按照信息加工的特点，表象是指对当前不存在的物体或事件的一种知识表征，这种表征具有鲜明的形象性，表象为概念形成提供了感性基础，能够促进问题的解决。

表象主要有以下三个特征：

（1）直观性

表象是以生动具体的形象在头脑中出现的。人头脑中产生某种事物的表象，就好像直接看到或者听到这种事物的某些特征一样。它是过去感知过的事物的形象在头脑中的再现，它在直觉的基础上产生，但又不像直觉，它比较暗淡模糊、不稳定、不完整。例如，一棵树的表象不如树的知觉形象鲜明，它的形状、颜色和大小都不很清楚，而且表象的浮现常常不很完整，我们一会儿想到树干、一会儿想到树枝等。

（2）概括性

表象是人们多次知觉的结果，它不表征事物的个别特征，而是表征事物的大体轮廓和主要特征，因此表象具有概括性。例如，“大象”的表象，可能只是长鼻子、大耳朵、深灰色的毛皮、庞大的身体等主要的外部特征。这些特征代表了“大象”的一般的、概括的形象，而不包含大象的某些个别特征。可见，表象是关于某个事物或某类事物的概括形象。

(3) 可操作性

由于表象是知觉的类似物，因此人们可以在头脑中对表象进行操作，这种操作就像人们通过外部动作控制和操作客观事物一样。谢博德和库珀所做的“心理旋转”实验，证明了表象是可以被操纵的。倾斜的角度越大，旋转时操作所需的时间越长。

2. 简述影响问题解决的心理因素。［西南大学 2021、2019 年研；华东师范大学 2013 年研；西南大学 2012 年研］

答： 问题解决是由一定的情景引起的，按照一定的目标，应用各种认知活动、技能等，经过一系列的思维操作，使问题得以解决的过程。

影响问题解决的心理因素主要有：

(1) 知识因素

知识因素造成专家和新手的区别。专家是指在某一领域具有丰富知识的人，他们比新手解决专业领域的问题要容易。也就是说，在知识数量上以及知识组织方式上的差别是造成问题解决效率不同的主要原因。

(2) 问题表征的方式

问题的表征方式能影响问题的解决。问题表征不同，问题解决的效果就会不同。例如，在解答高考数学题时，如果你把问题理解错了，那么解题就会失败。

(3) 无谓的限制

有效的问题解决需要明确问题的已知条件或者限定条件，但有时人们会人为地给自己设定不必要的条条框框。

(4) 定势

定势是指重复先前的心理操作所引起的对活动的准备状态。它的影响有积极的，也有消极的。破除定势消极影响的办法要具体情况具体分析，一旦发现自己以习惯的方式解决问题发生困难时，不要执意固守，应换一种思路，寻求新方法。

(5) 功能固着

人们把某种功能赋予某种物体的倾向称为功能固着。在解决问题的过程中，人们能否改变事物固有的功能以适应新的问题情景的需要，常常成为解决问题的关键。在功能固着的影响下，人们不易摆脱事物用途的固有观念，因而直接影响到人们灵活地解决问题。克服功能固着需要人们灵活机智地使用已有的工具或材料，使之服务于解决问题的目的，这称之为功能变通。功能变通与功能固着的作用相反。要具有这种能力，一方面需要有丰富的知识，要熟悉物体的不同功能，另一方面也要具有思维的灵活性。

(6) 动机

人们对活动的态度、社会责任感、认识兴趣等，都可以成为发现问题的动机，影响到问题解决的效果。动机的强度不同，影响的大小也不同。动机强度与解决问题效率之间的关系可以用一条倒 U 形曲线来说明。它表明在一定的范围内解决问题的效率，随动机强度的增高而上升，中等强度的动机是解决问题的最佳水平。超过一定的限度，提高动机的水平，反而会降低解决问题的效率。

(7)情绪

情绪对问题解决有一定的影响，紧张、惶恐、烦躁、压抑等消极的情绪会阻碍问题的解决，而乐观、平静、积极的情绪将有助于问题的解决。

(8)人际关系

人处在一个复杂的社会中，解决问题不仅受个人心理因素的影响，也会受到人们之间相互关系的影响。例如，人在解决问题时，往往要求与周围的人的方式一致，这种现象称从众现象。团体内互不信任、人际关系紧张会妨碍问题的解决。

3. 简述有关决策的前景理论(Prospect theory)的主要观点。[北京师范大学2017年研]

相关试题：根据决策过程的启发法，试论述如何成功推广一款定位于中高端的新饮料。[综合题，南京大学2017年研]

答：卡尼曼等人提出的决策的前景理论力图描述人们是如何进行决策的。基本观点之一是：大多数人在面临获得的时候是"风险规避"的，而在面临损失的时候是"风险偏好"的，并提出人在决策时采用的三种启发策略，包括代表性启发法、易得性启发法、锚定和调整启发法。

(1)代表性启发法

代表性启发法是指人们估计事件发生的概率时，受它与其所属总体的基本特性相似性程度的影响。

(2)易得性启发法

易得性启发法是指人们倾向于根据事件或者现象在记忆中获得的难易程度来评估其概率的现象，即根据事件或现象在记忆中是否容易提取到来做判断和决策。

(3)锚定和调整启发法

锚定和调整启发法是指人们根据给定的信息做出最初的估计后，以后根据当前的问题对最初的估计做出调整，但是调整的幅度不大。这里最初的估计值相当于锚定，以后的调整是在锚定基础上的微调。

以上三种启发法对决策是有帮助的，它使人们利用已有知识经验快速决策，但是采用这些启发法也可能导致决策的偏差。

4. 简述创造性思维和一般思维的区别。[南开大学2015年研]

答：(1)两者的概念

①一般思维

又称常规思维或再造性思维，是指人们运用已获得的知识经验，按现成的方案和程序直接解决问题。这种思维的创造性水平低，对原有的知识不需要进行明显的改组，也没有创造出新的思维成果。

②创造性思维

是一种重新组织已有的知识经验，提出新的方案或程序，并创造出新的思维成果的思维活动。创造性思维是人类思维的高级形式。许多心理学家认为，创造性思维是多种思维的综合表现。它既是发散思维与辐合思维的结合，也是直觉思维与分析思维的结合，它包括理论思维，又离不开创造想象等。

(2)创造性思维与一般思维的区别

创造性思维之所以有别于一般思维而成为一种新的思维形式的主要特点是，思维形式的反常性，思维过程的辩证性，思维空间的开放性，思维成果的独创性和思维主体的能动性。

①思维形式的反常性

因为创造性思维主要不是对现有概念、知识的循环渐进的逻辑推理的结果和过程，而是依靠灵感、直觉或顿悟等非逻辑思维形式，因此创造性思维相比于一般思维经常会出现思维发展的突变性、跨越性或逻辑的中断。

②思维过程的辩证性

创造性思维既包含抽象思维，又包含非逻辑思维；既包含发散思维，又包含收敛思维；既有求同思维，又有求异思维等。由此形成创新思维的矛盾运动，从而推动创新思维的发展。创新思维实际上是各种思维的形式的综合体。而一般思维不具备多种形式。

③思维空间的开放性

创造性思维需要从多角度、全方位、宽领域地考察问题，形成开放式思维，而不像一般思维那样局限于逻辑的、单一的、线性的思维。

④思维成果的独创性

这是创造性思维的直接体现或标志，常常具体表现为创新成果的新颖性及唯一性。

⑤思维主体的能动性

创新思维是创新主体的一种有目的的活动，而不是客观世界在人脑内简单、被动的反映，充分显示了人类活动的主动性和能动性。

5. 简述有利于问题解决的方法。[华中师范大学2014年研]

答：问题解决的方法(或策略)有如下几种：

(1)算法

算法策略类似于一些公式和程序，如果运用得当，它能一步一步地导向问题的解决。一般来讲计算机都是使用算法策略解决问题的。其优点是它能够保证问题的解决。但采用这种策略在解决某些问题时需要大量的尝试，因此费时费力，而且当问题复杂、问题空间很大时，人们很难依靠这种策略来解决问题。另外，有些问题也许没有现成的算法或尚未发现其算法，对这种问题算法策略将是无效的。

(2)启发法

启发法是人根据一定的经验，在问题空间内进行较少的搜索，以达到问题解决的一种方法。启发法不能完全保证问题解决的成功，但用这种方法解决问题较为省时省力。主要有如下几种：

①手段－目的分析

手段－目的分析就是将需要达到的问题的目标状态分成若干子目标，通过实现一系列的子目标最终达到总目标。它的基本步骤是：a. 比较初始状态和目标状态，提出目标；b. 找出完成第一个子目标的方法或操作；c. 实现子目标；d. 提出新的子目标，如此循环往复，直至问题的解决。

手段－目的分析是一种不断减少当前状态与目标状态之间的差别而逐步前进的策略。但有时，人们为了达到目的，不得不暂时扩大目标状态与初始状态的差异，以便最终达到目标。

在日常生活中，手段－目的分析是人们比较常用的一种解题策略，它对解决复杂的问题有重要的应用价值。

②逆向搜索

逆向搜索就是从问题的目标状态开始搜索直至找到通往初始状态的通路或方法。逆向搜索更适合于解决那些从初始状态到目标状态只有少数通路的问题，一些几何类型问题较适合采用这一策略。

③爬山法

爬山法是类似于手段－目的分析法的一种解题策略。它是采用一定的方法逐步降低初始状态和目标状态的距离，以达到问题解决的一种方法。这就好像登山者，为了登上山峰，需要从山脚一步一步登上山峰一样。

爬山法与手段－目的分析法的不同在于后者包括这样一种情况，即有时人们为了达到目的，不得不暂时扩大目标状态与初始状态的差异，以便最终达到目标。

6. 为什么说思维是一种高级的认知活动?

答：(1)思维是借助语言、表象或动作实现的、对客观事物概括的和间接的认识，是认识的高级形式。它能揭示事物的本质特征和内部联系，并主要表现在概念形成和问题解决的活动中。

(2)思维不同于感觉、知觉和记忆。感觉、知觉是直接接受外界的刺激输入，并对输入的信息进行初级的加工。记忆是对输入的刺激进行编码、存储、提取的过程。而思维则是对输入的刺激进行更深层次的加工。它揭示事物之间的关系，形成概念，利用概念进行判断、推理，解决人们面临的各种问题。所以说，思维是一种高级的认知活动。

7. 简要评价概念形成的理论。

答：概念形成的两种理论为假设检验说和样例学习说。

(1)假设检验说

①理论内容

假设检验说由布鲁纳等人提出。该理论认为，概念形成的过程是不断提出假设、验证假设的过程。被试根据对实验材料的分析、综合与主试提供的反馈，提出了种种假设，当某种假设被证明是正确的，概念也就形成了。

②评价

布鲁纳等人所做的实验，由于它的概括实验性质，对条件可以做严格控制，对概念形成的了解带来了不少重要的参考资料，被认为是经典性的概念形成研究实验，它开拓并启发了现代心理学对概念的许多研究。假设验证理论能够应用实验的方式较好地解释人工概念的形成过程。但是，人工概念形成的研究有重大的缺点，即带有极大的人为性质。在自然概念的形成研究方面，它受到了生态学理论的挑战。因此，这方面的研究结果应用到实际方面有一定的距离。

(2)原型理论

①理论内容

原型理论是由茹什提出的。他认为，在掌握概念时，不是掌握它的一个或者几个定义性特征，而是通过接触具体的实例形成概念的原型。原型是指概念范畴中最能代表该范畴的典型成员。形成概念就是在头脑中形成概念的原型。在归类时，把某一具体实例与原型进行比较，根据实例和原型相似度，判断具体实例是否属于某一概念范畴。

②评价

茹什的原型理论相较于传统概念理论，更符合人们日常认知，很好地解释了范畴边界的模糊性和成员地位的不平等；人们以原型为参照进行概念判断和归类，无需记忆所有成员特征，体现了认知经济性，能提高认知效率。但是，原型具有文化相对性，不同文化中的原型可能不同，这影响了理论的普适性；对“道德”“民主”等复杂抽象概念，难以确定原型，无法仅靠原型和相似性来解释；而且没有充分考虑概念会随情境、时间、经验等因素变化，难以精准界定概念和范畴成员。

第8章 语 言

8.1 复习笔记

【知识框架(庖丁解牛)】

- 语言
  - 语言概述
    - 定义
    - 特征
    - 结构
    - 组织规则
    - 与其他认知能力的关系
    - 神经基础
  - 口头语言的加工
    - 口语理解
    - 口语产生
    - 神经机制
  - 书面语言的加工
    - 书面语言理解
    - 词汇识别
    - 句子理解
    - 语篇理解
    - 书面语言的产生
    - 书面语言理解的神经机制
  - 双语的加工
    - 相关概念
    - 双语的类型
    - 双语的心理表征
    - 双语加工的抑制控制机制
    - 双语加工与其他认知加工的关系
    - 双语的神经表征

【复习向导(切中肯綮)】

本章重要考点及要求：了解语言的定义、特征、结构、组织规则、神经基础等；掌握语言与其他认知能力的关系。了解口头语言的加工、书面语言的加工的相关知识；重点掌握口头语言的加工过程以及书面语言的加工的词汇识别、句子理解、语篇理解的过程；掌握书面语言理解的神经机制。了解双语的加工；掌握双语认知优势效应。

【考点难点归纳(游刃有余)】

考点一、语言概述

表 8－1　语言概述

要点	具体内容	
定义	是人类通过高度结构化的声音组合，或通过书写符号和手势等构成的一种符号系统。同时，也是运用这种符号系统交流思想的行为，属于一种社会现象	
特征	结构性；指代性；创造性；社会性	
结构	音位(能够区分意义的最小语音单位)、语素(最小的音义结合单位)、词(可以独立运用的最小单位)、句子(独立表达比较完整语义的语言结构单位)	
组织规则	语音规则	是将一个个单独的音位组合成音节的规则
	正字法规则	将字母或笔画、偏旁部首组合成文字的规则
	句法规则	将词或短语组织起来构成句子的规则
与其他认知能力的关系	①萨丕尔－沃尔夫假设，又称语言相对论假设：语言决定了人们的思维以及知觉世界的方式。 ②经过修订的语言相对论假设：语言会影响而非决定人们的思维和知觉世界的方式。 ③“现代语言学之父”乔姆斯基普遍语法理论： a. 语言能力一部分是先天的，是生物遗传和进化的结果；儿童习得语言是生来具有的语言获得装置发挥作用的结果； b. 所有的语言都遵循普遍语法； c. 不同的语言之间存在的具体差异可以通过在普遍语法的基础上增加具体参数来描述，这些参数是在语言习得的过程中通过接触母语习得的	
神经基础	语言的定位观	①威尔尼克－格施温德模型：布洛卡区主要负责语言的表达功能，如受损则引发“表达性失语症”；威尔尼克区主要负责语言的理解功能，如受损则引发“感觉性失语症”；弓状纤维束主要负责布洛卡区和威尔尼克区之间的信息传递和交流，如受损则引发“传导性失语症”。 ②语言的半球优势假说：人类大脑的左右半球在功能上存在不对称性，在语言处理中，左半球比右半球更有优势
	语言的脑网络观	语言功能可能不是由某个或几个孤立的脑区单独表征或加工的，而是由很多不同的脑区组成的脑网络实现的，这就是语言的脑网络观

【习题精选】

举例说明语言与其他认知功能的关系。

思路点拨：可以从语言与感知觉、记忆、思维这些认知功能的关系来举例说明。

参考答案：

语言是人类最重要的认知功能之一，与其他认知功能密切相关、相互影响。具体如下：

(1)语言与感知觉

①感知觉为语言提供基础

感知觉是人们获取外界信息的重要途径，为语言的产生和发展提供了丰富的素材。个体通过视觉、听觉、触觉等感知觉系统，认识周围的世界，如分辨不同的颜色、形状，识别各种声音等，这些感知经验为语言奠定了基础，有了这个基础，个体就会尝试用声音来表达自己所感知到的事物和体验。

②语言影响感知觉的加工

语言一旦形成，就会对感知觉的加工过程产生重要影响。语言可以引导人们的注意力，影响人们对感知信息的选择、组织和解释。

(2)语言与记忆

①语言对记忆的编码和存储有重要作用

语言是人们进行记忆编码和存储的重要工具之一。通过语言，人们可以将感知到的信息进行分类、组织和概括，从而以更高效、更有序的方式将信息存储在记忆中。

②记忆对语言的学习和使用也有重要影响

记忆是语言学习和使用的基础。在语言学习过程中，学习者需要通过记忆来掌握大量的词汇、语法规则和语言表达方式等知识；同时，在语言使用(口语表达或书面写作)过程中，人们需要从记忆中提取相关的词汇、语法规则和语言表达方式等知识，并将其运用到实际的语言表达中。如果记忆出现问题，如记忆力减退、遗忘等，就会对语言的学习和使用产生不利影响，导致学习者在语言学习过程中遇到困难，或者在语言使用过程中出现表达不准确、不流畅等问题。

(3)语言与思维

①语言是思维的工具，影响思维的方式和内容

语言为思维提供了一种符号系统，使人们能够对客观世界进行抽象、概括和分类，从而更深入、更全面地认识世界。不同的语言结构和表达方式会影响人们的思维方式和习惯；语言中的词汇和概念系统也会影响人们的思维内容和认知范畴。

②思维对语言的发展和运用也有重要的制约作用

思维的发展水平和认知能力会影响语言的发展和演变，特别是在儿童语言发展的过程中，儿童的思维能力随着年龄的增长而逐渐提高，这也促进了儿童语言的不断发展和完善；此外，思维的方式和内容也会影响语言的运用和表达效果，在实际的语言交流中，人们需要根据不同的语境和交流目的，运用合适的思维方式和语言表达方式来进行沟通和交流。

总而言之，语言与其他认知功能相互依存、相互促进，共同构成了人类复杂而丰富的认知世界。

考点二、口头语言的加工

表8-2 口头语言的加工

要点	具体内容	
口语理解	定义	是指人们在口语交流中借助听觉输入的语音，在头脑中主动、积极地建构意义，从而理解他人所表达的意思的过程
	特点	瞬时性、即时性、连续性、变异性与不变性

续表

要点		具体内容
口语理解	过程	①语音识别：语音感知(对语音的基本物理属性进行正确感知)→音位识别(人的听觉器官将语音感知为基本的语言单元)→对语音进行切分(切分出来的语音要能够组成词)；从而识别音节，获得语音的知觉表征。 ②词汇识别：在语音的知觉表征基础上在心理词典中查找对应的词条，从而获取语音、语义等信息
	影响因素	信噪比的影响；音位的类别知觉；语境的作用
口语产生	计划过程	包括两个阶段：激活心理词典中的语义表征，然后选择对应的词条，即词条选择。第二个阶段是获取词条的音韵表征，进行语音计划，为发音做准备，即音韵编码
	发音运动过程	生成发音模式指令，并由大脑发送给发音运动系统来执行
神经机制	希科克和珀佩尔提出双通路理论，认为口语理解是一个包含多种认知成分和多个加工阶段的过程，左右半球的多个脑区都参与其中	

考点三、书面语言的加工

表 8－3　书面语言的加工

要点		具体内容
书面语言理解	定义	是指人们在书面表达中借助视觉输入的文字，在头脑中主动、积极地建构意义，从而理解文本所表达的意思的过程
	特点	持久性、离散性、变异性、稳定性
词汇识别	过程	词形加工(即人脑对词汇的外在形式，如字母组合(拼音文字)或笔画结构(汉字)进行感知、分析和处理的过程)→形音转换(即人脑将词汇的视觉形式——词形转换为对应的听觉形式——语音的过程)→语义通达(即人脑获取词汇所代表的意义的过程)
	影响因素	词汇的使用频率；字母长度或笔画数量；语义特征；词汇的习得年龄；语境
句子理解	过程	①根据句法规则对句子进行切分，从看到第一个词就开始加工，一旦词条被识别，与它相关的各种语义、句法信息都会被通达，并不断地整合在一起来表征句子。 ②句子理解的过程是不断增加新的词汇、不断调整和补充句子表征的过程
	影响因素	语义和语用信息；对句子成分的预测
语篇理解	过程	在语篇理解的过程中，读者会建立起字词水平的表层表征、语义水平的文本基础表征和语篇水平的情境模型三个层次的表征
	影响因素	①推理：在语篇已有信息的基础上增加信息，或者在语篇的不同成分间建立联结。 ②图式：由空位组成，只有将一个个具体的内容填充到空位中，文本才能被理解，图式能够预期各种空位的存在，对记忆中的各种信息进行有效组织，并对新输入的信息进行选择性加工。 ③策略：对图式的有效使用
书面语言的产生	通过书写的方式把所要表达的思想写出来的心理过程	

续表

要点	具体内容
书面语言理解的神经机制	阅读过程中的形、音、义加工都会激活广泛分布的众多脑区。在特定的加工任务中，发挥优势作用的脑区却有所区别。 ①前阅读系统，位于左侧额下回的布洛卡区，主要与形－音映射有关，负责对输入词汇的语音进行编码。 ②后阅读系统，可分为： a. 腹侧通路：包括视觉词形识别区，位于颞叶和枕叶交界处的梭状回的脑结构上；腹侧通路还负责不规则词的加工，故又称词汇通路；在视觉词汇信息经过视觉感知后，词汇通路通过正字法表征激活心理词典完成词汇的语义加工；表层阅读障碍患者一般是词汇通路受损而亚词汇通路正常，表现为命名规则词和命名非词的速度快于命名不规则词的速度； b. 背侧通路：包括颞中回、颞上回、角回、缘上回等，其中，颞中同则主要与语义分析有关，颞上回、角回、缘上回主要与语音分析有关；背侧通路还负责规则词的加工，故又称亚词汇通路；在视觉词汇信息经过视觉感知后，亚词汇通路通过形－音转换完成词汇的语音加工；语音阅读障碍患者一般是亚词汇通路受损而词汇通路正常，表现为识别真词的速度快于识别非词

【习题精选】

对比分析书面语言理解与口语理解过程的区别和联系。

思路点拨：书面语言理解和口语理解是人类语言交流的两种重要形式，它们在很多方面既有区别又存在联系。书面语言理解和口语理解在感知方式、语言呈现特点、辅助信息、即时性以及个体差异等方面存在明显区别，但它们又基于相同的语言基础，有着一致的理解目的，并在人们的语言学习和使用过程中相互影响、相互促进。了解它们的区别和联系，有助于我们更好地掌握和运用这两种语言交流形式，提高我们的语言理解能力和沟通交流能力。

参考答案：

(1)书面语言理解和口语理解的区别

①感知方式

书面语言主要通过视觉系统来感知，读者需要识别文字的形状、结构和排列顺序等，进而获取信息。

口语理解依赖听觉系统来接收语音信息，听者要分辨语音的音调、音色、音长以及重音、语调等特征，从而理解说话者的意图。

②语言呈现特点

书面语言相对正式、规范，语法结构完整，用词准确。书面语言通常有较多时间进行推敲和修改，所以逻辑性更强，层次更分明。

口语理解较为随意、灵活，语法结构相对简单，有时甚至会出现不完整的句子、省略、重复等现象。口语表达更注重即时性和交流的流畅性，说话者可能会根据当时的情境、情绪和交流对象等因素，灵活调整语言表达方式。

③理解过程中的辅助信息

书面语言理解过程中主要依靠文字本身所传达的信息，辅助信息相对较少。虽然书面语言可以通过标点符号、排版格式等方式来传达一定的语气、情感和逻辑关系，但这些辅助信息的表达相对有限。

口语理解除了语音信息外，还能借助大量的非语言信息来帮助理解，如说话者的面部表情、肢体动作、眼神交流、语速、语调、语气以及当时的交流情境等。这些非语言信息可以传达丰富的情感、态度和意图，对口语理解起到重要的补充和辅助作用。

④理解的即时性和时间压力

读者在理解书面语言时，通常有相对充裕的时间来反复阅读、思考和分析文字内容，以便更好地理解作者的意图和文章的含义。读者可以根据自己的阅读速度和理解能力，灵活调整阅读节奏，对难以理解的部分可以多次阅读，查阅相关资料，进行深入思考和分析，直到完全理解为止。

听者在口语交流时需要在短时间内迅速理解说话者所传达的信息，并做出相应的反应，因为口语交流具有很强的即时性，这种即时性给听者带来了较大的时间压力，要求听者具备较高的听力理解能力、语言分析能力和信息处理能力，能够在瞬间对听到的语音信息进行解码、分析、理解和记忆，并根据当时的交流情境和说话者的意图，迅速做出合适的反应。

⑤理解的个体差异

对于书面语言理解，个体的阅读能力、知识储备、文化背景、阅读习惯和兴趣爱好等因素，都会对书面语言的理解产生影响。

对于口语理解，个体的听力水平、语言能力、知识经验、文化背景、情感状态和交流情境等因素，都会对口语理解产生影响。

(2)书面语言理解和口语理解的联系

①语言基础相同

书面语言和口语都以人类的语言系统为基础，遵循共同的语言规则，如语法、词汇、语义等。无论是书面表达还是口语表达，都需要运用正确的语法结构来组织句子，使用恰当的词汇来表达意思，并遵循语义规则来确保信息的准确传达。

②理解目的一致

书面语言理解和口语理解的最终目的都是为了获取信息、理解对方的意图，并在此基础上进行有效的沟通和交流。无论是阅读一篇文章还是聆听一场演讲，我们都希望通过对语言的理解，掌握作者或演讲者所传达的观点、信息、情感等内容，从而与对方建立起有效的沟通和交流。

③相互影响与促进

书面语言和口语在人们的语言学习和使用过程中相互影响、相互促进。一方面，口语是书面语言的基础，口语的表达方式、词汇运用、语法结构等都会对书面语言产生影响；另一方面，书面语言对口语也具有重要的规范和引导作用。书面语言通常经过更加严谨的推敲和规范，具有较高的准确性、规范性和逻辑性，因此，书面语言中的词汇、语法、表达方式等往往会成为口语学习和使用的标准和范例，对口语的发展和规范起到重要的引导作用；同时，书面语言中所传达的思想、文化、价值观等内容，也会对口语交流产生影响，使口语交流更加富有内涵和思想性；此外，随着现代信息技术的发展，书面语言和口语之间的界限变得越来越模糊，它们之间的相互影响和促进作用也变得越来越明显。

考点四、双语的加工

表8－4　双语的加工

<table>
<tr><th>要点</th><th colspan="2">具体内容</th></tr>
<tr><td>相关概念</td><td colspan="2">①母语：一个人先学会的语言。
②二语(或三语，……)：后学会的第二种(或第三种，……)语言。
③双语(或多语)：两种(或多种)语言。
④双语者(或多语者)：同时掌握两种(或多种)语言的人</td></tr>
<tr><td>双语的类型</td><td colspan="2">①平衡双语者。
②非平衡双语者：a. 早期双语者；b. 晚期双语者</td></tr>
<tr><td>双语的心理表征</td><td colspan="2">克罗尔等提出修正层级模型，旨在解释双语者在语言加工过程中表现出的不对称现象，以及随着二语水平提高，双语者词汇表征的发展变化</td></tr>
<tr><td>双语加工的抑制控制机制</td><td colspan="2">格林提出双语加工的抑制控制模型，旨在解释双语者如何在两种语言之间进行灵活切换，并抑制非目标语言的干扰，实现对目标语言的选择</td></tr>
<tr><td rowspan="3">双语加工与其他认知加工的关系</td><td>双语经验对执行功能的促进作用</td><td>①认知灵活性。
②抑制能力。
③工作记忆</td></tr>
<tr><td>双语经验对认知老化的延缓作用</td><td>观点一：双语的经验可能会延缓阿尔茨海默病的发病年龄。
观点二：双语的经验可能会弥补延缓阿尔茨海默病部分脑区的功能退化。</td></tr>
<tr><td>双语经验的不利影响</td><td>语言流畅性较差、舌尖现象较多、加工目标语言难度变大</td></tr>
<tr><td>双语的神经表征</td><td colspan="2">与单语者相比，双语者，特别是晚习得的、低熟练度的双语者，其二语加工的偏侧化程度更低；与母语或单语者相比，他们的两半球可能均衡地参与了二语加工，右半球参与得更多一些</td></tr>
</table>

【习题精选】

什么叫双语认知优势效应？学习双语可能的好处是什么？

思路点拨：双语认知优势效应表明，学习双语能够对个体的认知发展产生积极影响，提升执行功能、问题解决能力和元认知能力等。同时，学习双语还在拓宽文化视野、提升社交与职业机会等方面为个人带来诸多好处。在全球化不断深入的今天，学习双语的优势愈发显著，它不仅有助于个人的全面发展，还能为促进不同文化之间的交流与合作，推动人类社会的进步做出贡献。

参考答案：

(1)双语认知优势效应

双语认知优势效应是指与只使用一种语言的单语者相比，熟练掌握两种语言的双语者在某些认知能力上表现出优势的现象。

(2)学习双语可能的好处

①执行功能的提升

执行功能是一组高级认知过程，包括注意力控制、工作记忆、认知灵活性等，这些过程对于个体的目标导向行为、问题解决和自我控制至关重要。研究发现，双语者在执行功能方面往往表现出优势。在日常生活中，双语者需要根据不同的语言环境和交流对象，灵活地切换语言，这就要求他们具备较强的认知灵活性和注意力控制能力。

②问题解决能力增强

双语认知优势效应还体现在双语者的问题解决能力上。由于双语者需要在两种不同的语言系统之间进行切换和转换，这就要求他们具备较强的思维转换能力和分析问题的能力。在面对问题时，双语者能够从不同的语言和文化视角出发，对问题进行更加全面、深入的分析和思考，从而找到更加有效的解决方案。

③元认知能力发展

元认知是指个体对自己的认知过程和结果的意识和控制，它包括元认知知识、元认知体验和元认知监控等方面。研究表明，双语者在元认知能力方面往往表现出优势。在双语学习和使用过程中，双语者需要不断地对自己的语言学习和使用情况进行反思和评估，同时根据自己的评估结果调整自己的学习策略和语言使用方式；同时，在使用语言进行交流时，双语者也需要不断地对自己的语言表达和沟通效果进行反思和评估，根据自己的评估结果调整自己的语言表达方式和沟通策略。这种长期的对自己认知过程和结果的反思和评估，使得双语者提高了自己的认知能力和综合素质。

④拓宽文化视野

语言是文化的重要载体，每一种语言都蕴含着其背后独特的文化内涵、价值观、思维方式、历史传统、风俗习惯等。学习双语意味着能够接触和了解两种不同的文化，从而拓宽自己的文化视野，增强自己的文化包容和理解能力。这种文化包容和理解能力在当今全球化的时代背景下显得尤为重要，它可以帮助我们更好地与不同文化背景的人进行交流和合作，促进不同文化之间的相互理解和尊重，推动人类社会的和谐发展。

⑤提升社交与职业机会

在全球化进程日益加速的今天，世界各国之间的经济、文化、科技等交流与合作越来越频繁。在这种背景下，双语能力成为一种极具价值的技能，它为个人带来了更多的社交和职业机会。从社交方面来看，掌握双语使个人能够与来自不同语言背景的人进行更顺畅、更深入的交流，这种交流不仅有助于个人扩大社交圈子，结识更多不同文化背景的朋友，还能促进不同文化之间的相互了解和融合。从职业方面来看，双语能力为个人提供了更广阔的职业发展空间和更多的职业选择机会，在当今全球化的职场环境中，许多跨国公司、国际组织、外贸企业等都需要员工具备良好的双语能力，以便能够与不同国家和地区的客户、合作伙伴进行有效的沟通和交流，开展国际业务合作，因此，掌握双语的个人在求职过程中往往具有更大的优势，能够更容易地获得这些国际化企业和组织的青睐，从而获得更多的职业发展机会。

8.2 典型题(含考研真题)详解

一、单项选择题

1. 提出语言的先天获得装置的学者是(　　)。[统考 2025 年研]

A. 布洛卡　　B. 沃尔夫　　C. 乔姆斯基　　D. 威尔尼克

【答案】C

【解析】语言的先天获得装置是由美国语言学家乔姆斯基提出的一个理论概念。乔姆斯基认为，人类具有一种先天的、内在的语言获得装置，它是人类大脑中固有的一种生物机制，能够使儿童在接触有限的语言样本的情况下，快速地理解和掌握语言的规则，从而产生和理解无限数量的句子。A项，布洛卡主要贡献是发现了大脑左半球额下回的布洛卡区，与语言的运动表达功能相关，该区域受损会导致运动性失语症。B项，沃尔夫提出了沃尔夫假说，强调语言对思维和认知的影响，认为语言的结构和习惯用法会影响人们对世界的认知和感知方式。D项，威尔尼克发现了大脑左半球颞上回后部的威尔尼克区，该区域与语言的理解功能有关，损伤后会导致感觉性失语症。因此答案选C。

2. 能够区分意义的最小语音单位是(　　)。[统考2023年研]

A. 语素　　B. 词语　　C. 音位　　D. 句子

【答案】C

【解析】音位是能够区别意义的最小语音单位；语素是语言中最小的音义结合单位；词是语言中可以独立运用的最小单位；句子是独立表达比较完整语义的语言结构单位。

3. 人们通过发音器官或手的活动，用言语把所要表达的思想说出来写出来或用手势表达出来的过程叫(　　)。[统考2022年研]

A. 语言知觉　　B. 语言表征　　C. 语言产生　　D. 语言理解

【答案】C

【解析】言语产生也叫言语表达，包括说话、书写和手势语三种形式。

4. 下列关于语言的表述，错误的是(　　)。[统考2015年研]

A. 语言是人际交流中使用的符号系统

B. 音位是语言中可独立运用的最小单位

C. 有限的词语和规则可以产生无限的语句

D. 音位能被组合成语素，语素能被组合成词语

【答案】B

【解析】音位是能够区别意义的最小语音单位；语素是语言中最小的音义结合单位，是词的组成要素；词是语言中可以独立运用的最小单位。在日常口语和书面语的交际过程中，人们自由使用的单位都是词。

5. “语言影响人们的思维方式”，沃尔夫(B. Whorf)提出的这一假设被称为(　　)。[统考2015年研]

A. 语言相对假设　　B. 语言生成性假设

C. 语言概括性假设　　D. 语言交互假设

【答案】A

【解析】沃尔夫提出了著名的语言相对论假设来解释语言和知觉、思维之间的关系，该假设的一种极端的观点认为，语言决定了人们思维以及知觉世界的方式，即说不同语言的人，思考和知觉世界的方式也是不同的。

6. 一名5岁小儿童向怀里抱的布娃娃讲妈妈曾给她讲过的故事，这种语言属于(　　)。[统考2012年研]

A. 对话　　B. 独白　　C. 语言获得　　D. 语言理解

【答案】B

【解析】独白言语是个人独自进行的，与叙述思想与情感有关的，较长且具有连贯性的语言，其表现为报告、讲演、讲课等形式。其特点主要包括：①是说话者独自进行的语言活动；②是一种展开式的语言；③是有准备、有计划进行的语言活动。

二、简答题

1. 简述句子理解的含义及影响因素。[统考2018年研]

答：(1)定义

句子理解是指在词汇理解的基础上，通过对组成句子的各成分的句法分析和语义分析，获得句子语义的过程。

(2)影响因素

①句子的类型

对否定句的理解一般难于对肯定句的理解。汉语句子的验证时间模式和英语材料所得的结果一致，即验证句子的时间依次为：真肯定句 < 假肯定句 < 假否定句 < 真否定句。人们认为这是由于否定句在句法上比肯定句复杂；否定句的加工阶段多于肯定句的加工阶段；否定句比肯定句可能有较多的意义；否定句含义相对不够明确等原因造成的。

②词序

词序可以提供句子理解的线索。

③语境

在语言交际时，语境提供了各种背景知识，能够帮助人们迅速准确地理解语言。语境的重要作用是提供一般性的知识背景。人们根据这些背景知识，就能组织当前的信息，对信息做出解释，并产生期待和预测。

④句法分析与语义分析

句法分析决定人们对句子成分进行如何切分，在语义知识的帮助下，即使出现词序颠倒，人们仍能正确识别句子。

2. 简述大脑皮层的语言区。[中国人民大学2018年研]

答：(1)大脑皮层的语言区

①布洛卡区

布洛卡区分布在左额叶部位，第三额回后部、靠近大脑外侧裂处。布洛卡区能产生详细而协调的发音程序，这种程序被送到相邻的运动皮层相关区域，从而激活嘴、咽、舌、唇和其他与语言动作有关的肌肉。

②威尔尼克区

威尔尼克区分布在大脑左半球颞叶颞上回处。主要作用是分辨语音、形成语义，因而和语言的接受有密切关系。

③角回

角回分布在威尔尼克区上方的顶－枕叶交界处。角回与单词的视觉记忆有密切关系，在这里可以实现视觉与听觉的跨通道联合。角回不仅将书面语言转换成口语，也可将口语转换成书面语言。当看到一个单词时，词的视觉信号先从视觉初级区到达角回，然后转译成听觉的形式；同样，在听到一个单词时，由威尔尼克区所接受的听觉信息，也将送到角回，做进一步处理。

(2)语言区受损引起的失语症

①布洛卡区受损

引发“运动性失语症”，具体表现为患者知道自己想要说什么，但发音困难，会出现“电报式”语言。

②威尔尼克区受损

引发“接受性失语症”，具体表现为患者能正常说话，但不能分辨语音、理解语义；谈吐自如，但话语没有意义。

③角回受损

引发“阅读障碍”，具体表现为患者能正常说话，也能理解口语，但不能理解书面语言，视听之间失去联系，因而不能理解词语意义。

3. 什么是内部言语？内部言语有哪些特点？［统考2013年研］

答：(1)定义

内部言语是一种在外部言语基础上产生的，自问自答或不出声的语言活动，与外部言语息息相关。

(2)特点

①隐蔽性

内部言语是一种不出声的语言形式，但是语言器官发出的动觉信号在内部言语中仍起重要作用。

②简略性

内部言语不是一种直接用于交际的语言，它不存在别人是否理解的问题，因而常常十分简略概括。

4. 说明言语先天性的证据。［北京大学2012年研］

答：言语先天性的有以下一些观点(或证据)：

(1)先天语言能力说

①乔姆斯基认为语言是利用规则去理解和创造的，而不是通过模仿和强化习得的。语法是生成的。婴儿先天具有一种普遍语法，言语获得的过程就是由普遍语法向个别语法转化的过程。这一转化是由先天的语言获得装置(LAD)实现的。

②每个句子都有其深层和表层结构。句子的深层结构(语义)通过转换规则变为表层结构(语音等)，从而被感知和传达。

③1970～1977年美国“人工野孩”吉妮(Genie)的个案研究公布以后，乔姆斯基对其理论补充道，作为言语获得基础的这种先天机制，后天必须及时地暴露于语言的刺激下而被激活，否则就会失败。

（2）自然成熟

勒纳伯格认为，生物遗传是人类获得语言的决定性因素。语言获得是大脑机能成熟的产物，语言获得存在关键期，最容易获得语言的时期是从出生到青春期之间，而如果错过关键期，言语的发展将会受损。根据言语的先天论，言语的习得必须以生理成熟为基础。因此，无论哪个种族的儿童，其言语的发展过程都是极为相似的，都遵循单词句、双词句、简单句、复杂句这样的发展模式。

5. 简述言语发展阶段及特点。［北京大学2012年研］

答：言语发展阶段及各个阶段的特点具体如下：

（1）前言语阶段

在婴儿掌握语言之前，有一个较长的言语发生的准备阶段，称为“前言语阶段”。主要包括以下五个部分：

①妊娠中/后期（5～8个月）

这一时期，胎儿已有了初步的听觉反应和原始的听觉记忆能力，能大致区分出乐音、噪音和语音，并表现出对母亲语音的偏爱。个别胎儿还表现出对语音的辨别和记忆能力。

②新生儿期（0～1个月）

婴儿已能对声音进行空间定位，并能根据声音的物理特征来辨别各种声音的细微差别，表现出对语音的明显偏爱。

③发音游戏期（2～4个月）

婴儿已开始理解言语活动中的某些交往信息，能和成人进行“互相模仿”式的“发音游戏”，能够鉴别区分并模仿成人语音，获得了语音范畴性知觉能力。

④语音修正期（5～9个月）

这一时期的婴儿已能鉴别言语的节奏和语调特征，并开始根据周围语音环境改造修正自己的语音体系。

⑤学话萌芽期（9～12个月）

婴儿已能辨别母语中的各种音素，可以经常系统地模仿和学习新语音，为言语的发生做准备。

（2）言语的发生

①欧美心理学家认为，婴儿说出第一个与某一事物有特定指代关系的母语中的词，标志着言语的发生，时间在出生后的9～11个月。

②我国心理学家认为，婴儿最早说出的具有概括性意义的词，标志着言语的发生，时间大约在11～13个月。由于个体间存在较大的差异，因此婴儿言语发生的时间基本在10～14个月之间。

（3）言语的发展

10～15个月间，婴儿平均每个月掌握1～3个新词。随后掌握新词的速度显著加快，19个月时已能说出约50个词。此后平均每个月掌握25个新词，这就是19～21个月时的“词语爆炸”现象。此后的2个月内，婴儿说出第一批具有一定声调的“双词句”，从而结束了单词句阶段，进入词汇联合和语法生成时期。

三、论述题

1. 试述句子理解的过程及影响因素。

答：(1)句子理解的过程

①词汇加工

a. 视觉识别：当我们看到书面句子时，视觉系统首先对文字进行处理。眼睛的视网膜将文字的光学信息转化为神经冲动，这些神经冲动通过视神经传递到大脑的初级视觉皮层。在初级视觉皮层中，神经细胞对文字的基本特征，如线条、角度、方向和对比度等进行分析和提取；随后，这些信息被传递到更高层次的视觉区域，如枕颞内侧皮层，特别是梭状回区域。梭状回被认为是专门负责处理文字视觉特征的区域，它能够对文字的形状、大小、颜色等更复杂的视觉特征进行分析和整合，从而帮助我们准确地识别出文字的具体形态；

b. 词汇检索与语义激活：在完成文字的视觉识别后，大脑会在词汇记忆库中检索与识别出的文字匹配的词汇表征。词汇记忆库中存储了大量的词汇信息，包括词汇的形式(如拼写、发音)、语义(如词汇所代表的概念、意义)以及语法信息(如词性、词的搭配规则)等。当找到匹配的词汇表征后，大脑会激活与之相关的语义信息。通过词汇检索与语义激活，我们为句子的理解奠定了基础。

②句法分析

a. 确定句子成分：在识别出句子中的各个词汇并激活其语义信息后，大脑会根据句法规则对句子进行句法分析，以确定句子中各个词汇的语法角色和句子的整体结构。这一过程涉及对词汇的词性、句子成分的判断以及语法规则的运用等方面；

b. 构建句法结构：大脑在确定句子中各个词汇的语法角色后，会构建出句子的句法结构。句法结构是句子中各个成分之间的组织和排列方式，它反映了句子的语法规则和语义关系。大脑通常会以一种层次化的方式来构建句法结构，将句子中的各个成分按照其语法功能和语义关系进行分组和排列。通过这种层次化的构建方式，大脑能够清晰地展示句子中各个成分之间的语法关系和语义联系，从而为进一步理解句子的含义提供重要的支持。

③语义分析

a. 词汇语义整合：在构建出句子的句法结构后，大脑会将句子中各个词汇的语义信息进行整合，以形成对句子整体语义的理解。这一过程涉及对词汇语义的关联、融合和推理等方面。大脑会根据句子的句法结构和词汇之间的语法关系，将各个词汇的语义信息进行有机地组合和关联，以构建出句子的整体语义表征；

b. 语义角色分配：在整合词汇语义的过程中，大脑会根据词汇在句子中的语法角色和语义关系，为每个词汇分配相应的语义角色。语义角色是指词汇在句子所表达的事件中所扮演的角色，它反映了词汇与事件之间的语义联系。常见的语义角色包括施事、受事、工具、时间、地点等。通过语义角色分配，大脑能够更加清晰地理解句子所表达的事件的结构和语义关系，从而为进一步深入理解句子的含义和意图奠定基础。

④语境整合与语用推理

a. 语境信息利用：在获得句子的基本语义后，大脑会结合语境信息来进一步理解句子的含义。语境信息包括语言语境和情景语境两个方面。语言语境是指句子所处的上下文环境，包括前后相邻的句子、段落等。语言语境能够为句子的理解提供重要的线索和背景信息，帮助大脑消除句子中的歧义，确定句子中各个词语的具体含义，从而更好地理解句子的整体意义。情景语境是指句子所描述的事件或情境发生时的实际场景和相关背景信息，包括时间、地点、人物、事件的性质和发展过程等。情景语境能够为句子的理解提供更加丰富和具体的背景信息，帮助大脑更好地理解句子中各个词语的含义以及它们之间的关系，从而准确地把握句子所表达的整体意义和交际意图；

b. 语用推理与意图理解：在利用语境信息的基础上，大脑会进行语用推理，以理解说话者的意图。语用推理是指大脑根据句子的语义信息、语境信息以及相关的语用规则和知识，对说话者的意图进行分析、推理和判断的过程。这一过程涉及多个脑区的协同工作，其中前额叶皮层在语用推理中起着至关重要的作用。语用推理是理解说话者意图的关键过程，它能够帮助大脑根据句子的语义信息、语境信息以及语用知识，对说话者的意图进行准确的分析、推理和判断，从而实现有效的语言交流和沟通。

(2)影响因素

句子理解是一个复杂的认知过程，受到多种因素的交互影响。语义和语用信息、对句子成分的预测在句子理解过程中发挥着重要作用，以下为详细介绍：

①语义和语用信息

a. 语义信息构建句子基础意义：语义信息是指词汇和句子所表达的概念和意义。当我们看到一个句子时，首先会识别其中的词汇，并激活这些词汇在我们记忆中所对应的语义信息。语义信息的准确识别和整合是理解句子基础意义的关键，它为我们进一步深入理解句子的含义和意图奠定了基础；

b. 语用信息揭示句子深层含义与意图：在句子理解中，语用信息涉及语言使用的语境、目的和交际意图等方面。语用信息能够帮助我们揭示句子的深层含义和说话者的意图，使我们对句子的理解更加全面和深入。语用信息的一个重要方面是语境信息，包括语言语境和情景语境。语言语境是指句子所处的上下文环境，包括前后相邻的句子、段落等，通过分析语言语境，我们可以获取更多关于句子中词汇和概念的相关信息，从而消除句子中的歧义，准确理解句子的含义；语用信息的另一个重要方面是情景语境，情景语境是指句子所描述的事件或情境发生时的实际场景和相关背景信息，包括时间、地点、人物、事件的性质和发展过程等，通过分析情景语境，我们可以获取掌握更加丰富和具体的背景信息，从而准确地把握句子所表达的整体意义和交际意图。除了语境信息之外，语用信息还包括说话者的意图、目的以及语言使用的规则和惯例等方面。通过分析这些语用信息，我们可以深入理解句子的深层含义和说话者的意图，从而实现更加有效的语言交流和沟通。

②对句子成分的预测

a. 基于语言知识和经验预测句子成分：在句子理解过程中，我们会基于已有的语言知识和经验对句子成分进行预测。这种预测能力是我们在长期的语言学习和使用过程中逐渐形成的，它能够帮助我们更快地理解句子的结构和含义。我们的语言知识包括语法规则、词汇知识和语言习惯等方面；同时，我们的词汇知识也能够帮助我们预测句子成分；此外，我们的语言习惯和文化背景也能够影响我们对句子成分的预测；

b. 预测有助于快速整合句子信息与理解句子：对句子成分的预测在句子理解过程中具有重要的作用，它能够帮助我们快速整合句子信息，从而更加准确、高效地理解句子的含义。

2. 结合自己的体会谈谈语言在人类生活中的重要作用。

答：(1)语言是保存和传授社会历史经验的手段

人类个体的认识和实践，都是以前人的经验为基础的。人类的知识能够保存积累下来，传授给后代，就是因为人掌握了语言这个工具。如果没有这个工具，前人的认识和知识就会随着个体的死亡而消失，每个个体都必须从头开始认识世界。这样，社会就根本不能发展。人类知识经验的传授，有些是口头上代代相传而积累下来，但更主要的是在文字产生以后，通过文字记载下来的。文字记载了几乎整个人类历史的知识经验，它比个体本身的经验丰富得多，可见通过读书获取知识是何等重要。

(2)语言是人们之间进行交际和交流思想的工具

人们利用语言互相传递信息，达到相互了解的目的，语言是把人们联系在一起的纽带。早从人类社会的产生，直至今日的社会生活，各种生产组织、政治协商、知识传授、人际交往，无不通过语言交际来进行。不仅如此，语言交际还是一种艺术。可达到诸如家庭和睦、人际和谐、集体团结的目的。

(3)语言是人类进行思维的武器

无论是具体思维还是抽象思维，只要在个体掌握了语言之后，都是靠概念进行的，而词则是概念的承担者。抽象概念完全存在于词之中；具体思维中虽有较多的形象成分，但在思维活动中仍然以词为支柱。人的思维表现为提出问题、解决问题和陈述所思考的问题和过程，思维活动中的分析、比较、判断和推理，都离不开语言。因此，语言是思维的“物质外壳”，没有掌握语言的个体，其思维是不能进行的。

第3编　行为调节和控制

第9章　动　机

9.1　复习笔记

【知识框架(庖丁解牛)】

- 动机
  - 动机概述
    - 定义
    - 功能
    - 需要
    - 动机与行为
    - 动机的神经机制
  - 生理性动机
    - 定义
    - 饥饿
    - 渴
    - 性
    - 睡眠
  - 社会性动机
    - 定义
    - 成就动机
    - 权力动机
    - 交往动机
    - 兴趣
    - 学习动机
  - 动机理论
    - 本能论
    - 驱力理论
    - 诱因理论
    - 唤醒理论
    - 认知理论

【复习向导(切中肯綮)】

本章重要考点及要求：掌握动机的定义、功能、与行为的关系、动机的神经机制；重点掌握需要的定义、特性、种类；其中马斯洛需要层次理论、耶克斯－多德森定律要能熟练运用。了解生理性动机与社会性动机的相关知识。重点掌握几种动机理论(本能论、驱力理论、诱因理论、唤醒理论、认知理论)。

【考点难点归纳(游刃有余)】

考点一、动机概述

表9-1 动机概述

要点		具体内容
定义		是由目标或对象引导、激发和维持个体活动的一种内在心理过程或内部动力
功能	激活功能	推动个体产生某种行为
	指向功能	使个体的行为指向某个特定目标
	维持和调整功能	行为的坚持
需要	定义	是机体内部的一种不平衡状态,表现为机体对内部环境或外部生活条件的一种稳定的要求,并成为机体活动的源泉,它受许多因素的影响,包括生理状态、情境和认知因素等
	特性	对象性、独特性、阶段性和社会性
	种类	自然需要和社会需要;物质需要和精神需要
	马斯洛的需要层次理论	生理需要、安全需要、归属与爱的需要、尊重的需要及自我实现的需要这由低到高的五个等级是人最基本的、与生俱来的需要
	需要与动机的关系	需要是动机产生的基础;受到意识的调节与控制
动机与行为		①动机与行为的关系:各种不同的动机通过同一种行为表现出来,不同的行为也可能有同一种或相似的动机;在同一个人身上,动机也是多种多样的,其中有些动机占主导地位,为主导动机,有些动机处于从属地位,为从属动机。 ②动机与行为效果的关系:一般来说,动机与效果是统一的,即良好的动机会产生良好的效果,不良的动机则会产生不良的效果;但是,在实际生活中,动机与效果不统一的情况时有发生。 ③动机与行为效率的关系:动机强度与行为效率之间的关系不是一种线性关系,而是倒U形曲线的关系,即中等强度的动机最有利于任务的完成
动机的神经机制		①奖励回路:包括中脑腹侧被盖区、杏仁核以及腹侧纹状体。 ②价值决策的路径:价值决策的神经基础包括前额叶皮层、纹状体、杏仁核、岛叶在内的皮层和皮层下结构的广泛网络。 ③目标导向控制的神经网络:扣带回前部皮层和背外侧前额叶皮层

【拓展延伸】

意志行动中的动机冲突

个体的行为都有其目的,如果个体想要达到的目的不止一个,而且想达到的不同目的之间又有矛盾,即不能同时都达到的时候,就出现了动机的冲突。

动机冲突有以下几种:

①双趋式冲突:遇到两个具有同样吸引力,又具有同样强度的目标,但两个目标不能

同时都获得，只能选择其中一个时，这种冲突叫作双趋式冲突。“鱼和熊掌不能兼得”时遇到的矛盾冲突称为双趋式冲突。

②双避式冲突：两个目标都想避开，但只能避开一个，只好选择避开对自己损失小的目标，这种冲突称为双避式冲突。

③趋避式冲突：想获得一个目标，但它对自己既有利又有弊，这时产生的矛盾心理称为趋避式冲突。

④多重趋避式冲突：多个目标，每个目标对自己既有利也有弊，反复权衡拿不定主意时产生的矛盾心理称为多重趋避式冲突。

【习题精选】

简述耶克斯–多德森定律。

思路点拨：耶克斯–多德森定律是由心理学家耶克斯和多德森提出的，主要描述了动机水平、任务难度与工作效率之间的关系。耶克斯–多德森定律为人们在学习、工作和生活中调整动机水平以提高效率提供了重要的理论指导，提醒人们要根据任务的难度来合理调整自己的动机状态，以达到最佳的工作和学习效果。

参考答案：

各种活动都存在一个最佳的动机水平。动机不足或过强，都会使工作效率下降。研究还发现，动机的最佳水平随任务性质的不同而不同。在比较容易的任务中，工作效率随动机的提高而上升；随着任务难度的增加，动机的最佳水平有逐渐下降的趋势，也就是说，在难度较大的任务中，较低的动机水平有利于任务的完成。

(1)动机与效率的倒U型关系

一般情况下，动机水平与工作效率之间并不是线性关系，而是呈现出一种倒U型曲线关系。即中等强度的动机最有利于任务的完成，此时工作效率最高。当动机强度过弱时，个体缺乏足够的动力去投入工作，工作效率较低；而动机强度过强时，个体可能会处于过度紧张、焦虑的状态，反而会干扰思维和行为，导致工作效率下降。

(2)任务难度的影响

①简单任务

对于简单的任务，需要较高的动机水平才能达到最佳效率。因为简单任务通常不需要过多的思考和复杂的操作，较高的动机能促使个体更加积极主动地完成任务。例如，在做简单的数学口算题时，动机较强的人可能会做得又快又准。

②中等难度任务

中等难度的任务在中等强度的动机水平下效率最高。此时，个体既不会因为任务太简单而缺乏动力，也不会因为任务太难而过度焦虑，能够保持较为平稳的心态和注意力来完成任务。例如，完成一篇难度适中的作文，中等动机水平有助于作者充分发挥自己的写作能力。

③困难任务

面对困难的任务，较低的动机水平更有利于提高效率。因为困难任务本身具有较大的挑战性，过高的动机可能会使个体压力过大，产生焦虑等负面情绪，影响对问题的思考和解决。例如，在进行高难度的科研项目时，研究人员如果能保持相对平和的心态，更有利于深入思考和探索。

考点二、生理性动机

表9－2　生理性动机

要点	具体内容
定义	又称驱力，是以有机体自身的生物学需要如饥饿、渴、性、睡眠等为基础的动机
饥饿	①体内缺乏食物或营养而引起的一种生理的不平衡状态；它与胃壁收缩、血液中某些化学成分的变化、下丘脑的功能等有关。 ②进食的偏好，如对甜、脂肪的偏好。 ③进食障碍，如神经性厌食症等
渴	体内水分不足而引起的一种生理的不平衡状态，与下丘脑有关
性	与性激素的分泌有关，但性激素不能控制成熟后的性动机，外界刺激和学习对人类性动机的影响往往超过性激素的作用
睡眠	是机体为恢复精力而产生的一种驱力，使个体由活动状态趋于休息状态；受人类自身的生物钟的调控，同时受地球自转周期的昼夜节律的影响

考点三、社会性动机

表9－3　社会性动机

要点	具体内容
定义	是以人的社会文化需要如兴趣、成就动机、权力动机、交往动机、学习动机等为基础的动机
成就动机	是指个体追求自认为重要的有价值的工作，并使之达到完美状态的动力机制。 ①麦克兰德等人有关成就动机的研究：是否有一个卓越的社会目标，是否以独立的方式来完成，是否能坚持不懈地努力是衡量成就行为的三个标准。 ②阿特金森的成就动机理论：用公式表示：$T = M \times P \times I$（T代表成就动机的倾向，M代表成就需要，P代表成功的可能性，I代表成功的诱因值）
权力动机	是指人们具有影响、控制、支配他人以及周围环境的动力机制
交往动机	是指人们愿意与他人接近、来往、发展友谊，并希望得到别人的关心的动力机制
兴趣	是指推动人们爱好某些事物和积极从事某些活动的动力机制；可分为直接兴趣、间接兴趣或个体兴趣、情境兴趣
学习动机	是引发和维持个体学习活动，并将学习活动引向一定学习目标的动力机制

考点四、动机理论

表9－4　动机理论

要点		具体内容
本能论	观点	人的行为是由本能决定的，本能是进化过程中形成、由遗传固定下来的一种不学而能的行为模式
	代表人物	詹姆斯、麦独孤、洛伦茨、弗洛伊德等
	评价	将人的动机直接还原到一般动物的动机并不妥当，忽视了人的社会属性

续表

要点		具体内容
驱力理论	观点	驱力(D)、习惯强度(H)共同决定了个体的行为潜能(P)，即 $P=D\times H$
	代表人物	武德沃斯、赫尔等
	评价	一些行为是驱力理论所不能解释的
诱因理论	观点	个体有效的行为潜能是诱因(K)、驱力(D)和习惯强度(H)三者的作用，即 $P=D\times H\times K$
	代表人物	赫尔、斯彭斯等
唤醒理论	观点	人们总是被唤醒，并维持着生理激活的一种最佳水平，不是太高也不是太低。对唤醒水平的偏好是决定个体行为的因素，一般来说，个体偏好的是中等强度的刺激水平
	代表人物	赫布、柏林等
	评价	唤醒理论强调了个体活动来自内在动力，却忽略了外在环境在引发行为上的作用
认知理论	期待价值理论	托尔曼认为，行为的产生不是由于强化，而是由于对目标的期待
	动机的归因理论	①海德认为，人的行为可以分为内部原因(如能力、努力、兴趣等)与外部原因(如运气、任务难度等)；若把成败归因于能力、努力等自身的原因，称为“内控型”；若归因于环境、运气、任务困难等外部原因，称为“外控型”。 ②韦纳系统地提出了动机的归因理论：把归因的维度划分为内部归因和外部归因、稳定性归因和不稳定性归因两个维度
	自我决定理论	德西把人类的行为区分为自我决定行为(基于对需要的认识)和非自我决定行(受外在刺激控制，是无动机的)为两类
	自我功效理论	班杜拉提出，期待是决定行为的先行因素；期待分为结果期待(个体对自己行为结果的估计)和效果期待(对自己是否有能力完成某一行为的推测和判断)两种；个体自我效能感的高低，即是否确信自己有能力进行和完成某项活动，直接决定着个体进行某种活动时的动机水平
	成就目标理论	厄科尔斯与德维克等人提出，成就目标分为掌握目标(掌握知识和提高能力就是成功)和成绩目标(好名次好成绩才算成功)两种；不同的成就目标对应着不同的动机和行为模式

【习题精选】

1. 驱力理论与诱因理论各自的特点是什么?

思路点拨：由于本能论在解释人类行为时遇到了困难，武德沃斯提出了以驱力概念代替本能概念，认为驱力是推动行为的力量。驱力是指个体由生理需要(如食物的需要、性的需要)而产生的一种紧张状态，驱动个体的行为以满足需要，消除紧张，从而恢复机体的平衡状态。驱力理论强调个体的活动来自内在动力，但忽略了外在环境在引发行为中的作用。针对这种缺陷，以克拉克·赫尔为代表的学者提出了诱因的概念。诱因是指能满足个体的需要，驱使个体产生一定行为的外在因素，具有激发或诱使个体朝向目标的作用；诱因有积极和消极之分；诱因与驱力是分不开的，诱因是由外在目标激发的，只有当它变成个体的内在需要时，才能推动个体的行为，并具有持久的推动力。

参考答案：

(1)驱力理论的特点

①驱力理论强调个体的活动来自内在的动力，忽略了外在环境在引发行为上的作用。

②赫尔的驱力减少理论认为，个体要生存就有需要，需要产生驱力。驱力是一种动机结构，它供给机体的力量或能量，使需要得到满足，进而减少驱力。驱力(D)、习惯强度(H)共同决定了个体的有效行为潜能(P)，它们的相互关系可以表示为：$P=D\times H$。

③驱力理论适用于解释生物的机能，比如，剥夺食物会产生饿(驱力)，它推动个体寻找食物和产生吃的行为，进而使驱力下降。

④驱力理论不能解释驱力增加的行为，比如，为什么一个人可以通宵达旦地工作？

(2)诱因理论的特点

①诱因理论认为，不能仅仅用驱力降低的动机理论来解释所有的行为，诱因在唤起行为时也起重要作用。

②强调了外部刺激有引起动机的重要作用，诱因有唤起有机体行动和指导行动方向两种功能。

③动机是有机体诱因和外界诱因相互作用的产物。

④赫尔接受了诱因这一变量，把它作为行为的决定因素之一，他修改了自己的公式，在其中增加了诱因动机(K)：$P=D\times H\times K$。

2. 自我决定理论的基本思想是什么？

思路点拨：自我决定理论是由美国心理学家爱德华·L·德西(Edward L. Deci)和理查德·M·瑞安(Richard M. Ryan)提出的一种关于人类动机和人格的理论。自我决定理论强调自我决定在行为选择和个人发展中的作用，认为人们拥有内在的自我决定的倾向性。自我决定是行为的决定性因素，而非强化、驱力和外在的力量；自我决定是外部环境和内部心理资源(如兴趣、价值、目标等)相互作用的结果。自我决定理论从基本心理需要、外部动机内化、环境事件的理解等方面来理解行为的自我决定性，阐述了外部环境因素促进内部动机，以及外部动机内化的过程，极大地加深了我们对行为动机的理解。

参考答案：

自我决定理论的基本思想主要体现在以下几个方面：

(1)强调自我决定的重要性

该理论认为人是积极的有机体，具有先天的心理成长和发展的倾向，人们天生就有自主、自我决定的需求，希望能够对自己的行为和生活进行掌控和选择，而不是完全受外部因素的驱使。当个体能够自主地决定自己的行为时，会体验到更多的内在动机和满足感，更有利于个体的成长和发展。

(2)三种基本心理需求

①自主需求

是指个体希望能够自主地选择和决定自己的行为、活动，对自己的生活有一定的掌控感，而不是被外部力量所控制或操纵。例如，员工在工作中如果有一定的自主权，能够自主安排工作任务和方式，会更有工作动力。

②胜任需求

是指个体追求对环境的掌控和对能力的发展，希望能够有效地完成任务、达到目标，体验到自己有能力应对各种挑战。例如，学生在学习过程中，通过不断努力掌握新知识和技能，取得好成绩，会满足其胜任需求，增强学习的动力。

③关系需求

是指个体有与他人建立和保持良好人际关系的需求，希望能够感受到被他人理解、接纳和关心。例如，在一个和谐、支持性的团队中，成员之间相互信任和支持，能满足成员的关系需求，提高团队的凝聚力和成员的工作积极性。

(3)内在动机与外在动机

①内在动机

是指个体出于对活动本身的兴趣和享受而进行活动的动机，它源于个体内部的自我决定和自我满足。例如，一个人因为喜欢绘画，享受绘画过程中的创作乐趣而经常画画，这就是内在动机驱动的行为。内在动机是最理想的动机状态，能让个体更持久地投入到活动中，并且带来更高的满足感和幸福感。

②外在动机

是指个体为了获得外部的奖励、避免惩罚等外部因素而进行活动的动机。例如，学生为了得到老师的表扬、家长的奖励而努力学习。自我决定理论认为，外在动机可以通过不同的方式影响个体的行为和动机，不当的外在动机会削弱内在动机，但如果外在动机能够与个体的基本心理需求相结合，也可以对个体的行为产生积极的影响。

(4)有机整合理论

自我决定理论中的有机整合理论将外在动机分为不同的类型，并认为外在动机可以通过内化和整合的过程逐渐转化为更自主的动机形式。从最外部控制的外在动机(如为了避免惩罚而做事)到逐渐内化的外在动机(如认同行为的价值而主动去做)，再到与内在动机相似的整合动机，个体的动机自主性逐渐增强。当外在动机被充分整合到个体的自我概念中时，个体的行为就会更具自主性和持续性。

(5)对个体发展和幸福感的影响

自我决定理论认为，当个体的自主、胜任和关系这三种基本心理需求得到满足时，个体就会体验到更高的幸福感和心理健康水平，更有利于个体的成长、发展和自我实现。相反，如果这些基本心理需求长期得不到满足，个体可能会出现动机缺失、心理问题等。

9.2　典型题(含考研真题)详解

一、单项选择题

1. 根据动机唤醒理论，描述错误的是(　　)。[统考2025年研]

A. 对唤醒的偏好水平影响个体的行为　　B. 个体通常喜欢中等强度的刺激

C. 个体经历不影响唤醒水平的偏好　　D. 重复活动使得动机水平降低

【答案】C

【解析】动机唤醒理论认为，个体总是被唤醒并维持着生理激活的一种最佳水平，不是太高也不是太低。A项，对唤醒的偏好水平确实会影响个体的行为。比如，有些人偏好高唤醒水平，可能会喜欢从事极限运动等刺激性活动；而有些人偏好低唤醒水平，可能更倾向于选择安静的阅读等活动，该项描述正确。B项，一般情况下，个体通常喜欢中等强度的刺激，因为中等强度的刺激能带来适度的唤醒水平，既不会因为刺激过强而感到过度紧张和焦虑，也不会因为刺激过弱而感到无聊，该项符合动机唤醒理论。C项，个体经历会影响唤醒水平的偏好。例如，一个人如果曾经在高唤醒的刺激活动中受过伤，可能就会降低对高唤醒水平活动的偏好；相反，如果一个人在某种活动中获得了良好的体验和成就感，可能会增加对该活动所带来的唤醒水平的偏好，该项描述错误。D项，重复活动可能会使得动机水平降低，因为随着重复次数的增加，刺激的新颖性和挑战性降低，唤醒水平也会随之下降，从而导致动机水平降低，比如反复做同一项简单任务，会让人觉得无聊，动机水平下降，该项正确。因此答案选C。

2. 有人认为，参加高难度考试，动机较低更容易发挥最佳水平，这种观点的依据是(　　)。[统考2024年研]

A. 对数定律　　B. 耶克斯－多德森定律

C. 晕轮效应　　D. 罗森塔尔效应

【答案】B

【解析】耶克斯－多德森定律表述了动机与工作效率的关系，该定律主要的观点如下：①动机强度与工作效率之间的关系不是一种线性关系，而是倒U型曲线。②中等强度的动机最有利于任务的完成。③各种活动都存在一个最佳的动机水平动机的最佳水平随任务性质的不同而不同。在容易任务中，较高的动机水平有利于任务的完成；在难度较大任务中，较低动机水平有利于任务的完成。因此答案选B。

3. 下列关于动机和行为关系的描述中错误的是(　　)。[统考2023年研]

A. 同一种行为可能有不同的动机

B. 不同的行为可能有同一动机

C. 动机强度和行为效率之间是一种U形曲线

D. 主导动机和从属动机组成个体的动机体系，推动个体的行为

【答案】C

【解析】动机强度和行为效率是一种倒U形曲线。

4. 动机的本能理论和驱动理论共同强调的是(　　)。[统考2018年研]

A. 环境因素　　B. 社会因素　　C. 生物因素　　D. 认知因素

【答案】C

【解析】本能理论认为人的行为是由本能决定的，本能是天生的倾向性。驱动理论是由伍德沃斯提出的，是指当有机体的需要无法得到满足时，便会在有机体的内部产生所谓的内驱力刺激，这种内驱力的刺激引起反应，而反应的最终结果则是需要得到满足。这两种理论都强调了生物因素。

5. 根据韦纳的动机归因理论，稳定的、内在的、不可控的因素是(　　)。[华中师范

大学2017年研]

A. 任务难度　　B. 努力程度　　C. 运气好坏　　D. 能力高低

【答案】D

【解析】能力属于内部、稳定、不可控因素；努力属于内部、不稳定、可控因素；任务难度属于外部、稳定、不可控因素；运气属于外部、不稳定、不可控因素；身心状况属于内部、不稳定、不可控因素；外界环境属于外部、不稳定、不可控因素。

6. 小张在填报高考志愿时，有两所学校可选择。其中，一所是名牌大学，但专业不理想；另一所是一般大学，但专业理想。小张犹豫不决，这种动机冲突是(　　)。[统考2015年研]

A. 双趋式冲突　　B. 双避式冲突

C. 趋避式冲突　　D. 多重趋避式冲突

【答案】D

【解析】多重趋势式冲突是指同时有两个或两个以上的目标，但每个目标各有所长、各有所短，分别具有吸引和排斥两个方面的作用，使人左顾右盼，难以抉择的动机冲突。题干中小张面临的两个目标均有利弊，属于多重趋避式冲突。

7. 托尔曼有关动机的观点是(　　)。[统考2015年研]

A. 对达到目标的期待是个体行为的决定因素

B. 本能是人类一切思想和行为的动机

C. 自我效能感决定个体的动机水平

D. 诱因和驱力共同决定个体行为

【答案】A

【解析】新行为主义者托尔曼在动物实验的基础上提出，行为的产生不是由于强化，而是由于个体对一个目标的期待。托尔曼将期待定义为刺激与刺激的联系或反应与刺激的联系。如看见闪电，就期待雷声，这是由刺激引起的期待；平时努力学习，期待在考试中取得好成绩，这是由反应引起的期待。

8. 根据ERG理论，人类存在的三种核心需要是(　　)。[华东师范大学2013年研]

A. 生存需要、权力需要和成长发展需要

B. 生理需要、权力需要和成长发展需要

C. 生存需要、相互关系需要和成长发展需要

D. 生理需要、相互关系需要和成长发展需要

【答案】C

【解析】美国耶鲁大学的克雷顿·奥尔德弗在马斯洛提出的需要层次理论的基础上，进行了更接近实际经验的研究，提出了一种新的人本主义需要理论。奥尔德弗认为，人们共存在3种核心的需要是生存需要、相互关系需要和成长发展需要，因而这一理论被称为ERG理论。

二、概念题

1. 成就动机[吉林大学2019年研；湖南师范大学2016年研]

答：成就动机是人们希望从事对他有重要意义的、有一定困难的、具有挑战性的活动，在活动中能取得完满的优异结果和成绩，并能超过他人的动机。成就动机对个体的活动有重要的作用。成就动机的高低影响人们所取得的成绩，还影响到人们对职业的选择，成就动机还推动人们去争取一定的社会、政治地位，在团体中受到尊重，享受权利与履行义务等，因而它和权力动机有着密切的联系。人们的成就动机是在生活环境的影响下形成的。成就动机是可以测量的。麦克兰德创造了一种投射测验，认为成就动机可以展现在人们的想象或幻想中。

2. 自我效能感[首都师范大学2014年研；天津师范大学2012年研]

答：自我效能感是班杜拉在社会学习理论中提出的一个概念，是人们对自己在特定情景中是否有能力操作行为的预期。班杜拉在他的动机理论中指出，人的行为受行为的结果因素和先行因素的影响。他进一步把预期分为结果预期和效能预期。结果预期是指个体关于某种行为可引起某种具体结果的信念；效能预期是指自己是否具有引发某一结果的能力的信念。自我效能感本质上就是效能预期，表现为个体对自己能力的自信程度。影响自我效能感形成的因素主要有：个人自身行为的成败经验、替代经验、言语劝说和情绪唤醒等。自我效能感具有决定人们对活动的选择及对该活动的坚持性；影响人们在困难面前的态度；影响新行为的获得和习得行为的表现；影响活动的情绪等的功能。

3. 动机[苏州大学2013年研；首都师范大学2013年研]

答：动机是由一种目标或对象所引导、激发和维持的个体活动的内在心理过程或内部动力。动机是构成人类大部分行为的基础，是直接推动有机体活动以满足某种需要的内部状态，是行为的直接原因和内部动力。动机必须有目标，目标指引个体行为的方向，并且提供原动力。动机由内驱力和诱因两个基本因素构成，具有激活、指向和维持调整功能。

4. 双趋冲突[天津师范大学2012年研]

答：双趋冲突是指当两种或两种以上目标同时吸引着人们，但只能选择其中一种目标时，出现的动机冲突类型。例如，“鱼和熊掌不可兼得”。这种冲突并不难解决，只要稍许调整一下动机，冲突便会消除。但若碰到利益得失重大的冲突，则会出现特别难取难舍、犹豫不决的心理矛盾；同时，在做出选择决定之后，满足了的动机强度降低，未满足的动机则强度提高。

三、简答题

1. 试用韦纳(B. Weiner)归因理论分析能力和运气的归因属性。[统考2017年研]

答：(1)韦纳的动机归因理论将归因划分为内外性、稳定性以及可控性三个维度。归因的内外性维度影响个体对成败的情绪体验，稳定性维度影响个体对未来成败的预期，可控性维度影响个体今后努力学习的行为。

(2)韦纳的动机归因理论又把人们活动成败的原因即行为责任主要归结为六个因素：能

力高低、努力程度、工作难度、运气好坏、身心状态和外界环境。其中，由于能力在相同或类似的任务中是稳定的，同时能力又指向个人内部，而大多数学者认为能力是不可控的，因此在韦纳的动机归因模型当中能力是稳定的、内在的、不可控的。由于人们不能控制运气在每次任务中的好坏，即不稳定，它指向外部，因此运气是不稳定的、外在的、不可控的。

2. 简述动机和工作效率的关系。[天津师范大学2013年研]

答：(1)耶基斯－多德森定律，又称为“倒U型理论”，是关于工作效率与动机强度之间关系的规律。

(2)耶基斯和多德森通过动物实验发现，各种活动都存在一个最佳的动机水平。动机不足或过分强烈，都会使工作效率下降。研究还发现，动机的最佳水平随任务性质的不同而不同。在比较容易的任务中，工作效率随动机的提高而上升；随着任务难度的增加，动机的最佳水平有逐渐下降的趋势，也就是说，在难度较大的任务中，较低的动机水平有利于任务的完成。

3. 简述需要、动机与价值观的关系。[西南大学2011年研]

答：(1)需要、动机与价值观的含义

①需要

它是有机体内部的某种缺乏或不平衡状态，它表现出有机体的生存和发展对于客观条件的依赖性，是有机体活动的积极性源泉。在需要得到满足后，这种不平衡状态暂时得到消除；当出现新的不平衡时，新的需要又会产生。

②动机

它是指激发和维持个体进行活动，并导致该活动朝向某一目标的心理倾向或动力。动机必须有目标，目标引导个体行为的方向，并且提供原动力。

③价值观

它是人们用来区分好坏标准并指导行为的心理倾向系统。价值观为个体自认为正当的行为提供充分的理由，是浸透于整个个性之中支配着人的行为、态度、观点、信念、理想的一种内心尺度。

(2)需要、动机和价值观三者之间的关系

①需要是动机产生的基础，当某种需要没有得到满足时，它会推动人们去寻找满足需要的对象，从而产生活动的动机。当需要推动人们去活动，并把活动引向某一目标时，需要就成为人的动机。例如，热时寻找比较凉爽的地方等。需要作为个体积极性的重要源泉，是激发人们进行各种活动的内部动力。

②价值观对动机的调节和控制有直接影响，个体把目标的价值看得越高，由目标激发的动机就越强，在活动中发挥的力量就越大，相反，个体认为目标的价值不大，由此激发的力量就小；同时，动机是个体行为调节系统的一个组成部分，其中价值观起着核心的作用。价值观决定着动机的性质、方向和强度，比如，利他的价值观促使个体产生助人的动机，做出助人的决定，并使这种行为坚持下去。

总的来说，需要是整个个体活动积极性的源泉和动力；动机是需要的表现形式；价值

观居于最高层次，制约一个人的思想倾向和整个心理面貌，是言行的总动力。

4. 什么是自我效能感？产生自我效能感的基础是什么？

答：(1)自我效能感是由班杜拉提出的。班杜拉把期待分为结果期待和效果期待两种。结果期待是指个体对自己行为结果的估计。效果期待是指个体对自己是否有能力来完成某一行为的推测和判断，这种推测和判断就是个体的自我效能感。

(2)自我效能感建立在四种信息源的基础上：

①个体自己成功和失败的经验

成功的经验往往会提高个体的自我效能感，而多次失败的经验则会降低自我效能感。

②替代性经验

个体通过观察他人的行为而获得的信息，对自我效能感也有重要的作用。

③言语说服

他人的建议、劝告、解释和激励等也可能改变人们的自我效能感。

④情绪唤起

积极情绪可以增强自我效能感，消极情绪则会减弱自我效能感。

四、论述题

1. 试述成就动机的含义、作用及其影响因素。[首都师范大学2012年研]

答：(1)成就动机的含义

成就动机是个体选择目标定向的成败活动并努力追求成功的一般性倾向，它是激发个体把某一件事情做好的一种内部动机。个人的成就动机可以分成两部分：其一是力求成功的意向；其二是避免失败的意向。

(2)成就动机的作用

①成就动机的高低影响到人们所取得的成绩。研究发现，在两个人的智商大体相同的情况下，成就动机高的人比成就动机低的人在活动中成功的可能性一般都要高一些。如在学校里，成就动机高的学生成绩可能较好，名次较高；在事业上，成就动机高的职工有可能取得较好的成绩。

②成就动机的高低还影响到人们对职业的选择。成就动机低的人，愿意选择风险较小、独立决策较少的职业，而成就动机高的人爱毛遂自荐，喜欢担任富有于开创性的工作。

③成就动机还推动人们去争取一定的社会、政治地位，在团体中受到尊重，享受权利与履行义务等，因而它和权力动机有着密切的联系。

(3)成就动机的影响因素

①成就动机的高低与童年所接受的家庭教育关系密切。父母的价值观及成就动机、父母对子女的要求和教育方式都影响儿童的成就动机。一般地说，父母要求子女独立自主而又能以身作则，容易培养儿童的成就动机。相反，父母对子女过分保护，就会限制儿童的独立性，较难培养学生的成就动机。严格而温和的教育方式对孩子的成长更为有利。

②教师的言行影响学生成就动机的强弱。教师是学生学习的榜样，成就动机较强的教师言行有助于激发学生的成就动机。教师对学生的评语是激发学生成就动机的有效方法。一般地说，教师除了给学生评定等级外，还要根据学生的特点，给予适当的矫正或相称的

好评。

③经常参加竞争和竞赛活动的人比一般人的成就动机强。

④学生的学习成绩与其成就动机呈正相关。学习成绩优秀的学生通常成就动机强，学习成绩差的学生通常成就动机弱。

⑤个人对工作难度的看法也会影响成就动机。如果认为工作过难或过易，都不易激发成就动机；认为工作难度适中，成功和失败的可能性各占一半时，成就动机最强烈。

⑥个性因素影响成就动机。个体的理想、信念和世界观对成就动机有深刻的影响。

⑦群体成就动机与自然环境和社会文化条件有关。当国家经济繁荣兴旺时，人民的成就动机就会提高，反之则会降低。竞争激烈的地方，人们的成就动机相对强些。

2. 阐述马斯洛的需要层次理论，并就下图中马斯洛需要层次演进图(图中A、B、C表示不同的心理发展时期)，说明几种需要之间的关系。［统考2010年研］

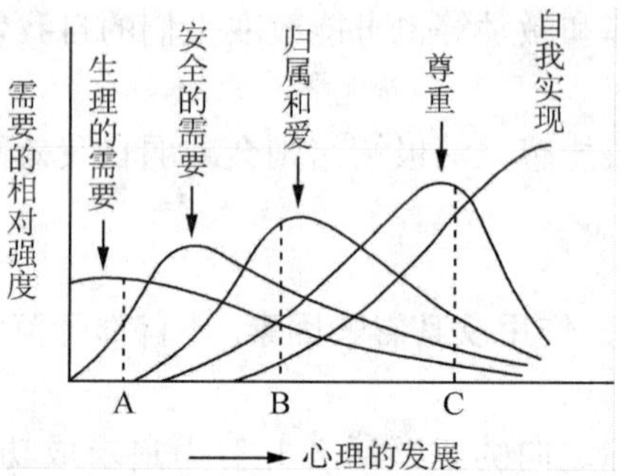

相关试题：简述马斯洛的需要层次理论。［简答题；华东师范大学2013年研；首都师范大学2011年研］

答：(1)理论内容

马斯洛认为，人的需要是由以下五个等级构成的：

①生理的需要

个体人对食物、水分、空气、睡眠、性的需要等。它们在人的所有需要中是最重要，也是最有力量的。

②安全需要

它表现为人们要求稳定、安全、受到保护、有秩序、能免除恐惧和焦虑等。

③归属和爱的需要

一个人要求与其他人建立感情的联系或关系联系，如结交朋友、追求爱情、参加一个团体并在其中获得某种地位等。

④尊重的需要

它包括自尊和希望受到别人的尊重。自尊需要的满足会使人相信自己的力量和价值，使人在生活中变得更有能力，更富有创造性。相反，缺乏自尊会使人感到自卑，没有足够的信心去处理面临的问题。

⑤自我实现的需要

人们追求实现自己的能力或潜能，并使之完善化。

马斯洛认为，这五种需要都是人的最基本的需要。这些需要是天生的、与生俱来的，它们构成了不同的等级或水平，并成为激励和指引个体行为的力量。需要的层次越低，它的力量越强，潜力越大。随着需要层次的上升，需要的力量相应减弱。在高级需要出现之前，必须先满足低级需要。只有在低级需要得到满足或部分得到满足以后，高级需要才有可能出现。

(2)马斯洛需要层次演进的关系

①人类的需要是相互联系，彼此影响的；只有在低级需要基本得到满足之后，较高层次的需要才会产生。

②人在某一特定的时间和条件下往往有多种需要，但有一种需要占优势，它决定着人们的行为。婴儿期，生理需要在其行为活动中占主导地位；青少年期，尊重需要开始占优势；青年中晚期，自我实现的需要占主导地位。

③一种需要获得满足后，它的作用就逐渐减弱，另一种需要就上升为优势需要，成为个体行为的新动力。

④新需要的产生会经历一个从无到有、从弱到强、逐步演进的波浪式前进的过程。

第10章 情 绪

10.1 复习笔记

【知识框架(庖丁解牛)】

- 情绪
  - 情绪概述
    - 定义
    - 组成
    - 功能
    - 维度
    - 维度理论
    - 情绪分类
    - 情绪状态分类
    - 情绪与脑
  - 情绪的外部表现——表情
    - 面部表情
    - 姿态表情
    - 语调表情
    - 表情识别
  - 情绪理论
    - 早期理论
    - 认知理论
    - 动机－分化理论
  - 情绪智力与情绪调节
    - 情绪智力
    - 情绪调节

【复习向导(切中肯綮)】

本章重要考点及要求：明确了解情绪的定义、组成、功能、维度、维度理论、分类、状态以及情绪与脑；重点掌握维度理论。了解表情的相关知识。重点掌握情绪理论和情绪调节，并能运用它们分析一些心理现象。

【考点难点归纳(游刃有余)】

考点一、情绪概述

表10－1 情绪概述

要点	具体内容
定义	是人对客观事物的态度体验及相应的行为反应

续表

要点		具体内容
组成	由主观体验（个体对不同情绪状态的自我感受）、外部表现（面部表情、姿态表情和语调表情）和生理唤醒（指情绪产生的生理反应）三种成分组成	
功能	适应功能	适应社会的需要
	动机功能	激励个体的活动
	组织功能	积极情绪的协调作用和消极情绪的破坏作用
	社会沟通功能	传递信息，沟通思想
维度	动力性	增力↔减力
	激动性	激动↔平静
	强度	强↔弱
	紧张度	紧张↔轻松
维度理论	三维理论	①冯特：愉快－不愉快、激动－平静、紧张－松弛三个维度。 ②施洛伯格：愉快－不愉快、注意－拒绝、激活水平三个维度。 ③普拉切克：强度、相似性、两极性等三个维度
	四维理论	伊扎德：愉快度、紧张度、激动度、确信度四个维度
	二维理论	罗素：愉悦度和唤醒度两个维度
情绪分类	基本情绪和复合情绪	①基本情绪：人与动物所共有的，是先天的，不学而能的。 a. 艾克曼认为具有 7 种基本情绪：快乐、惊奇、愤怒、厌恶、恐惧、悲伤和轻蔑； b. 普拉切克认为具有 8 种基本情绪：恐惧、惊讶、悲伤、厌恶、愤怒、期待、快乐和信任。 ②复合情绪：由基本情绪的不同组合派生出来的
	积极情绪和消极情绪	①积极情绪：与接近行为相伴随产生的情绪。 ②消极情绪：与回避行为相伴随产生的情绪
情绪状态分类	心境	平静、持久、弥漫性
	激情	强烈、短促、爆发性
	应激	对意外刺激所做出的适应性反应
情绪与脑	情绪的识别、产生和控制过程主要依赖两个神经网络的功能： ①腹侧系统，包括杏仁核、脑岛、腹侧纹状体和前额叶腹侧区，主要负责情绪的识别和产生，以及情绪的自动调节。 ②背侧系统，包括海马、扣带回前部和前额叶背侧区，主要负责情绪的调控	

【习题精选】

情绪分类的依据是什么？它在情绪研究中有什么作用？

思路点拨：情绪是指个体对外界刺激的一种生理和心理的反应，由主观体验、外部表现和生理唤醒三种成分组成；情绪可以分为基本情绪和复合情绪，其中基本情绪又可分为积极情绪和消极情绪。情绪的这种分类的依据是多维度的，可以从生理反应、面部表情、主观体验、行为倾向等方面来进行分析。情绪分类在情绪研究中具有多方面的重要作用，体现在理论构建、研究设计、临床应用、跨文化研究等方面。

参考答案：

(1)情绪分类的依据

①生理反应

a. 神经活动：不同情绪状态下，大脑的神经活动模式存在差异。例如，研究发现，当人们体验到恐惧情绪时，杏仁核会被显著激活，杏仁核在情绪处理，特别是恐惧反应中起着关键作用；当面临威胁性刺激，杏仁核会迅速做出反应，引发一系列生理和行为变化，以帮助个体应对潜在的危险；

b. 生理指标：心率、血压、呼吸频率等生理指标在不同情绪状态下会发生相应变化。例如，愤怒情绪通常会伴随着心率加快、血压升高以及呼吸急促等生理反应，这是因为愤怒时，身体会进入一种应激状态，交感神经系统被激活，促使肾上腺分泌肾上腺素等激素，从而导致心率、血压等生理指标的上升，为身体可能的攻击或防御行为提供能量支持。

②面部表情

面部表情是情绪最直观的外在表现形式。不同的情绪具有独特的面部肌肉运动模式。这些面部表情的变化不仅能够传达个体当前的情绪状态，还可以在人际交往中引发他人相应的情感共鸣和行为反应，对沟通和社交互动起着重要作用。例如，快乐的表情通常表现为嘴角上扬、眼睛眯起，形成所谓的"笑脸"，这是因为当人们体验到快乐情绪时，大脑会发出信号，促使面部的颧大肌和眼轮匝肌等肌肉收缩，从而产生嘴角上扬和眼睛眯起的表情；而悲伤的表情则可能包括眉头紧皱、嘴角下垂、眼神黯淡等。

③主观体验

个体对自身情绪的主观感受和认知是情绪分类的重要依据之一。不同的情绪会给人带来截然不同的主观体验。这些主观体验的差异反映了不同情绪的本质特征，并且个体对自身情绪的主观认知和表达也会受到文化、社会环境以及个人经历等多种因素的影响。例如，喜悦的情绪通常伴随着一种轻松、愉快、满足的主观感受，让人感觉仿佛一切都很美好，充满了积极向上的力量；而焦虑的情绪则往往带来一种紧张、不安、担忧的主观体验，个体可能会感到内心烦躁、坐立不安，对未来的事情充满了不确定性和恐惧。

④行为倾向

不同的情绪会引发个体不同的行为倾向和反应模式。这些与不同情绪相关联的行为倾向和反应模式是人类在长期的进化过程中逐渐形成的，它们对于个体的生存和适应环境具有重要的意义。例如，当个体体验到愤怒情绪时，往往会表现出攻击性的行为倾向，可能会对引发其愤怒的对象进行言语上的指责、谩骂，甚至在极端情况下会采取身体上的攻击行为，这是因为愤怒情绪会激发个体的战斗本能，使其试图通过攻击行为来消除或改变引发愤怒的不利情境，维护自身的尊严和权益；而当个体处于恐惧情绪状态时，通常会产生逃避或退缩的行为倾向，会试图尽快远离引发恐惧的刺激源，寻找一个相对安全的环境来躲避危险。

(2)情绪分类在情绪研究中的作用

①理论构建

准确的情绪分类为构建全面、系统的情绪理论提供了基础。通过对不同情绪依据的分析和归纳，研究者能够深入理解情绪的本质、结构和功能，从而提出具有解释力和预测力的情绪理论模型。例如，詹姆斯 - 兰格理论认为情绪是对身体生理变化的感知，这一理论的提出在一定程度上依赖于对不同情绪状态下生理反应的观察和分类；此后，众多情绪理论如坎农 - 巴德理论、沙赫特 - 辛格的情绪认知理论等不断发展和完善，它们都基于对情绪分类依据的深入研究，从不同角度解释了情绪的产生、发展和变化机制，推动了情绪理论的不断丰富和发展。

②研究设计

情绪分类有助于研究者明确研究对象和变量，从而设计出合理、有效的研究方案。例如，在研究情绪对认知过程的影响时，研究者可以根据情绪的分类，选择特定的情绪类型(如快乐、悲伤、愤怒等)作为自变量，并通过相应的实验操作(如观看情绪诱导视频、阅读情绪相关故事等)来诱发被试的不同情绪状态；同时，研究者可以选择认知任务(如记忆测试、注意力分配任务、问题解决任务等)中的相关指标(如记忆正确率、反应时间、注意力集中程度等)作为因变量，以考察不同情绪状态对认知过程的具体影响；此外，情绪分类还可以帮助研究者控制无关变量，提高研究的内部效度和外部效度。

③临床应用

在临床心理学和精神病学领域，情绪分类对于情绪障碍的诊断、治疗和康复具有重要的指导作用。

首先，明确的情绪分类有助于医生准确识别和诊断各种情绪障碍。例如，抑郁症的主要特征是持续的情绪低落、失去兴趣和愉悦感，同时可能伴有自责自罪、思维迟缓、睡眠障碍、食欲改变等症状，医生通过对患者情绪状态和相关症状的观察和评估，依据情绪分类的标准，可以判断患者是否患有抑郁症以及抑郁症的严重程度；同样，对于焦虑症、双相情感障碍等其他情绪障碍，情绪分类也为医生提供了重要的诊断依据，有助于提高诊断的准确性和可靠性。

其次，基于情绪分类的结果，医生可以制定个性化的治疗方案，选择合适的治疗方法和药物。例如，对于抑郁症患者，常见的治疗方法包括药物治疗[如抗抑郁药物，包括选择性5 - 羟色胺再摄取抑制剂(SSRI)、5 - 羟色胺和去甲肾上腺素再摄取抑制剂(SNRI)等]、心理治疗[如认知行为疗法(CBT)、人际治疗(IPT)等]以及物理治疗[如电休克治疗(ECT)、重复经颅磁刺激(rTMS)等]，医生会根据患者的具体情况，如情绪障碍的类型、严重程度、病程长短、患者的年龄、性别、身体状况、心理特点以及既往治疗史等因素，综合考虑选择合适的治疗方法和药物，并制定个性化的治疗方案，以提高治疗效果，促进患者的康复。

④跨文化研究

不同文化背景下，人们对情绪的认知、表达和体验可能存在差异。情绪分类为跨文化情绪研究提供了一个统一的框架和标准，使得研究者能够在不同文化之间进行系统的比较和分析，从而深入了解文化因素对情绪的影响机制，揭示情绪的普遍性和文化特异性。例如，通过对不同文化中面部表情的研究发现，一些基本情绪(如快乐、悲伤、愤怒、恐惧、厌恶等)的面部表情具有较高的普遍性，在不同文化背景下的人们都能够识别和理解这些表情所传达的情绪信息。

考点二、情绪的外部表现——表情

表10－2　情绪的外部表现——表情

要点	具体内容	
面部表情	通过眼部肌肉、颜面肌肉和口部肌肉的变化来表现各种情绪状态	
姿态表情	可分成身体表情和手势表情	
语调表情	语音的高低、强弱、抑扬顿挫等是表达情绪的手段	
表情识别	定义	是指从静态图像或动态视频中分离出特定的表情状态，确定被识别对象的情绪的过程
	面部表情识别	艾克曼等人设计出面部动作编码系统
	姿态表情识别	卡尔逊设计出人体躯干姿态模型图

【习题精选】

什么是表情？举例说明表情识别在人们生活中的作用。

思路点拨： 首先要明确表情的概念，可以从表情的生理学和心理学定义入手，阐述表情是指通过面部肌肉、身体姿势、声音等变化来表达情感、态度和意图的方式，是人类非语言沟通的重要组成部分。说明表情识别在人们生活中的作用，可以从社交互动、教育教学、心理健康、安全与监控等方面举例分析。

参考答案：

(1)表情的含义

表情是指通过面部肌肉、肢体动作、声音等方式所表现出来的情感或情绪状态，是人类交流和表达情感的重要方式，主要包括面部表情、姿态表情和语调表情。

(2)表情识别在人们生活中的作用

以下是表情识别在人们生活中的一些作用的举例说明：

①社交互动

a. 理解他人意图：在对话过程中，若对方微微皱眉、眼神疑惑，可能表示对所说内容不理解或有疑问，此时我们可以及时调整表达方式，进一步解释说明，以确保信息准确传递；

b. 调整社交行为：当我们在社交场合中看到他人面带微笑、眼神友好，说明对方对我们的言行比较认可，我们可以更放松地继续交流；若发现对方表情严肃、双臂交叉抱胸，可能意味着对方不太认同或感到不舒服，我们就需要反思自己的言行，及时调整话题或沟通方式。

②教育教学

a. 了解学生状态：教师在课堂上通过观察学生的表情，如有的学生目光专注、频频点头，表明他们理解并跟上了教学节奏；而有的学生眼神迷茫、眉头紧锁，可能表示他们对知识点有困惑，教师可以据此及时调整教学进度和方法；

b. 引导学生情绪：教师还可以根据学生的表情来引导他们的情绪，比如当学生回答问题后，教师给予赞许的微笑和肯定的眼神，能增强学生的自信心和学习积极性；当学生出现紧张、焦虑等情绪时，教师通过温和的表情和鼓励的话语，帮助学生缓解压力。

③心理健康

a. 发现心理问题：家人、朋友或专业心理工作者可以通过观察一个人的表情来初步判断其心理状态。如果一个人长期面无表情或总是呈现出悲伤、焦虑的表情，可能暗示其存在心理问题，需要进一步关注和干预；

b. 辅助心理治疗：在心理治疗过程中，患者的表情能为治疗师提供重要线索。比如患者在讲述某些经历时出现痛苦、回避的表情，治疗师可以据此深入挖掘相关问题，帮助患者更好地处理情绪和解决心理问题。

④安全与监控

a. 公共场所监控：在机场、车站等公共场所，利用表情识别技术辅助安检，识别人员的紧张、恐惧等异常表情，有助于发现潜在的安全威胁。比如发现某人眼神慌乱、表情异常，可进一步检查其行李或身份，保障公共场所的安全；

b. 司法审讯：在司法审讯中，表情识别可以作为一种辅助手段，帮助审讯人员判断嫌疑人是否在说谎或隐瞒信息。比如嫌疑人在回答关键问题时出现眼神回避、面部肌肉不自然等表情，可能暗示其有问题，为审讯提供线索。

考点三、情绪理论

表10－3 情绪理论

<table>
<tr><th>要点</th><th colspan="2">具体内容</th></tr>
<tr><td rowspan="2">早期理论</td><td>詹姆斯－兰格理论</td><td>强调情绪的产生是植物性神经活动的产物</td></tr>
<tr><td>坎农－巴德理论</td><td>丘脑对激发情绪的刺激进行加工，同时把信息传送大脑及肌体其他部分。传递到大脑皮层的信息引起情绪体验，而传送到内脏和骨骼肌的信息激活生理反应</td></tr>
<tr><td rowspan="3">认知理论</td><td>阿诺德的评定－兴奋说</td><td>强调情绪的来源是对情境的评估，而这种评估是在大脑皮层产生的</td></tr>
<tr><td>沙赫特－辛格的情绪理论</td><td>情绪是认知因素和生理唤醒状态两者交互作用的产物</td></tr>
<tr><td>拉扎勒斯的认知－评价说</td><td>认为情绪是个体对环境事件知觉到有害或有益的反应。因此，在情绪活动中，人们需要不断地评价刺激事件与自身的关系。具体来讲，有三个层次的评价：初评价、次评价和再评价</td></tr>
<tr><td>动机－分化理论</td><td colspan="2">伊扎德认为，情绪是人格系统的组成部分，是人格系统的动力核心。情绪系统与认知、行为等人格子系统建立联系，实现情绪与其他系统的相互作用</td></tr>
</table>

【习题精选】

坎农－巴德学说在情绪理论中有什么地位与作用？

思路点拨：坎农－巴德学说由美国生理学家沃尔特·坎农及其弟子菲利普·巴德提出，强调情绪的中枢机制，认为情绪的产生是大脑皮层和丘脑协同活动的结果。该学说在情绪理论发展历程中占据重要地位，发挥着关键作用。它对詹姆斯－兰格理论提出了质疑，从新的角度去思考和研究情绪的本质，在一定程度上整合了情绪的生理和心理两个方面，从而促进了心理学与生理学等多学科之间在情绪研究领域的交叉与合作。

参考答案：

(1)坎农－巴德学说在情绪理论中的地位

①早期重要理论代表

在情绪理论的发展脉络中，坎农－巴德学说属于早期的经典理论，它是在詹姆斯－兰格理论之后，对情绪产生机制进行深入探讨的重要理论，为后续情绪理论的发展奠定了基础，是情绪理论发展过程中的重要里程碑。

②挑战传统观点

该学说挑战了当时占主导地位的詹姆斯－兰格理论，詹姆斯－兰格理论强调情绪是对身体生理变化的知觉，而坎农－巴德学说则认为情绪的产生不是简单地由生理反应决定，而是大脑皮层与丘脑共同作用的结果，这种观点的转变在情绪理论领域具有开创性意义，促使研究者从新的角度去思考和研究情绪的本质。

③引发广泛讨论研究

该学说引发了心理学界对情绪理论的广泛讨论和进一步研究，激发了众多学者对情绪生理机制的探索热情，推动了情绪理论从单一因素解释向多因素综合解释的方向发展。

(2)坎农－巴德学说在情绪理论中的作用

①生理机制研究奠基

该学说强调了丘脑在情绪产生中的重要作用，指出当外界刺激引起感觉器官的神经冲动，通过传入神经传至丘脑，再由丘脑同时向上向下发出神经冲动，向上传至大脑皮层产生情绪的主观体验，向下传至交感神经引起机体的生理变化。这为后来的情绪生理机制研究提供了重要的方向和思路，引导后续研究者不断深入探索丘脑以及其他脑区在情绪产生中的具体作用和神经通路。

②整合生理与心理因素

该学说在一定程度上整合了情绪的生理和心理两个方面，既关注到了情绪产生的生理基础，即丘脑的作用和身体的生理变化，又考虑到了大脑皮层对情绪主观体验的影响，这种将生理与心理因素相结合的观点，为后续情绪理论更加全面地解释情绪现象提供了借鉴，促进了情绪理论向更综合、更完善的方向发展。

③推动跨学科研究

该学说的提出促进了心理学与生理学等多学科之间在情绪研究领域的交叉与合作。它使心理学家意识到情绪研究不能仅仅局限于心理学范畴，还需要借助生理学等学科的研究方法和成果来深入探究情绪的本质，从而推动了跨学科研究的发展，为后来神经心理学、情感神经科学等交叉学科在情绪研究方面的深入发展奠定了基础。

考点四、情绪智力与情绪调节

表10－4　情绪智力与情绪调节

要点	具体内容	
情绪智力	情绪智力的定义	是指监控、识别自己和他人的情绪，对情绪进行评估和调节，利用情绪促进思维发展等方面的能力

续表

要点	具体内容		
情绪智力	四因素理论模型		梅耶和萨洛维提出(1997)，四个因素具有从下到上的层次结构，分别是：情绪知觉、评价和表达的能力；情绪对思维的促进能力；理解、分析情绪，运用情绪知识的能力；对情绪自我调节的能力
	情商		全称“情绪商数”，是指一个人情绪智力的指数。戈尔曼针对情商对职场表现的影响提出了情商架构
情绪调节	定义		个体通过一定的策略和机制，管理和改变自己、他人的情绪
	性质		①可以自我调节，也可以外部调节。 ②可以是有意识的调节，也可以是无意识的调节。 ③可以是对情绪效价的调节，也可以是对情绪动力性特征的调。 ④可以分为稳定的特质性情绪调节和暂时的状态性情绪调节
	相关理论	防御机制理论	情绪是冲动的，具有破坏性，是精神问题出现的根源，而情绪调节仅仅是降低消极情绪体验的防御机制
		情境理论	情绪调节是为了个体更好地适应环境
		过程理论	情绪调节发生在情绪反应的不同阶段，发生在情绪反应之前的，是先行关注情绪调节，发生在情绪反应之后的，是反应关注情绪调节
	策略		回避和接近策略、控制和修正策略、注意转换策略、认知重评策略、表达抑制策略、合理宣泄策略
	方法		正念冥想、自我暗示、音乐调节、建立社会支持系统

【拓展延伸】

情商

情商(情绪商数)(EQ)，由两位美国心理学家约翰·梅耶(新罕布什尔大学)和彼得·萨洛维(耶鲁大学)于1990年正式提出(第一个使用情商概念的人是巴昂，他在1988年编制了一份测量情商的问卷，根据他的定义，情商包括能影响人们适应环境的情绪及社交能力)，但并没有引起全球范围内的关注，直至1995年，由时任《纽约时报》的科学记者丹尼尔·戈尔曼出版了《情商：为什么情商比智商更重要》(本书译作《情绪智力》)一书，才引起全球性的EQ研究与讨论，因此，丹尼尔·戈尔曼被誉为“情商之父”。该书于1997年被引入中国大陆，从而引发全国大讨论，使之成为耳熟能详的一个名词。

丹尼尔·戈尔曼认为情商包含五个主要方面：

①了解自我：监视情绪时时刻刻的变化，能够察觉某种情绪的出现，观察和审视自己的内心世界体验，它是情绪智商的核心，只有认识自己，才能成为自己生活的主宰。

②自我管理：调控自己的情绪，使之适时适度地表现出来，即能调控自己。

③自我激励：能够依据活动的某种目标，调动、指挥情绪的能力，它能够使人走出生命中的低潮，重新出发。

④识别他人的情绪：能够通过细微的社会信号、敏感地感受到他人的需求与欲望，即认知他人的情绪，这是与他人正常交往，实现顺利沟通的基础。

⑤处理人际关系：调控自己与他人的情绪反应的技巧。

【习题精选】

1. 简述情绪智力在人们生活中的作用。

思路点拨：一般来说，情绪智力是指个体识别、理解、管理和运用自己及他人情绪的能力，它包括情绪感知、情绪理解、情绪管理和情绪运用等多个方面。该概念由萨洛维和梅耶提出，后经戈尔曼等学者进一步丰富和完善。可以从自我管理、人际关系、家庭生活、工作职场、心理健康这几个方面来说明情绪智力在生活中的作用。

参考答案：

情绪智力在人们生活中具有多方面的重要作用，主要体现在以下几个方面：

(1)在自我管理方面

①情绪调节

高情绪智力的人能敏锐感知自身情绪变化，比如在负面情绪焦虑、愤怒产生时，能通过深呼吸、冥想等方式有效调节，使情绪恢复平稳，保持良好的心理状态。

②目标设定与坚持

情绪智力高的人可以依据自身能力和兴趣设定合理目标，不会因困难、挫折与外界干扰或一时冲动随意更改，比如在备考时，能抵制娱乐诱惑，专注学习。

(2)在人际关系方面

①增进沟通理解

情绪智力高的人能敏锐感知他人的情绪变化，准确理解他人的情感需求和意图，在交流中更好地回应对方，使沟通更加顺畅和深入，减少误解和冲突。

②建立和维护关系

情绪智力高的人凭借良好的情绪管理能力，能控制自己的情绪反应，在人际交往中表现出恰当的情绪行为，容易赢得他人的信任和好感，有助于建立广泛而良好的人际关系网络，并能有效应对人际矛盾，维护和谐的关系。

(3)在家庭生活方面

①营造家庭氛围

在家庭中，情绪智力高的成员能够敏锐地感知家人的情绪，给予关心和支持，以积极的情绪感染家人，营造温馨、和谐的家庭氛围。

②处理家庭矛盾

当家庭中出现矛盾和问题时，情绪智力高的成员能够有效地管理自己的情绪，冷静地沟通和协商，以建设性的方式解决问题，维护家庭关系的稳定和幸福。

(4)在工作职场方面

①提高工作效率

情绪智力高的人能够认识和管理自己的情绪，保持积极的工作态度，在面对压力和挑战时保持冷静和专注，避免情绪波动对工作产生干扰，从而提高工作效率和质量。

②促进团队协作

高情绪智力的人在团队合作中善于识别团队成员的情绪状态，协调团队氛围，化解团队冲突，激发团队成员的积极性和创造力，提升团队的凝聚力和整体绩效。

③助力职业发展

情绪智力高的人能更好地理解上级和同事的期望，展示出良好的职业素养和人际交往能力，更易获得晋升机会和职业发展。

(5)在心理健康方面

①情绪调节与应对压力

情绪智力高的人能够更好地觉察自己的情绪，当面临负面情绪和压力时，能运用有效的情绪调节策略，如情绪表达、情绪转换等，将情绪调整到合适的状态，避免长期处于焦虑、抑郁等不良情绪中，维护心理健康。

②增强心理韧性

情绪智力高的人能够从挫折和困难中快速恢复，善于利用积极情绪来激发自己的动力和信心，在面对生活中的各种挑战时保持乐观的心态和坚韧的意志。

2. 什么是情绪调节？有哪些基本理论？

思路点拨：首先给出情绪调节的一般性定义；然后可以列举情绪调节的过程模型、情绪的认知评价理论、情绪的社会功能理论、情绪的生物进化理论四种基本的理论；还可以简要提及其他一些相关理论，如情绪调节的生态系统理论等，使回答更加全面。

参考答案：

(1)情绪调节的含义

情绪调节是个体对自身情绪的管理和调控过程，通过一系列策略和机制，使情绪在强度、时长、表达方式等方面达到符合当下情境和自身需求的适度状态，以便更好地应对生活中的各种事件和挑战，维持心理平衡和良好的社会功能。

(2)情绪调节的基本理论

①情绪调节的过程模型

a. 提出者：由詹姆斯·格罗斯(James Gross)提出；

b. 主要内容：该理论将情绪调节过程分为五个阶段，分别为情境选择、情境修正、注意分配、认知改变和反应调整。情境选择是指个体可以选择进入或避开某些特定情境来调节情绪；情境修正是指对情境进行一定程度的改变和调整，以减少不良情绪的产生；注意分配是指个体通过转移注意力，比如将注意力从引发负面情绪的事物上转移到其他事情上，来调节情绪；认知改变是指个体通过改变对事件的看法和理解来调整情绪反应，比如进行积极的自我暗示和重新解读事件等；反应调整是指在情绪已经被激发后，个体对情绪的外在表现和生理反应进行调节，比如控制面部表情、调整呼吸等。

②情绪的认知评价理论

a. 提出者：代表人物有拉扎勒斯(Richard Lazarus)等；

b. 主要内容：该理论认为情绪是个体对事件的认知评价结果。个体在面对事件时，会根据自身的目标、价值观和以往经验等对事件进行评估，判断其是否与自己的利益相关以及相关程度，这种评估决定了个体的情绪反应。个体将事件评价为对自己有利，可能会产生积极情绪；如果评价为不利，则可能产生消极情绪；并且，个体可以通过改变对事件的认知评价来调节情绪，比如换个角度看问题，重新审视事件的意义和价值，从而改变情绪体验。

③情绪的社会功能理论

a. 提出者：主要由一些社会心理学家提出和发展；

b. 主要内容：该理论强调情绪在社会交往和人际关系中的重要功能，认为情绪调节不仅仅是个体内部的心理过程，还具有重要的社会意义。情绪可以作为一种信号，向他人传达个体的状态和意图，影响他人的行为和反应。在社会交往中，个体需要根据不同的社交情境和目标，调节自己的情绪表达，以达到良好的社会互动效果，实现自身的社会功能，比如微笑可以传达友好和积极的态度，有助于建立和维护良好的人际关系，愤怒的情绪可能是在向他人表明自己的边界被侵犯，从而促使他人调整行为。

④情绪的生物进化理论

a. 提出者：以达尔文(Charles Darwin)为代表，后经多位学者发展完善；

b. 主要内容：该理论认为情绪是生物在进化过程中形成的适应性反应机制。不同的情绪具有不同的进化功能，比如恐惧情绪促使个体在面临危险时迅速做出逃跑或防御反应，以保护自身安全，愤怒情绪有助于个体在竞争或冲突情境中维护自己的利益和地位。情绪调节是在进化过程中逐渐形成的一种能力，帮助个体更好地适应环境变化，提高生存和繁衍的机会。在现代社会中，这些基于进化的情绪调节机制仍然在发挥作用，但也会受到文化、社会等因素的影响和塑造。

10.2 典型题(含考研真题)详解

一、单项选择题

1. 改变对负性情绪事件的理解来调节情绪的策略是(　　)。[统考2025年研]

A. 合理宣泄策略　B. 认知重评策略　C. 注意转换策略　D. 控制和修正策略

【答案】B

【解析】A项，合理宣泄策略是指通过合理的方式将负面情绪释放出来，比如通过倾诉、哭泣、运动等方式，让情绪得到宣泄，而不是改变对事件的理解，所以不符合题意。B项，认知重评策略是指个体改变对情绪事件的理解和看法，重新解读其意义和价值，从而改变情绪反应的策略。通过认知重评，个体可以从不同的角度看待负性情绪事件，使自己对事件的感受和体验发生改变，以达到调节情绪的目的，所以符合题意。C项，注意转换策略是指将注意力从引起负性情绪的事件上转移到其他事物或活动上，比如通过做自己喜欢的事情、转移到其他场景等方式来分散注意力，从而调节情绪，与改变对事件的理解无关，所以不符合题意。D项，控制和修正策略较为宽泛，一般来说是指对情绪的产生、表达等进行控制和调整，但没有明确指出是通过改变对事件的理解来调节情绪，所以不符合题意。因此答案选B。

2. 通过改变对情绪事件的理解和评价来调节情绪，这种策略是(　　)。[统考2023年研]

A. 控制修正　B. 认知重评　C. 注意转换　D. 情绪重评

【答案】B

【解析】控制和修正情绪事件是一种更为积极的策略，它是通过改变情境中各种不利的情绪事件来实现的，情绪调节者试图通过控制情境来控制情绪的过程或结果。认知重评，即认知改变，通过改变对情绪事件的理解和评价，而进行情绪调节。注意转换策略包括分心和专注两种策略。分心是将注意集中于与情绪无关的方面，或者将注意从目前的情境中转移开；专注是对情境中的某一个方面长时间地集中注意，这时个体可以创造一种自我维持的卓越状态。

3. 根据詹姆斯－兰格理论，下列选项中，支持此观点的是(　　)。[统考2022年研]

A. 脊髓受损的患者情绪感受性会降低

B. 药物引起的生理变化，不会导致情绪变化

C. 机体上的生理变化对情绪影响的差异不大

D. 植物性神经系统引起生理变化缓慢，情绪体验瞬息变化

【答案】A

【解析】B项，詹姆斯和兰格均认为情绪是对身体生理变化的知觉，直接由生理变化引起；C项，詹姆斯认为情绪是对身体变化的知觉；D项，植物性神经系统已经引起生理变化缓慢，那么情绪体验也会有所变化。

4. 在情绪反应中，与愤怒情绪产生关系最密切的神经中枢是(　　)。[统考2018年研]

A. 杏仁核　　B. 小脑　　C. 桥脑　　D. 延脑

【答案】A

【解析】A项，杏仁核是产生情绪，识别情绪和调节情绪，控制学习和记忆的脑部组织。实验证明，双侧杏仁核损伤的病人对恐惧和愤怒声音的识别有困难，或者对厌恶刺激没有反应，这说明杏仁核对识别威胁或危险线索是重要的。B项，小脑参与躯体平衡和肌肉张力(肌紧张)的调节，以及随意运动的协调。C项，桥脑是脑干部的一部分，位于延髓和中脑之间。D项，延脑居于脑的最下部，与脊髓相连，上接脑桥，其主要功能为控制基本生命活动，如控制呼吸、心跳、消化等。

5. 积极情绪有助于拓宽注意的范围，促进问题的解决，这体现了情绪的(　　)。[北京师范大学2017年研]

A. 组织功能　　B. 动机功能　　C. 适应功能　　D. 社会功能

【答案】A

【解析】情绪是一个独立的心理过程，有自己的发生机制和发生、发展的过程。情绪作为脑内的一个检测系统，对其他心理活动具有组织的作用。这种作用表现为积极情绪的协调作用和消极情绪的破坏、瓦解作用。中等强度的愉快情绪，有利于增强认知活动的效果。而消极的情绪如恐惧、痛苦等会对认知活动产生负面影响，消极情绪的激活水平越高，认知活动的效果越差。

6. 小王开车行驶在马路上，突然从路边窜出一条狗，此时他顾不上多想，迅速转动方向盘并急刹车，刹车之后，他才感觉自己的心怦怦乱跳，呼吸急促，觉得害怕，能够较好地解释该现象的情绪理论是(　　)。[统考2015年研]

A. 詹姆斯－兰格理论　　B. 坎农－巴德学说

C. 阿诺德的“评定－兴奋”学说　　D. 情绪的动机－分化理论

【答案】A

【解析】詹姆斯－兰格理论强调情绪的产生是植物性神经系统活动的产物，主张先有机体的生理变化，而后才有情绪。题干中小王感觉自己的心怦怦乱跳、呼吸急促之后才感觉害怕，表明先有身体的变化，后出现情绪。

7. 下列情绪理论中，强调对生理唤醒进行认知解释的是(　　)。[统考2014年研]

A. 沙赫特－辛格的情绪理论　　B. 詹姆斯－兰格的情绪理论

C. 阿诺德的情绪理论　　D. 伊扎德的情绪理论

【答案】A

【解析】沙赫特和辛格提出的两因素情绪理论，又称情绪唤醒模型，该理论认为，对特定情绪来说，有两个因素是必不可少的：①个体必须体验到高度的生理唤醒，如心率加快、手出汗、胃收缩、呼吸急促等；②个体必须对生理状态的变化进行认知性的唤醒；③相应的环境因素。

8. “人逢喜事精神爽”，这是一种(　　)。[华东师范大学2013年研]

A. 激情　　B. 心境　　C. 应激　　D. 热情

【答案】B

【解析】心境是指人比较平静而持久的情绪状态。心境具有弥漫性，它不是关于某一事物的特定体验，而是以同样的态度体验对待一切事物。

9. 在情绪研究中，研究者长期以来争论的主要问题是(　　)。[统考2011年研]

A. 情绪的产生是否与生理活动有关　　B. 情绪是否具有动机功能

C. 情绪和认知是否相互独立　　D. 基本面部表情是否具有跨文化的一致性

【答案】C

【解析】情绪的认知研究的实验基础不很牢固，假设的成分很大，也没有对认知评价的心理机制给予充分的说明，因此情绪与认知的关系是研究者长期以来争论的主要问题。情绪产生时会出现生理反应，涉及广泛的神经结构生理的唤醒；情绪是动机的源泉之一，能够激励人的活动，提高人的活动效率；基本面部表情具有跨文化一致性，ABD三项，均得到较为一致的研究结果。

二、概念题

1. 情绪调节[首都师范大学2014年研]

答：情绪调节是个体管理和改变自己或他人情绪的过程，在这个过程中，通过一定的策略和机制，使情绪在生理活动、主观体验、表情行为等方面发生一定的变化。情绪调节可以分为具体情绪的调节、唤醒水平的调节、情绪成分的调节三部分，具有恒定性、等级组织以及个体和文化差异等特点。

2. 心境［首都师范大学 2013 年研］

答：心境是指人比较平静而持久的情绪状态。具有弥漫性，它不是关于某一事物的特定体验，而是以同样的态度对待一切事物。心境持续时间具有差别，受到人格特征的影响。产生原因也是多方面的，与生活状况、个性特征、自然环境、社会关系等有关。心境对人的生活、工作、学习、健康有很大的影响。

3. 表情［天津师范大学 2012 年研］

答：表情是指情绪的外部表现。它是在情绪状态发生时身体各部分的动作量化形式，包括面部表情、姿态表情和语调表情。面部表情是所有面部肌肉变化所组成的模式；姿态表情是指面部以外的身体其他部分的表情动作，包括手势、身体姿势等；语调表情是通过言语的声调、节奏和速度等方面的变化来表达的。表情是人际交往的一种形式，是表达思想、传递信息的手段，也是了解情绪、情感的主观体验的客观指标之一。

4. 应激［南开大学 2012 年研；首都师范大学 2011 年研］

答：应激是指人对某种意外的环境刺激所做出的适应性反应。人们遇到某种意外危险或面临某种突然事变时，必须集中自己的智慧和经验，动员自己的全部力量，迅速做出选择，采取有效行动，此时人的身心处于高度紧张状态，即为应激状态。应激能引起"一般适应综合症"的发生。这种症状，一般分三个阶段：惊觉阶段、阻抗阶段和衰竭阶段。对应激的控制对人体健康十分重要。

三、简答题

1. 阐述情绪的认知－评价理论。［中国科学院大学 2024 年研］

答：情绪的认知－评价理论主要由心理学家理查德·拉扎勒斯提出。该理论认为，情绪并非直接由外部事件引起，而是个体对这些事件的"认知评价"过程的结果。这个过程涉及以下几个关键步骤：

（1）初级评价

个体首先评估外界刺激是否与自己的福祉相关；如果一个事件被判断为重要或有威胁（无论是正面还是负面），则会引发进一步的情绪反应准备。

（2）次级评价

在初级评价之后，个体还会评估自己是否有足够的资源和能力来应对这一事件，这包括考虑个人的应对策略、过往经验以及社会支持等因素；次级评价影响情绪的性质和强度，即决定是感到恐惧、愤怒、喜悦还是放松等。

（3）再评价

在情绪过程中，个体可能还会不断重新评估情境，根据新的信息或情绪变化调整自己的反应；这涉及对最初评价的修正，以及对后续行动的规划。

简而言之，认知－评价理论强调情绪是个体对环境事件的主观解释和评价的产物，而非事件本身直接导致的。这一理论突出了认知在情绪产生中的核心作用，为人们理解情绪复杂性提供了框架。

2. 请简述情绪与情感的区别和联系。［统考2020年研］

相关试题：简述情绪和情感的关系。［吉林大学2019年研］

答：情绪和情感与人的特定的主观愿望或需要相联系。情绪指感情过程，即个体需要与情境相互作用的过程，也就是脑的神经机制活动的过程。情感经常用来描述那些具有稳定的、深刻的社会意义的感情。情绪和情感是有区别的，但又相互依存、不可分离。

（1）情绪和情感的区别

①情绪具有较大的情景性、激动性和暂时性，往往随着情景的改变和需要的满足而减弱或消失。而情感作为一种体验和感受，情感具有较大的稳定性、深刻性和持久性。

②情绪代表了感情的种系发展的原始方面，既可以用于人类，也可以用于动物。而情感多与人的社会性需要相联系。

（2）情绪和情感的联系

稳定的情感是在情绪的基础上形成的，而且它又通过情绪来表达。情绪也离不开情感，情绪的变化反映情感的深度，在情绪中蕴含着情感。

3. 简述应激状态下“一般适应综合症”的阶段及其表现。［统考2017年研］

答：应激是指个体在某种意外情境下对外部环境刺激做出的适应性反应。应激状态与个体所面临的情境以及对自身能力的预期有关。当个体意识到自己不能应付当前情景时，就会产生紧张感而处于应激状态。生理上出现心跳、肌肉紧张、血压、呼吸等明显的变化，这些变化有助于帮助个体适应环境刺激，维护机体功能的完整性。

谢利把由应激引起的适应不良称为“一般适应综合症”，这种症状可分为“警觉”“阻抗”和“衰竭”3阶段，每个阶段有其独特的表现，具体如下：

（1）警觉阶段

交感神经兴奋，肾上腺素分泌增加，心率上升，血糖和胃酸增加，有机体无论什么时候遇到任何一个紧张刺激都会引起躯体内部的生理生化、体内环境平衡、内脏机能的变化，如，交感神经兴奋，肾上腺素分泌增加，心率上升，血糖和胃酸增加，即生物有机体自身会动员起来进行适应性防御。

（2）阻抗阶段

有机体在肾上腺素分泌增加之后，就会出现心律、呼吸加快、血压增加、血糖含量增加等变化，以便充分动员体内的潜能应对环境变化刺激的威胁。即有机体提高代谢水平，动员保护机制以抵消持续的情绪紧张。

（3）衰竭阶段

紧张刺激所致的威胁继续存在或躯体仍然像存在着威胁那样进行反应，抵御就会持续下去，有机体的适应性贮存全部耗尽。这时机体被自身防御作用损害，导致适应性疾病。

4. 请说明心境、激情和应激三种不同情绪的特点。［北京师范大学2017年研］

答：心境、激情和应激是较为典型的情绪状态，它们是在某种事件或情境的影响下，在一定时间内所产生的某种情绪。具体含义和特点如下：

（1）心境

心境是指人比较平静而持久的情绪状态。心境具有弥漫性，它不是关于某一事物的特定体验，而是以同样的态度体验对待一切事物。心境持续时间有很大差别。某一种心境的持续时间依赖于引起心境的客观刺激的性质，且人格特征也能影响心境的持续时间，同一事件对某些人的心境影响较小，而对另一些人的影响则较大。

(2)激情

激情是指一种强烈的、爆发性的、为时短促的情绪状态。这种情绪状态通常是由对个人有重大意义的事件引起的。激情状态往往伴随着生理变化和明显的外部行为表现。激情状态下人往往出现"意识狭窄"现象，即认识活动的范围缩小，理智分析能力受到抑制，自我控制能力减弱，进而使人的行为失去控制，甚至做出一些鲁莽的行为或动作。

(3)应激

应激是指人对某种意外的环境刺激所做出的适应性反应。应激状态的产生与人面临的情景及人对自己能力的估计有关。当情景对一个人提出了要求，而他意识到自己无力应对当前情境的过高要求时，就会体验到紧张而处于应激状态。人在应激状态下，会引起机体的一系列生物性反应，如肌肉紧张度、血压、心率、呼吸以及腺体活动都会出现明显的变化。这些变化有助于适应急剧变化的环境刺激，维护机体功能的完整性。

5. 简述情绪外周理论的主要观点。[首都师范大学2015年研；苏州大学2013年研]

答：情绪外周理论即詹姆斯－兰格情绪学说，强调情绪的产生是植物性神经系统活动的产物。

(1)詹姆斯有关情绪外周理论的主要观点

詹姆斯根据情绪发生时引起的植物性神经系统的活动，和由此产生的一系列机体变化提出，情绪就是对身体变化的知觉。他认为，"情绪，只是一种身体状态的感觉，它的原因纯粹是身体的"，主张先有机体的生理变化，而后才有情绪。当一个情绪刺激物作用于人体的感官时，立刻会引起身体上的某种变化，激起神经冲动，传至中枢神经系统而产生情绪。在詹姆斯看来，悲伤由哭泣而起，愤怒由打斗而致，恐惧由战栗而来，高兴由发笑而生。

(2)兰格有关情绪外周理论的主要观点

兰格认为，情绪是内脏活动的结果，他特别强调情绪与血管变化的关系，认为情感如果没有身体的属性，就不存在血管运动的混乱、血管宽度的改变以及各个器官中血液量的改变，乃是激情的真正的最初原因。兰格以饮酒和药物为例来说明情绪变化的原因。酒和某些药物都是引起情绪变化的因素，它们之所以能够引起情绪变化，是因为饮酒、用药都能引起血管的活动，而血管的活动是受植物性神经系统控制的。植物性神经系统支配作用加强，血管舒张，结果就产生了愉快的情绪；植物性神经系统活动减弱，血管收缩或器官痉挛，结果就产生了恐怖。因此，情绪决定于血管受神经支配的状态、血管容积的改变以及对它的意识。

兰格与詹姆斯在情绪产生的具体描述上虽有不同，但他们的基本观点是相同的，即情绪刺激引起身体的生理反应，而生理反应进一步导致情绪体验的产生。

6. 简述情绪的主要功能。[首都师范大学2013年研]

答：情绪主要是指感情过程，即个体需要与情境相互作用的过程，也就是脑的神经机制活动的过程。情绪具有较大的情景性、激动性和暂时性。情绪的主要功能有：

(1)适应功能

情绪是有机体适应生存和发展的一种重要方式。人们通过各种情绪、情感，了解自身或他人的处境与状况，适应社会的需要，求得更好的生存和发展。

(2)动机功能

情绪是动机的源泉之一，是动机系统的一个基本成分。它能够激励人的活动，提高人的活动效率。适度的情绪兴奋，可以使身心处于活动的最佳状态，进而推动人们有效地完成工作任务。研究表明，适度的紧张和焦虑能促使人积极地思考和解决问题。同时，情绪对于生理内驱力也具有放大信号的作用，成为驱使人们行为的强大动力。

(3)组织功能

情绪是一个独立的心理过程，有自己的发生机制和发生、发展的过程。情绪的组织作用表现为积极情绪的协调作用和消极情绪的破坏、瓦解作用。

(4)信号功能

情绪在人与人之间具有传递信息，沟通思想的功能。这种功能是通过情绪的外部表现，即表情来实现的。

四、论述题

1. 材料：小明参加一场自己认为非常重要的考试，在考试过程中手心出汗、心跳加速，感到非常紧张。当他看到试卷时，觉得题目非常难，他觉得考不上；而周围的人都在快速答题，更让他感觉紧张了，同时生理上的反应症状更加明显了。

请分别用詹姆斯－兰格的外周情绪理论、沙赫特－辛格的激活归因情绪理论、阿诺德－拉扎勒斯的认知评价情绪理论来解释小明出现的情况。［西南大学2018年研］

答：(1)詹姆斯－兰格的外周情绪理论

①詹姆斯根据情绪发生时引起的植物性神经系统的活动和由此产生的一系列机体变化提出情绪就是对身体变化的知觉。在他看来，悲伤乃由哭泣而起，愤怒乃由打斗而致，恐惧乃由战栗而来，高兴乃由发笑而生。

②兰格认为，情绪是内脏活动的结果，他特别强调情绪与血管变化的关系。

兰格与詹姆斯在情绪产生的具体描述上虽有不同，但他们的基本观点是相同的，情绪的产生是植物性神经系统活动的产物，后人称为情绪的外周理论。但是，他们片面强调植物性神经系统的作用，忽视了中枢神经系统的调节、控制作用，因而引起了很多的争议。

通过外周情绪理论分析，小明是在感知到“在考试过程中手心出汗、心跳加速”的生理变化之后才产生了焦虑情绪。

(2)沙赫特－辛格的激活归因情绪理论

激活归因情绪理论认为，对于特定的情绪来说，有两个因素是必不可少的：一是个体必须体验到高度的生理唤醒，如手心出汗、心率加快等；二是个体必须对生理状态的变化进行认知性的唤醒；三是相应的环境因素。

将上述理论转化为一个工作系统，统称为情绪唤醒模型，即情绪是由认知过程(期望)、生理状态与环境因素在大脑皮层中整合的结果，这个系统包括三个亚系统：第一个亚系统：对来自环境的输入信息的知觉分析。第二个亚系统：在长期生活经验中建立起来的对外部影响的内部模式，包括过去、现在和对将来的期望。第三个亚系统：现实情景的知觉分析与基于过去经验的认知加工间的比较系统，称为认知比较器。

这个情绪唤醒模型的核心部分是认知，通过认知比较器把当前的现实刺激与存储在记忆中的过去经验进行比较，当知觉分析与认知加工间出现不匹配时，认知比较器就产生信息，动员一系列的生化和神经机制，释放化学物质，改变脑的神经激活状态，使身体适应当前情境的要求，这时情绪就被唤醒了。

通过激活归因情绪理论分析，小明感到“题目非常难”，认定自己是考不上的，看到“周围的人都在快速答题”，认定别人是都可以考上的。因为认知上的偏差，导致唤起焦虑、紧张情绪，并产生相应的生理反应。

(3)阿诺德-拉扎勒斯的认知评价情绪理论

阿诺德认为，对外部环境影响的评价与估量是情绪产生的直接原因。同一刺激情境，由于对它的评估不同，就会产生不同的情绪反应。情绪的产生是大脑皮层和皮下组织协同活动的结果，其中包括机体内部器官和骨骼肌的变化，对外周变化的反馈是情绪意识基础，这就是“评定-兴奋”说。拉扎勒斯进一步发展阿诺德的观点，形成认知-评价理论。认知评价情绪理论认为，情绪是人与环境相互作用的产物。在情绪活动中，人不仅接受环境中的刺激事件对自己的影响，同时要调节自己对于刺激的反应。情绪是个体对环境事件知觉到有害或有益的反应。因此，在情绪活动中，人们需要不断地评价刺激事件与自身的关系。具体来讲，有三个层次的评价：初评价、次评价和再评价。初评价是指人确认刺激事件与自己是否有利害关系，以及这种关系的程度。次评价是指人对自己反应行为的调节和控制，它主要涉及人们能否控制刺激事件，以及控制的程度，也就是一种控制判断。再评价是指人对自己的情绪和行为反应的有效性和适宜性的评价，实际上是一种反馈性行为。

通过认知评价情绪理论分析，小明初评价认为这场考试非常重要，次评价对自己的行为进行调整，再评价是认定自己通不过这场考试，因此导致其焦虑、紧张。

2. 如何理解情绪的生理反应和情绪的主观体验？它们有什么联系？［北京大学2012年研］

答：(1)情绪的生理反应和情绪的主观体验

情绪和情感是人对客观事物的态度体验及相应的行为反应，是由独特的主观体验、外部表现和生理唤醒等三种成分组成的。

①主观体验是个体对不同情绪和情感状态的自我感受。

②情绪与情感的外部表现，通常称之为表情。它是在情绪和情感状态发生时身体各部分的动作量化形式，包括面部表情、姿态表情和语调表情。

③生理唤醒是指情绪与情感产生的生理反应。生理唤醒涉及广泛的神经结构。

(2)情绪的生理反应和主观体验之间的联系

①詹姆斯认为，情绪是对身体变化的知觉。当一个情绪刺激物作用于我们的感官时，会引起身体上的某种变化，激起神经冲动，传至中枢神经系统而产生情绪。兰格认为情绪是内脏活动的结果。情绪决定于血管受神经支配的状态、血管容积的改变以及对它的意识。两人在情绪产生的具体描述上虽有不同，但他们的基本观点是相同的，即情绪刺激引起身体的生理反应，而生理反应进一步导致情绪体验的产生。

詹姆斯－兰格理论看到了情绪与机体变化的直接关系，强调了植物性神经系统在情绪产生中的作用，这有其合理的一面；但是，他们片面强调植物性神经系统的作用，忽视了中枢神经系统的调节、控制作用，因而引起了很多的争议。

②坎农－巴德学说认为，情绪的中心不在外周神经系统，而在中枢神经系统的丘脑。情绪体验和生理变化是同时发生的，它们都受丘脑的控制。由外界刺激引起感觉器官的神经冲动，通过内导神经，传至丘脑；再由丘脑同时向上向下发出神经冲动，向上传至大脑，产生情绪的主观体验，向下传至交感神经，引起机体的生理变化，如血压增高、心跳加速、肌肉紧张等，使个体生理上进入应激状态。

坎农的丘脑学说强调被唤醒的丘脑过程是情绪产生的机制，提出了情绪的特定脑中枢，因此比詹姆斯－兰格理论前进了一步。但是，丘脑学说忽视了外周神经系统对情绪的意义以及大脑皮层对情绪发生的作用，还是有一定的局限性。

3. 试论述情绪与认知的关系、情绪与个性的关系。［天津师范大学2012年研］

答：(1)情绪与认知

情绪是指个体受到某种刺激所产生的一种身心激动状态，它是对人的生物及社会需要是否得到满足的反映。认知则包括感知、思维和决策等一系列的活动。情绪和认知虽然都是独立的心理过程，有自己的发生机制和变化规律，但是二者有着密切的联系。

情感在认知的基础上产生；情感又对认知产生巨大的影响，成为调节和控制认知活动的一种内在因素。积极的情感能激发人们认识的积极性，使人锐意进取；相反，消极情感会使人消沉、沮丧，窒息人们认识与创造的热情。

①根据拉扎勒斯的情绪认知理论，情绪活动必须有认知活动的指导，只有这样，人们才可以了解环境中刺激事件的意义，才可能选择适当的、有价值的动作组合，即动作反应。按照拉扎勒斯的观点，情绪是个体对环境事件知觉到有害或有益的反应。因此，在情绪活动中，人们需要不断地评价刺激事件与自身的关系。

②情绪对认知活动具有组织的作用，包括对活动的瓦解或促进作用。一般来说，正性情绪，如愉快、兴趣等，对认知活动起协调、促进的作用，负性情绪，如担忧、沮丧等，则起破坏、瓦解或阻断的作用。

正性情绪对认知的促进作用也不是一成不变的，它取决于情绪的强度水平。研究表明，愉快和兴趣的情绪强度与被试的手工操作效果呈倒“U”型曲线，中等强度的愉快情绪下认知操作达到最优水平，过低或过高的愉快唤醒均不利于认知操作。这一不同唤醒水平的情绪对认知活动的不同效应称为“耶克斯－道德森”定律。

(2)情绪与个性

情绪与个性密切相关。个性可以影响个体对生活事件的感知，同样的生活事件，在不同个性的人身上可以出现完全不同的身心反应结果。

①人类的情绪情感具有共性，但共性之中又有差异性。情绪情感受个性倾向性的制约。与人的需要、价值观相符合的事物，会引起满意、愉快、喜悦、崇敬、肯定的情绪和情感；与人的需要、价值观不相符合的事物，会引起不安、苦闷、愤怒等否定情绪和情感。这就表明，人的情绪有明显的倾向性，即指向于一定的对象，而不会是无缘无故的。

②人的情绪和情感不仅受个性倾向性的制约，而且稳定的情绪和情感特点也表现为个

性差异。例如，在日常生活中，有的人情绪易激动，有的人易动感情，有的人不易动感情、显得淡漠无情。

4. 根据一项对老年人的调查，情绪稳定开朗的老人身体更好，不容易生病，请回答情绪和健康有什么关系？［上海师范大学2012年研］

答：健康是一种在身体上、心理上和社会适应方面的完好状态，而不仅仅是没有疾病和虚弱的状态。情绪是人对客观事物是否符合自己的需要而产生的态度体验，是客观事物同主观需要关系的反映。现代医学和心理学的研究成果表明，情绪不仅对人的心理健康有影响，且对人的身体健康也有直接的影响。一个人若是心情愉快、舒畅，生活态度乐观、豁达，则人体免疫功能活跃、旺盛，可减少疾病感染的机会。

（1）不良情绪对健康的影响

不良情绪主要包括2种情绪体验形式：一种是持久性的消极情绪体验。另一种是过度性的情绪体验，是指心理体验过分强烈，超出了一定限度。持久性的消极情绪体验和过度性的情绪体验都有严重的危害性。有的人经受长期的不良情绪之后，不仅人际关系和工作效率受到影响，而且心理上的痛苦还会转变成身体上的疾病，严重影响身体健康。研究发现，常见的心血管疾病、消化性溃疡、糖尿病、哮喘、甲亢、癌症等都与长期的紧张情绪有关。

（2）乐观情绪对健康的影响

研究表明，压力大、忧郁的人更易患心脏病和流感等疾病，人的大脑右额前皮层活动主管愤怒、恐惧和伤心等消极情绪，左额前皮层则与乐观、热情等积极的情绪有关。右额前皮层活跃的人（即情绪低落者），体内抗体水平低，情绪最终可以影响人对疾病的抵抗力。另外，大脑的情感中枢会分泌出一种有利于健康的“脑力啡肽”物质，这种物质既可镇痛又可抗衰老，还能激活免疫系统功能，抑制有害微生物和癌细胞生长，还能调节内分泌，排除生理障碍，从而使人体细胞活性增强，抗病能力提高。相反，在情绪不好时，会使肾上腺素皮质酮分泌增加，这种激素进入血液后，可损害人体免疫功能，引发各种疾病。因此，为了避免情绪不良造成疾病，应尽量保持乐观情绪，做到心胸开阔、豁达，对不良精神刺激，要冷静对待，善于解脱，节制过分思虑，学会自我安慰，尽早从不良情绪的阴影中走出来，从而增强机体免疫力。

5. 试评述情绪动机－分化理论。

答：伊扎德提出的情绪的动机－分化理论是以情绪为核心，以人格结构为基础，论述情绪的性质和功能。

（1）情绪与人格系统

伊扎德认为情绪是人格系统的组成部分，而人格是由体内平衡系统、内驱力系统、情绪系统、知觉系统、认知系统和动作系统等六个子系统组成。人格系统的发展是在子系统的自身发展与系统差异之间联结不断形成和发展的过程。在这些子系统中，他认为认知过程引起比较和辨别活动，是知识的学习、记忆、符号操作、思维和言语过程。情绪具有动力性，它组织并驱动认知与行为，为认知和行为提供活动线索。可见，情绪是人格系统的核心动力。

(2)情绪系统及其功能

伊扎德认为情绪包含神经生理、神经肌肉的表情行为、情感体验等三个子系统，它们相互调节作用建立联系实现情绪与其他系统的相互作用。情绪活动还涉及广泛的神经结构；他还认为，表情行为包括神经肌肉的活动和感觉反馈活动两部分，表现在脸部、言语、躯体姿势等活动，而神经化学活动通过一些内在的程序、激活脸部和躯体的活动模式，这些活动的反馈信号进入意识状态，形成情绪体验。概括起来，他认为情绪特征主要来源于个体的生理结构；遗传是某种情绪的阈限特征的强度水平的决定因素。

(3)情绪激活与调节

伊扎德提出了四个基本过程，生物基因 - 神经内分泌激活过程、感觉反馈激活过程、情感激活过程和认知激活过程。他认为，生物遗传 - 神经内分泌系统不仅可以直接激活情感体验，而且可以影响其他三个情绪激活过程；他还提出了情绪产生的神经肌肉 - 感觉反馈原理，认为体内外的感觉输入信息作用于皮层下的有关部位，传出的运动信息使个体产生表达情绪的肌肉活动，肌肉活动所引起的感觉反馈信息进入边缘皮层区，使情绪达到意识水平，产生情绪体验；他还认为，认知是情绪产生的一个重要因素，但认知不等于情绪，也不是产生情绪的唯一原因，而只是参与情绪激活与调节的过程。

第4编　人的心理特性

第11章　智　力

11.1　复习笔记

【知识框架(庖丁解牛)】

- 智力
  - 智力的概念和理论
    - 定义
    - 心理测量取向的智力理论
    - 智力理论的新视角
    - 智力与能力、成就的关系
  - 智力的测量
    - 比纳－西蒙量表
    - 斯坦福－比纳量表
    - 韦克斯勒量表
  - 智力发展与个体差异
    - 智力发展的一般趋势
    - 智力发展的个体差异
  - 影响智力的因素
    - 遗传的作用
    - 环境和教育的作用
    - 人的主观能动性

【复习向导(切中肯綮)】

本章重要考点及要求：明确了解智力的定义、与能力、成就的关系；重点掌握智力理论的新视角以及心理测量取向的智力理论。能够运用一般智力测验中比纳－西蒙量表、斯坦福－比纳量表。掌握智力发展的一般趋势与个体差异。重点掌握影响智力的因素。

【考点难点归纳(游刃有余)】

考点一、智力的概念和理论

表11－1　智力的概念和理论

要点	具体内容
定义	是指个体认识客观事物并运用知识解决实际问题的能力；这种能力不是单一的，而是由多种能力组合而成，主要包括观察力、注意力、记忆力、思维力和想象力等；这些能力相互作用、相互影响，共同构成了个体的智力体系

续表

要点	具体内容	
心理测量取向的智力理论	二因素论	斯皮尔曼认为能力由一般能力(g因素)和特殊能力(s因素)组成
	群因素论	瑟斯顿认为智力包括语词理解、语词流畅、数字运算、空间关系、联想记忆、知觉速度、一般推理等能力
	三维智力结构模型	吉尔福特认为智力包括内容、操作、产物三个维度
	流体智力与晶体智力	①液体能力：信息加工和问题解决过程中所表现出来的能力；较少地依赖于文化和知识的内容；决定于个人的禀赋。 ②晶体能力：获得语言、数学等知识的能力；决定于后天的学习，与社会文化有密切的关系
智力理论的新视角	多元智力理论	加德纳认为智力由言语、逻辑－数学、空间、音乐、运动、人际、自知、自然等智力成分
	智力的三因素理论	斯腾伯格认为智力包括分析性智力、创造性智力、实践性智力三种类型
	智力的PASS模型	达斯等认为智力包括计划－注意－同时性加工－继时性加工四种认知过程
智力与能力、成就的关系	能力是顺利地完成某种活动所必备的心理特征；可分为： ①能力倾向，是指容纳、接受或保留事物的可能性，即一个人潜在的能力，是能预测个体在将来的活动中成功或失败的可能性的心理结构。 ②成就，是指一个人通过经验和学习而获得的知识或者技能。 a. 知识是人脑对客观事物的主观表征，可分为陈述性知识（“是什么”的知识）和程序性知识（“如何做”的知识）； b. 技能是指通过练习而获得的完成活动的动作方式和动作系统	

【习题精选】

你更认同心理测量取向的智力理论还是信息加工取向的智力理论，为什么？

思路点拨：心理测量取向和信息加工取向的智力理论各有千秋，在不同方面展现出独特价值，同时也存在一定局限性，很难简单地判定更认同哪一种。在回答该问题时，应该将两种理论的优势和局限详细列举出来。在实际运用中，则应该将两者结合起来，相互补充、相互验证，扬长避短。

参考答案：

心理测量取向和信息加工取向的智力理论都为理解智力做出了重要贡献，二者各有优劣，很难简单地判定更认同哪一种。以下从多个方面详细阐述：

(1)心理测量取向的智力理论

①优势

心理测量取向的智力理论，如比纳－西蒙智力量表、韦克斯勒智力量表等，通过设计一系列标准化的测试题目，对个体的智力进行量化评估，用智商(IQ)来表示智力水平，这种量化的评估方式使得不同个体之间的智力水平具有可比性，能够为教育、职业选拔、临床诊断等领域提供客观的参考依据。例如，在教育领域，教师可以根据学生的智商分数了解学生的智力水平，从而制定个性化的教学计划，满足不同学生的学习需求；在职业选拔中，用人单位可以通过智商测试筛选出具有较高智力水平的候选人，提高职业选拔的效率和准确性；在临床诊断中，对于疑似智力障碍的儿童，可以通过智力测验评估其智力水平，确定是否存在智力障碍以及智力障碍的程度，为制定康复训练计划提供依据。

②局限

a. 内容与形式的局限性：心理测量取向的智力理论主要关注智力的结果和表现，通过标准化的测试题目来测量个体的智力水平，然而，这些测试题目往往只能涵盖智力的某些方面，无法全面、准确地测量个体的智力，如传统的智力测验主要侧重于测量个体的语言能力、逻辑思维能力和数学能力等方面，而对于个体的创造力、实践能力、社会交往能力等方面的测量则相对较少；此外，标准化的测试题目往往具有固定的形式和答案，要求个体按照规定的方式进行回答，这在一定程度上限制了个体的思维和创造力的发挥，无法真实地反映个体的智力水平；

b. 忽视智力的动态发展与情境因素：心理测量取向的智力理论通常将智力视为一种相对稳定的特质，认为个体的智力水平在一定时期内是相对固定的，不会发生太大的变化；然而，现代心理学的研究表明，智力是一个动态发展的过程，受到个体的遗传因素、环境因素、教育因素以及个体的主观努力等多种因素的影响，个体的智力水平在不同的发展阶段会呈现出不同的特点和变化趋势，而且个体的智力水平也会随着环境的变化和个体的学习、实践经验的积累而发生改变；此外，心理测量取向的智力理论往往忽视智力的情境性，认为智力是一种独立于情境的特质，个体的智力水平在不同的情境中都应该表现出相对一致的水平，然而，现实生活中的研究表明，智力是具有情境性的，个体的智力水平在不同的情境中会表现出不同的特点和水平，例如，一个在学术领域表现出较高智力水平的人，在实际生活中可能会因为缺乏实践经验和社会交往能力而表现出较低的智力水平。因此，心理测量取向的智力理论忽视智力的动态发展和情境因素，无法全面、准确地理解智力的本质和特点。

(2)信息加工取向的智力理论

①优势

a. 深入剖析智力的内在机制：信息加工取向的智力理论将智力视为个体对信息进行加工处理的能力，通过研究个体在感知、记忆、注意、思维、语言等认知过程中的信息加工方式、策略和速度等方面，来揭示智力的内在机制。这种研究方法使得我们能够深入了解智力的本质和特点，为智力的研究提供了新的视角和方法。例如，斯腾伯格的三元智力理论从成分、经验和情境等三个方面对智力进行了全面的分析和阐述，深入揭示了智力的内在机制，为智力的研究提供了重要的理论基础；

b. 强调智力的动态性和情境性：信息加工取向的智力理论强调智力是一个动态发展的过程，受到个体的遗传因素、环境因素、教育因素以及个体的主观努力等多种因素的影响；此外，还强调智力的情境性，个体的智力水平在不同的情境中会表现出不同的特点和水平。因此，信息加工取向的智力理论能够更加全面、准确地理解智力的本质和特点。

②局限

a. 实验情境与现实生活的差距：信息加工取向的智力理论主要通过实验室实验的方法来研究个体的信息加工过程和智力机制。在实验室实验中，研究者通常会对实验情境进行严格的控制和操纵，以确保实验结果的准确性和可靠性；然而，这种高度控制的实验情境往往与现实生活中的情境存在较大的差距，使得实验结果的生态效度较低，难以直接应用于现实生活中；

b. 难以进行量化评估与比较：信息加工取向的智力理论主要关注个体在信息加工过程中的认知机制和心理过程，通过对个体的认知过程进行详细的分析和描述，来揭示智力的内在机制；然而，这种研究方法往往难以对个体的智力水平进行量化评估和比较；此外，由于不同的研究者在采用这些指标进行测量时，可能会采用不同的实验设计、测量方法、数据分析方法等，使得不同的研究结果之间难以进行直接的比较和整合。以上这些局限都在一定程度上限制了信息加工取向的智力理论在各个领域的应用。

我们应充分认识到这两种理论取向的优势与不足，将它们有机结合起来，相互补充、相互验证，从而更全面、深入地理解智力的本质和特点，为教育、职业选拔、临床诊断等领域提供更科学、有效的理论支持和实践指导。

考点二、智力的测量

表11-3　智力的测量

要点	具体内容
比纳-西蒙量表	包括30个题目，各题目的难度按顺序逐渐上升，测量记忆、理解与推理等能力
斯坦福-比纳量表	比率智商公式：智商(IQ)=心理年龄(MA)/实际年龄(CA)×100
韦克斯勒量表	离差智商公式： $IQ = 100 + 15Z$ 其中 $Z = \frac{X - \overline{X}}{S}$ Z代表标准分数，X代表个体的测验分数，$\overline{X}$代表团体的平均分数，S代表团体分数的标准差

考点三、智力发展与个体差异

表11-3　智力发展与个体差异

要点	具体内容
智力发展的一般趋势	①童年期和青少年期是智力发展非常重要的时期。从三四岁到十二三岁，智力的发展与年龄的增长几乎等速。之后随着年龄的增长，智力的发展呈负加速变化，即发展日趋平缓。 ②智力在18~25岁时达到顶峰。智力的不同成分达到顶峰的时间是不同的。 ③流体智力在中年之后有下降的趋势，晶体智力在人的一生中是逐渐增长的。 ④成年期是智力发展最稳定的时期。在25~40岁时，人们常出现富有创造性的活动。 ⑤智力发展的趋势存在个体差异。
智力发展的个体差异	①智力水平的个体差异：智商在100±30以内的人应占全人口的95.6%。智商高于130或低于70的人在全人口中只有极少数。 ②智力结构的差异：主要表现在个体在智力构成因素、认知风格和特殊才能等的不同上。 ③能力的性别差异： a. 数学能力的性别差异：女生在计算能力上具有一定的优势，但这种优势只表现在中、小学阶段；在问题解决上，在初中时期女生略好，而在高中及大学阶段男生则表现出优势； b. 言语能力的性别差异：3~8年级的女生的言语能力普遍比男生好； c. 空间能力的性别差异：在空间知觉和心理旋转测验中，男性的表现明显优于女性；而在空间想象测验中，男女的测验分数差异不显著

考点四、影响智力的因素

表 11-4 影响智力的因素

要点	具体内容	
遗传的作用	智力的遗传率为 60% ~80%	
环境和教育的作用	产前环境的影响	孕妇的年龄、服药、患病、营养对胎儿生长发育和出生后的智力有影响
	早期经验的作用	丰富的环境刺激有利于儿童早期的智力发展
	学校教育的作用	儿童所接受的学校教育的总量与其智商分数呈正相关
人的主观能动性	一个人刻苦努力，积极向上，具有广泛的兴趣和强烈的求知欲，那么他的智力就能得到更好的发展；相反则很难发展到应有的水平	

11.2 典型题(含考研真题)详解

一、单项选择题

1. 智力 PASS 模型不包括以下哪个认知过程？(　　)[统考 2025 年研]

A. 知觉　　B. 注意　　C. 同时性加工　　D. 继时性加工

【答案】A

【解析】智力 PASS 模型是由戴斯(J. P. Das)等人提出的，PASS 是指“计划－注意－同时性加工－继时性加工”(Planning-Attention-Simultaneous-Successive Processing)，它包括了计划、注意、同时性加工和继时性加工这四个认知过程，并不包括即时性加工。①计划，是 PASS 模型中的最高层次，个体在完成任务时需要制定计划、策略，对认知过程进行监控和调节等。②注意，是整个认知系统的基础，使个体能够对信息进行选择和集中，保证认知活动的顺利进行。③同时性加工，是指个体可以同时对多个信息进行处理和整合，比如在空间认知、图形识别等任务中，个体可以同时处理多个维度的信息。④继时性加工，是指个体按照顺序对信息进行加工，如在语言理解、记忆等任务中，个体需要按照先后顺序对信息进行处理。综上所述，知觉不属于智力 PASS 模型中的认知过程。因此答案选 A。

2. 根据斯滕伯格智力情绪亚理论，情境智力是(　　)。[统考 2023 年研]

A. 适应环境、塑造环境和选择新环境的能力

B. 编码、保持和提取信息的能力

C. 操作、获得和加工知识的能力

D. 同时性加工和继时性加工信息的能力

【答案】A

【解析】智力情境亚理论认为，智力是指获得与情境拟合的心理活动，在日常生活中它表现为有目的地适应环境、塑造环境和选择新环境的能力。个体总是努力地适应所处环境，达到与环境的一种和谐状态。当个体对环境感到不适应时，要么选择另外一种环境，要么重塑当前环境。

3. 下列哪个选项属于吉尔福特的三维结构模型？(　　)[统考 2022 年研]

A. 内容、操作、产物　　B. 认知、语义、类别
C. 记忆、关系、符号　　D. 行为、评价、蕴涵

【答案】A

【解析】智力三维结构模式理论是由吉尔福特用内容、操作和产物三个维度建构的智力结构的立体式模型，简称为SOI模型。

4. 下列选项中，属于晶体智力的是(　　)。[统考2019年研]

A. 词汇理解能力　　B. 类比推理能力
C. 演绎推理能力　　D. 运算速度

【答案】A

【解析】晶体智力是指获得语言、数学等知识的能力，它与社会文化有密切的关系，包括词汇理解能力；流体智力是指在信息加工和问题解决过程中所表现出来的能力，与先天天赋有关，包括类比推理能力、演绎推理能力、运算能力。

5. 根据比率智商的计算公式，如一个孩子的心理年龄与生理年龄一致，则智商是(　　)。[统考2016年研]

A. 50　　B. 75　　C. 100　　D. 125

【答案】C

【解析】比率智商是指智龄与实际年龄(生理年龄)之比，其公式为IQ＝智力年龄/实际年龄×100，若一个孩子的心理年龄与生理年龄一致，则其智商为100。

6. 在智力的PASS模型中处于最高层次认知过程的是(　　)。[统考2016年研]

A. 注意　　B. 计划　　C. 同时性加工　　D. 继时性加工

【答案】B

【解析】PASS是指“计划－注意－同时性加工－继时性加工”，它包含了三层认知系统和四种认知过程：①注意系统，又称注意－唤醒系统，是整个系统的基础；②同时性加工和继时性加工称为信息加工系统，处于中间层次；③计划系统处于最高层次，负责监督、管理、调节其他心理过程。计划、注意、同时性加工和继时性是智力活动最一般、最普遍的加工过程，三层系统间呈动态联系、互相影响、相互作用，协调合作保证智力活动的完成。

7. 根据斯腾伯格的成功智力理论，个体比较、判断、评价和批判等思维活动属于(　　)。[统考2013年研]

A. 分析性智力　　B. 生存性智力　　C. 空间性智力　　D. 运动性智力

【答案】A

【解析】斯腾伯格提出的三重智力说，包括分析性智力、创造性智力、实践性智力。其中，分析性智力是一种分析和评价各种思想、解决问题和制定策略的能力；创造性智力用以找对问题；实践性智力用以解决实际工作和生活中的问题。

二、概念题

1. 一般能力[南京师范大学2017年研]

答：一般能力是指在不同种类的活动中表现出来的能力，如观察力、记忆力、抽象概括力、想象力、创造力等。其中抽象概括力是一般能力的核心。斯皮尔曼根据人们完成智力任务时成绩的相关程度，提出能力由两种因素组成：一种是一般能力或一般因素，简称G因素，代表人的基本心理潜能，是决定一个人能力高低的主要因素。正是由于这种因素，人们在完成不同智力任务时，成绩才会出现某种正相关。另一种是特殊能力或特殊因素，简称S因素，它是人们完成某些特定的任务或活动所必需的。

2. 能力和智力[首都师范大学2015年研；苏州大学2013、2011年研；天津师范大学2012年研]

相关试题：智力[西南大学2021年研]

答：①能力是指顺利实现某种活动所需的个性心理特征或人格特质。知识和技能是能力的基础。能力的形成和发展依赖于知识、技能的获得，同时能力的高低又会影响到掌握知识、技能的水平。能力的产生发展和人类的社会生活分不开。

②智力是心理学基本概念。至今心理学界尚无公认的定义。韦克斯勒认为，它是指使个人有目的地行动、合理地思考、有效地应对环境的一种综合能力。中国多数心理学家认为，它是个体顺利从事某种活动所必需的各种认知能力的有机结合；是一种综合的心理能力，是进行学习、处理抽象概念、应对新情境和解决问题以适应新环境的能力。

3. 晶态智力与液态智力[首都师范大学2011年研]

相关试题：晶体智力[吉林大学2018年研；南开大学2017年研]

答：①晶态智力(又称晶体能力)是指获得语言、数学等知识的能力，它决定于后天的学习，与社会文化有密切的关系。

②液态智力(又称液体能力)是指在信息加工和问题解决过程中所表现出来的能力，如对关系的认识、类比、演绎推理能力，形成抽象概念的能力等。它较少地依赖于文化和知识的内容，而决定于个人的禀赋。

三、简答题

1. 结合有关智力结构的理论，谈谈该如何评价人的智力水平高低。[西南大学2019年研]

答：智力是指人认识、理解客观事物并运用知识、经验等解决问题的能力，包括记忆、观察、想象、思考、判断、推理等。

心理学家们提出了很多关于智力(或能力)结构的理论。

(1)智力(或能力)结构的传统理论

20世纪60~70年代以前的理论，称之为传统的能力理论。这些理论往往以能力测验为工具，采用因素分析等统计方法，探索能力的个体差异以及这些差异产生的原因，从测验结果中分析出不同的能力因素，以此来构建能力的结构。

①独立因素说

a. 主要观点：美国心理学家桑代克认为人的能力是由许多独立的成分或因素构成的。

不同的能力和不同的因素是彼此没有联系的；能力的发展只是单个能力独立的发展；

b. 理论价值：这种学说很快受到人们的批评。

②二因素理论

a. 主要观点：斯皮尔曼根据人们完成不同任务时的业绩的相关，提出能力由一般因素和特殊因素构成。一般因素是人们从事各种活动都需要的能力，包括观察力、记忆力、想象力、思维能力、创造力等，而特殊因素是指在某一专业领域的活动中具有特殊意义，并在其中显现出来的能力，如画家的颜色辨别能力和空间想象能力。许多特殊因素与某种普遍因素结合在一起，就组成了人的智力；

b. 理论价值：这种理论对人们认识能力结构有重要启发，为研究两种能力和编制能力测验奠定了理论和实验的基础。

③群因素理论

a. 主要观点：瑟斯顿认为个体的能力应该包括多种平等的基本能力因素，这些基本能力因素的不同组合便构成每一个人独特的能力整体。他提出了语词理解、语词流畅、数字运算、空间关系、联想记忆、知觉速度、一般推理等7种基本心理能力。瑟斯顿根据上述7种能力编制了《基本心理能力测验》，分别测量这些因素。然而测验结果显示，各种基本心理能力之间存在不同程度的相关，这似乎说明在群因素之外还存在着一般因素。瑟斯顿在之后的理论中修改了关于各因素相互独立的看法，提出了一阶因素的概念，即在彼此相关的第一阶因素的基础上，再度进行因素分析，提取高阶的共同因素，这样，群因素论就与二因素论趋于融合了；

b. 理论价值：瑟斯顿所提出的七种基本能力，已经成为心理学工作者研究智力结构的重要资料。在现代智力因素理论中，他的群因素论起着承前启后的重要作用。自从群因素学说提出后，智力因素研究转向对智力的深入的因素分析，此后形成两种倾向：一种是构造包括普遍因素和各种基本能力在内的智力等级体系，另一种是在独立的智力因素之上建立智力结构模型。

④三维结构模型

a. 主要观点：吉尔福特认为智力可以区分为三个维度：内容、操作和产品。智力活动的内容包括听觉、视觉、符号、语义和行为五类；而智力操作是指智力活动的过程，有认知、记忆、发散思维、聚合思维和评价等五种；智力活动的产品是运用智力操作得到的结果，这些结果可以按单位计算，可以分类处理，也可以表现为关系、转换、系统以及应用；

b. 理论价值：吉尔福特的三维智力结构模型同时考虑到智力活动的内容、过程和产品，这对推动智力测验工作起了重要的作用。

(2)智力(或能力)结构的新理论

20世纪80年代以后，由于认知科学和神经科学的发展，涌现出有关能力结构的一系列新理论，主要有加德纳的多元智力理论，斯腾伯格的三元智力理论以及达斯和纳格利尔里的智力的PASS模型等。

①多元智力理论

a. 主要观点：美国心理学家加德纳提出了组成智力的不同因素，它们是：语言能力、逻辑－数理能力、空间能力、音乐能力、身体动觉能力、人际能力以及自知能力。这几种智力成分相互独立，每种智力都有一个单独的功能系统，这些系统可以相互作用，产生外显的智力行为；

b. 理论价值：多元智力理论提出以后，在世界引起广泛关注，也对教育产生了巨大的启示。

②三元智力理论

a. 理论内容：美国心理学家斯腾伯格提出了智力的三元理论。他认为一个完备的智力理论应该包括三个方面，即智力成分亚理论、智力情景亚理论和智力经验亚理论。智力成分亚理论认为智力包括三种成分及相应的过程，元成分、操作成分和知识获得成分。智力情景亚理论认为智力是指获得与情景拟合的心理活动。智力经验亚理论提出智力包括两种能力，一种是处理新任务的和新环境所要求的能力，另一种是信息加工过程自动化的能力；

b. 理论价值：智力的成分亚理论是三元智力理论中最早形成和最为完善的部分，它揭示了智力活动的内部机制。根据这种理论编制的能力测验，能测量出人们是怎样解决问题的，因而对深入了解能力的实质和促进能力的训练与培养，都有重要意义。

③智力的 PASS 模型

a. 理论内容：纳格利尔里和达斯提出的 PASS 模型是建立在鲁利亚的三个机能系统学说的基础之上的。PASS 是指“计划 – 注意 – 同时性加工 – 继时性加工”，它包含了三层认知系统和四种认知过程，其中注意系统是整个系统的基础；同时性加工和继时性加工统称为信息加工系统，处于中间层次；计划系统处于最高层次，三个系统协调合作，保证了一切智力活动的运行；

b. 理论价值：推动了对能力内在结构的分析。

2. 智力发展个体差异表现。[中央财经大学 2019 年研]

答：智力的个别差异主要表现在三个方面：

(1)智力水平的差异

人与人的智力水平差异是客观存在的。关于智力水平的划分问题，一般都参照推孟的做法，按照智商的高低把智力划分成九类：天才，IQ 是 140 以上；上智，IQ 在 120 ~ 140 之间；聪颖，IQ 在 110 ~ 120 之间；中材，IQ 在 90 ~ 110 之间；迟钝，IQ 在 80 ~ 90 之间；近愚，IQ 在 70 ~ 80 之间；低能，IQ 在 50 ~ 70 之间；无能，IQ 在 25 ~ 50 之间；白痴，IQ 在 25 以下。人们的智力优劣差异的分布，基本上符合正态分布。

例如：超常儿童与智能不足的差异。智商在 140 以上的儿童称为超常儿童，这类儿童观察事物细致、准确；注意容易集中，记忆速度快、准确而且牢固；思维灵活，有创造性，不易受具体情景的局限。智商在 70 以下的为智能不足，表现为知觉速度慢，范围狭窄，内容笼统、贫乏；对词和直观材料的记忆都差，再现时歪曲和错误较多；他们的语言发展迟缓、词汇量少、缺乏连贯；认知活动中缺乏概括性，严重丧失生活自理能力。

(2)智力发展时间的个别差异

不同的个体智力发展的时间也有差异，有人才华早露，有人大器晚成。王勃，6 岁善文辞，曹子建 7 岁能诗；控制论的创始人维纳 4 岁可自由阅读书籍；而爱因斯坦 3 岁才开始学说话，被认为是一个傻头傻脑的孩子，但他 26 岁发表了“狭义相对论”，30 岁发表了“广义相对论”；更有大器晚成者，我国明朝学者李贽，57 岁才写成《焚书》。

(3)智力类型的个别差异

同样智力优秀的人，他们的智力类型并不完全一样。有的智力优秀者记忆力特强，抽象概括能力并不怎么好；有的智力优秀者相反，抽象概括能力很好，而记忆能力并不突出。又如同样是天才，有的是音乐天才，有的是美术天才，有的是数学天才，有的是文学天才等，他们虽然都是智力优秀者，但在智力类型上，各有特点。

3. 简述晶体智力和流体智力的含义，并说明这两种智力的发展趋势。[统考 2015 年研]

答：根据能力在人的一生中的不同发展趋势以及能力和先天禀赋与社会文化因素的关系，可分为晶体智力和流体智力。以下是关于两种智力及其发展趋势的介绍：

(1)晶体智力及其发展趋势

晶体智力，是指获得语言、数学等知识的能力，它决定于后天的学习，与社会文化有密切的关系。晶体能力在人的一生都在发展，只是到 25 岁以后，发展的速度渐趋平缓。

(2)流体智力及其发展趋势

流体智力，是指在信息加工和问题解决过程中所表现出来的能力，它随着神经系统的成熟而提高，如对关系的认识，类比、演绎推理能力，形成抽象概念的能力等。它较少地依赖于文化和知识的内容，而决定于个人的禀赋。流体智力的发展与年龄有密切关系。一般人在 20 岁以后，流体智力的发展达到顶峰，30 岁以后将随年龄的增长而降低。

4. 简述加德纳(Gardner)多元智力理论。[苏州大学 2014 年研；天津师范大学 2012 年研；陕西师范大学 2012 年研]

相关试题：多元智力理论[概念题，华东师范大学 2025 年研；深圳大学 2025 年研]

答：(1)多元智力理论由美国心理学家加德纳提出。他认为，智力的内涵是多元的，它由七种相对独立的智力成分所构成，后来又补充了一种。每种智力都是一个单独的功能系统。这些系统可以相互作用，产生外显的智力。

①言语智力，是指用语言思维、表达和欣赏语言深层内涵的能力。

②逻辑 - 数学智力，是指能够计算、量化、思考命题和假设，并进行复杂数学运算的能力。

③空间智力，是指在头脑中形成一个外部空间世界的模式并会运用和操作这种模式的能力。包括认识环境、辨别方向的能力。

④音乐智力，是指敏感地感知音调、旋律、节奏和音色及韵律表达的能力。

⑤运动智力，是指运用身体的一部分解决问题或制造产品的能力，包括支配身体完成精细动作的能力。

⑥人际智力，是指能够理解别人和与他们交往、合作的能力。

⑦自知智力，是指深入了解自己的内心世界，建立正确而真实的自我模式并在实际生活中有效运用这一模式的能力。

⑧自然智力，是指观察自然界中各种形态，对物体进行辨认和分类，洞察自然或人造系统的能力。

(2)加德纳认为，每一种智力在人类认识世界和改造世界的过程中都发挥着巨大的作用，具有同等的重要性。多元智力理论提出以后，在世界引起广泛关注，也对教育产生了巨大的启示。

5. 简述一般能力与特殊能力的概念及其关系。［首都师范大学2013年研］

答：能力是一种心理特征，是顺利实现某种活动的心理条件。按照不同的方法，能力可以分为不同的类别。其中，能力可以分为一般能力和特殊能力。

（1）一般能力与特殊能力的概念

①一般能力是指在不同种类的活动中表现出来的能力，比如观察力、记忆力、抽象概括力、想象力、创造力等。其中抽象概括力是一般能力的核心。

②特殊能力是指在某种专业活动中表现出来的能力，它是顺利完成某种专业活动的心理条件，比如画家的色彩鉴别力、形象记忆力，音乐家区别旋律的能力、音乐表象能力以及感受音乐节奏的能力等，均属于特殊能力。

（2）一般能力与特殊能力的关系

①一般能力是特殊能力的重要组成部分。人的一般听觉能力既存在于音乐能力中，也存在于言语能力中。没有一般听觉能力的发展，就不可能发展音乐和言语听觉能力。

②特殊能力的发展有助于一般能力的发展。比如音乐能力的发展会提高一般的听觉能力，并进而影响言语听觉能力的发展。

6. 能力和知识、技能的关系。［苏州大学2012年研］

答：（1）三者的概念

①能力

它是一种心理特征，是顺利实现某种活动的心理条件。能力表现在所从事的各种活动中，并在活动中得到发展。

②知识

它是人脑对客观事物的主观表征。知识有不同的形式，一种是陈述性知识，即“是什么”的知识，另一种是程序性知识，即“如何做”的知识。

③技能

它是指人们通过练习而获得的动作方式和动作系统。技能可分为操作技能和心智技能。操作技能的动作是由外显的机体运动来实现的，其动作的对象为物质性的客体，即物体。心智技能的动作，通常是借助于内在的智力操作来实现的，其动作对象为事物的信息，即观念。

（2）三者之间的关系

①区别

能力是顺利而有效地完成某种活动所必须具备的心理条件。知识是人脑对客观事物的主观表征，是人类社会历史经验的总结和概括；技能是通过练习而获得和巩固下来的完成活动的动作方式和动作系统。

②联系

能力不是知识和技能，但与知识和技能有着密不可分的联系。首先，知识和技能是能力的基础，能力的形成与发展依赖于知识、技能的获得。随着知识、技能的积累，人的能力也不断提高。其次，能力是掌握知识和技能的前提，决定着掌握知识和技能的方向、速度、巩固的程度和所能达到的水平。

7. 怎样发挥人的主观能动性在智力发展中的作用？

答：主观能动性在智力发展中起着关键作用，人们可从激发内在动力、优化学习策略、积极参与实践、营造良好环境等方面发挥主观能动性，促进智力发展，具体如下：

（1）激发内在动力

①明确目标与意义

为自己设定清晰、具体、可实现的智力发展目标，比如计划在一定时间内提升某种思维能力或掌握特定知识领域；同时，深入理解智力发展对个人成长、职业发展和生活质量的重要意义，增强内在驱动力。

②培养兴趣爱好

主动探索不同领域的知识和技能，发现自己感兴趣的方向，比如对科学、艺术、文学等产生浓厚兴趣，兴趣会驱使人们更积极地投入时间和精力去学习和钻研，从而促进智力发展。

③自我激励与肯定

在智力发展过程中，遇到困难和挫折时，学会自我激励，保持积极的心态；每取得一点进步，都要及时给予自己肯定和奖励，增强自信心和成就感，推动自己不断前进。

（2）优化学习策略

①主动学习与思考

摒弃被动接受知识的方式，主动阅读、提问、讨论，积极寻求知识。在学习过程中，深入思考问题，分析知识之间的内在联系，尝试从不同角度理解和解决问题，培养批判性思维和创造性思维能力。

②制定学习计划

根据自身情况和发展目标，制定合理的学习计划，合理安排时间，确保系统、有规律地学习；同时，要根据学习进度和实际效果，灵活调整计划，提高学习效率。

③善于总结归纳

定期对所学知识进行总结归纳，将零散的知识系统化、结构化，建立知识体系；通过比较、分类、概括等方法，加深对知识的理解和记忆，提高知识的运用能力。

（3）积极参与实践

①勇于尝试新事物

主动参与各种实践活动，如科研项目、社会实践、创新创业等，在实践中运用所学知识，锻炼解决实际问题的能力；不断尝试新的任务和挑战，拓展自己的能力边界，促进智力的多元化发展。

②在实践中反思

每次实践活动后，认真反思自己的表现和收获，分析成功经验和不足之处；通过反思，总结经验教训，调整自己的思维方式和行为策略，不断提升自己的智力水平和实践能力。

③与他人合作交流

积极与他人合作，共同完成任务和解决问题。在合作过程中，倾听他人的意见和建议，学习他人的优点和经验，拓宽自己的视野和思维方式；同时，通过与他人的交流和讨论，激发自己的灵感，促进智力的碰撞和提升。

(4)营造良好环境

①主动选择学习环境

选择有利于智力发展的环境，比如图书馆、学习小组、学术讲座等，这些环境能够提供丰富的学习资源和交流机会，激发学习动力和创造力。

②构建人际支持网络

与积极向上、有求知欲的人建立良好的人际关系，形成互相学习、互相鼓励的氛围；与他们交流思想、分享经验，从他们身上获取正能量和启发，促进自己的智力发展。

四、论述题

1. 论述斯滕伯格的智力三元理论。[山东师范大学2018年研]

答：心理学家斯腾伯格从信息加工的角度提出了关于智力的三元理论，认为智力乃是个体对内外情境中信息刺激进行加工处理的能力，由以下三个组成部分：

(1)成分性智力

它是指个体对初级信息进行加工的能力，包含有三个子成分。第一个是元成分，它是智力活动的高级管理成分，参与智力活动的计划、资源分配、评价、监控以及策略的选择等；第二个是操作成分，其功能是执行元成分的指令，进行各种具体的认知加工操作(编码、提取、应用、存贮等)，并同时提供反馈信息；第三个是知识获得成分，它负责新知识和新信息的获取。

(2)经验性智力

它是指个体运用既有经验处理新问题时，统合不同观念而形成的顿悟或创造力。

(3)实用性智力

它是指个体在日常生活中，运用学得的知识经验处理其日常事务、适应环境的能力。

这一理论从人的内部世界、外部世界及经验与智力的关系三个方面来阐述智力的结构，并集中强调了元成分在智力结构中的核心作用，代表着当今智力研究的发展方向。

2. 论述遗传、环境和教育对个人能力发展的作用。[山东师范大学2018年研]

答：遗传、环境和教育在个人能力发展中都起着至关重要的作用，它们相互影响、相互制约，共同塑造着个体的能力，以下是具体论述：

(1)遗传的作用

①提供生理基础

遗传基因决定了大脑结构、神经系统等生理基础，这些是能力发展的物质前提。例如，一些人天生在大脑的某些区域发育较为发达，可能在空间思维、语言表达等方面具有潜在优势，像患有“学者症候群”的人，尽管有智力障碍等问题，但因大脑特定区域的特殊发育，可能在音乐、绘画等某方面展现出惊人的天赋。

②确定能力发展的潜在范围

遗传为个体能力发展设定了上限和下限，即个体在某些能力上可能达到的极限是由遗传决定的。比如，在体育领域，一些具有特定遗传基因的人，天生在耐力、爆发力等方面具有成为优秀运动员的潜力，而缺乏相关基因的人，无论如何训练，可能都难以达到同样的高度。

(2)环境的作用

①自然环境的影响

不同的自然环境会对人的能力发展产生不同影响。生活在海边的人可能更擅长游泳、航海等与水相关的技能，对海洋生物等知识有更深入的了解；而生活在山区的人可能在登山、辨别方向等方面更有优势，对山区的动植物和地形更熟悉。

②社会环境的塑造

家庭、学校、社区、文化等社会环境对个人能力发展至关重要。家庭氛围民主、和谐的孩子，可能更敢于表达自己的想法，在沟通和人际交往能力上发展得更好；而在一个充满暴力和冲突的家庭中成长的孩子，可能会出现心理问题，影响其学习能力和社交能力的发展。学校的教学质量、师资力量等也会影响学生的能力发展，优质的学校资源能为学生提供更多的学习机会和平台，有助于培养学生的多种能力。

(3)教育的作用

①引导和发掘潜能

教育能够根据个体的特点和潜力，有针对性地进行引导和培养。教师通过观察和评估学生的表现，发现学生在不同领域的潜力，如在数学、艺术、体育等方面的天赋，然后提供相应的教育资源和指导，帮助学生将潜力转化为实际能力。

②提供系统知识和技能培训

学校教育和专业培训等能够为个体提供系统的知识体系和专业技能培训。通过课程设置和教学计划，学生可以循序渐进地学习各种知识，从基础知识到专业知识，逐步建立起完整的知识框架。同时，通过实践教学、实习等环节，学生能够将所学知识应用到实际中，提高自己的技能水平。

③培养非智力因素

教育不仅注重知识和技能的传授，还注重培养学生的非智力因素，如学习习惯、思维方式、意志品质等。良好的学习习惯和思维方式能够提高学习效率，帮助学生更好地掌握知识和技能；而坚强的意志品质能够让学生在面对困难和挫折时保持积极的心态，坚持不懈地努力，这些非智力因素对于个人能力的发展同样具有重要意义。

总之，能力是在先天素质的基础上，在后天生活环境和教育的共同作用下，通过一定的活动发展起来的。

3. 在日常生活中，智力测验得分高的人不一定事业成功。请用斯腾伯格的成功智力理论和加德纳的多元智力理论对这一现象加以分析。[统考2017年研]

答：(1)成功智力理论

斯腾伯格认为成功智力包括分析性智力、创造性智力和实践性智力三个方面。

①分析性智力

它是指一种解决问题、制定决策和评判思维成果质量的能力。在个体问题解决过程中，分析性智力的主要目的在于从问题情境出发，克服众多障碍并最终达到对问题的解决。在决策过程中，分析性智力可以帮助个体从多种可能中选择或对机会做出评估。

②创造性智力

它是指一种能超越给定的内容，产生有趣思想的能力，它能运用现有的知识和才能创造出更好的有价值的产品。

③实践性智力

它是指一种可在日常生活中将思想及其分析的结果以一种行之有效的方法来加以使用的能力；它能将理论转化为实践，将抽象思想转化为实际成果的能力。

成功智力是一个有机的整体，创造性智力帮助人们从一开始就形成好的问题和想法，分析性智力用来发现好的问题解决方法，实践性智力则可将思维及其分析结果以一种行之有效的方法来整合实施。在这三个方面相互协调才能取得更有效的成就，所以只有智力测验单方面得分高不一定事业成功。

(2)多元智力理论

美国心理学家加德纳提出了智力的多元理论。加德纳从研究脑部受创伤的病人发觉到他们在学习能力上的差异，提出能力的内涵是多元的。具体包括如下九种能力：

①语言

包括有效地运用口头语言及文字的能力，即指听、说、读、写能力，表现为个人能够顺利而高效地利用语言描述事件、表达思想并与人交流的能力。

②逻辑－数学

包括数学运算与逻辑思考的能力，如做数学证明题的能力。

③空间

包括认识环境、辨别方向的能力等。

④运动

包括运用整个身体来表达想法和感觉，以及运用双手灵巧地生产或改造事物的能力。

⑤音乐

包括感知音调、旋律、节奏和音色等能力，表现为个人对音乐节奏、音调、音色和旋律的敏感以及通过作曲、演奏和歌唱等表达音乐的能力。

⑥社交

是指能够有效地理解别人及其关系及与人交往能力，包括四大要素：

a. 组织能力，动员与协调群体的能力；

b. 协商能力，仲裁与排解纷争能力；

c. 分析能力，敏锐察知他人的情感动向与想法，易与他人建立密切关系的能力；

d. 人际联系，关心他人，善于调适自己以适应团体合作的能力。

⑦自知

认识自己的能力，正确把握自己的长处和短处，把握自己的情绪、意向、动机、欲望，对自己的生活有规划，能自尊、自律，会吸收他人的长处。

后来，加德纳又继续补充了两种能力类型，包括：

⑧自然能力

认识、感知自然界的各种事物，如敏锐地觉察周围环境的改变。

⑨存在

表现出的对生命、死亡和终极现实提出问题，并思考这些问题的倾向性。

每种智力都是一个单独的功能系统，它们相互作用产生外显的智力行为；智力测验的高分值并不一定能保证事业的成功；人们需要在合适的工作岗位上充分发挥自身能力优势，才有可能取得更多的成就。

4. 在现实生活中，人们经常发现，智商高的人在婚姻关系、子女养育、职场适应等方面并不一定成功。请根据萨罗维（P. Savlovey）和梅耶（D. J. Mayer）的“情绪智力”观点加以分析与阐述。［统考2013年研］

答：（1）基本观点

情绪智力，简称情商，是指个体监控自己及他人的情绪和情感，并识别、利用这些信息指导自己的思想和行为的能力。情商即识别和理解自己和他人的情绪状态，并利用这些信息来解决问题和调节行为的能力。一个人真正的成功并不取决于他的智商，而是情商。情商包括一系列的心理过程，这些过程可以概括为三个方面：准确地识别、评价和表达自己和他人的情绪；适应性地调节和控制自己和他人的情绪；适应性地利用情绪信息，以便有计划地、创造性地激励行为。

（2）分析与阐述

①婚姻关系、子女教育、职场适应都涉及沟通和对他人的理解与感知层面，所以，如果情商低，无法在其中调控自己的情绪，也无法很好地共情和理解对方，那么再高的智商也没用。

②情绪智力作为人类社会智力的一个组成部分，是人们对情绪进行信息加工的一种重要能力。情绪智力有很大的个体差异。情绪智力高的个体可能更深刻地意识到自己和他人的情绪和情感，对自我内部体验的积极方面和消极方面更开放。这种意识使他们能对自己和他人的情绪做出积极的调控，从而维持自己良好的身心状态，与他人保持和谐的人际关系，有较强的社会适应能力，在学习、工作和生活中取得更大的成功。因此，培养和发展人们的情绪智力对全面提高人的素质具有重要的意义。

所以，在日常生活中，一方面我们要锻炼自己的逻辑思维能力，发挥自己的理性思维等。同时更要注重培养自己的情商，情商不是天生的，是可以学习和培养的，帮助我们更好地更深刻地意识到自己和他人的情绪和情感，对自我内部体验的阶层方面和消极方面更开放。持开放的态度，对自己的情绪做积极的调控，维持自己良好的身心状态，与他人保持和谐的人际关系，从而具有较强的社会适应能力。

5. 高考成绩能反映出一个人的智力水平的高低吗？你判断的依据是什么？

答：高考成绩在一定程度上能反映一个人的智力水平，但不能完全等同于智力水平，判断依据如下：

（1）能反映智力水平的方面

①知识掌握与逻辑思维

高考涵盖多门学科，要求考生掌握大量的基础知识，并具备将知识融会贯通、运用逻辑思维解决问题的能力。如数学考试中，考生需理解各种概念、定理，通过逻辑推理和计算来解答复杂的题目；物理、化学等学科也需要运用逻辑思维来分析问题、推导结论。能在这些科目中取得好成绩，通常意味着考生有较强的学习能力和逻辑思维能力，这是智力的重要组成部分。

②记忆与信息处理能力

高考需要考生记忆大量的知识点，如语文的古诗词、英语的单词和语法、历史的事件和人物等。同时，考生还需在有限时间内对这些信息进行检索、提取和运用。良好的记忆力和信息处理能力是智力的表现之一，高考成绩较好的学生往往在这方面有一定优势。

③分析与解决问题能力

高考题目中会有很多需要考生分析和解决的实际问题，尤其是在理科综合和文科综合的主观题中。例如，在文科综合考试中，可能会给出一些材料，要求考生分析材料解答问题。能够准确分析问题、找到解决问题的关键，体现了考生的思维敏捷性和灵活性，也是智力水平的重要体现。

(3)不能完全反映智力水平的方面

①非智力因素的影响

高考成绩会受到很多非智力因素的影响，如学习态度、努力程度、考试心态等。有些学生可能学习非常刻苦，通过大量的练习和复习弥补了自身智力上的不足，取得了较好的成绩；而有些学生可能因为考试时过于紧张，没有发挥出应有的水平。此外，学习习惯、家庭环境、教育资源等因素也会对高考成绩产生影响，这些都与智力水平无关。

②智力的多元性

美国心理学家加德纳提出了多元智能理论，认为人类的智力是多元的，包括语言智能、逻辑－数学智能、空间智能、身体－运动智能、音乐智能、人际智能、内省智能等多个方面。高考主要侧重于考查语言、逻辑－数学等方面的能力，对于其他方面的智力涉及较少。例如，一个具有很高音乐智能或身体－运动智能的学生，可能在高考中无法充分展现其在这些领域的天赋，仅从高考成绩很难全面评估其智力水平。

③创新与实践能力

高考的评价体系相对注重对已有知识的考核，虽然也有一些考查创新思维的题目，但总体来说，对于学生的创新能力和实践能力的考查不够全面和深入。而在现实生活中，创新和实践能力是智力的重要体现，很多在科研、艺术等领域有突出成就的人，其创新和实践能力可能在高考中无法得到充分体现。

第12章 人 格

12.1 复习笔记

【知识框架(庖丁解牛)】

- 人格
  - 人格概述
    - 定义
    - 本质特征
    - 结构
  - 人格理论
    - 精神分析的人格理论
    - 人本主义的人格理论
    - 人格的社会学习理论
    - 人格特质理论
  - 人格测评
    - 自陈量表测验
    - 投射测验
    - 其他方法
  - 人格的形成
    - 人格形成的生物学基础
    - 后天环境存人格形成中的作用
    - 自我因素在人格形成中的作用

【复习向导(切中肯綮)】

本章重要考点及要求：了解人格的定义、本质特征；重点掌握人格的结构(能够分辨气质与性格的区别)。重点掌握人格理论(精神分析的人格理论、人本主义的人格理论、人格的社会学习理论、人格特质理论的提出者、主要观点等)。重点掌握人格测评的相关知识；能够运用自陈量表测验和投射测验。明确了解人格形成的相关知识；掌握人格形成的生物学基础以及后天环境、自我因素对人格形成的影响。

【考点难点归纳(游刃有余)】

考点一、人格概述

表12－1 人格概述

要点	具体内容
定义	是个体在遗传素质的基础上，通过与后天环境的相互作用而形成的相对稳定、独特且具有综合性的心理和行为模式

续表

要点	具体内容	
本质特征	整体性；稳定性；独特性；社会性	
结构	气质	①定义：个体生来就具有的心理活动的动力性特征，表现在心理活动强度、速度、灵活性与指向性等方面。气质具有先天性，受高级神经活动类型的影响。 ②主要理论： a. 古希腊医生希波克里特提出的体液说(人体内有黄胆汁、血液、黏液和黑胆汁四种体液)；根据体液配合比例的不同，可形成四种不同的气质类型：胆汁质(热情直率，容易冲动)、多血质(活泼好动，灵活多变)、黏液质(安静稳重，忍耐沉着)、抑郁质(沉默寡言，敏感孤僻)； b. 巴甫洛夫根据神经活动的兴奋过程和抑制过程的强度、平衡性、灵活性，将高级神经活动划分为兴奋型、活泼型、安静型、抑制型
	性格	①定义：个人对现实的稳定的态度以及与之相应的行为方式。 ②与气质的关系： a. 性格不同于气质。首先，气质具有先天性，与人的高级神经活动类型密切相关；而性格是后天形成的，是人在活动中与环境相互作用的结果，反映了人的社会性。其次，气质的可塑性小，不容易改变；而性格的可塑性大，社会实践活动与环境对性格的影响大。最后，气质是人的行为动力特征，与行为内容无关，没有好坏与善恶之分，不具有道德评价的意义；而性格关系到人的行为内容，表现了人与社会的关系，因而具有道德评价的意义； b. 性格与气质有密切联系。首先，气质影响性格的表现。气质不同，性格的表现也不同。例如，同样是勇敢的性格特征，胆汁质的人可能表现为怒不可遏、鲁莽粗暴，而黏液质的人可能表现为威武不屈、沉着应对。其次，气质影响性格的形成与发展。例如，抑郁质的人容易形成自律、忍耐的性格；而胆汁质的人就较困难，且形成之后可能不稳定。最后，性格会在一定程度上掩盖或者改造气质。例如，从事精细操作的外科医生必须具有冷静沉着的性格特征，这种性格的形成就可能掩盖或改造某位医生原有的易冲动、暴躁的气质特征
	认知方式	又称认知风格，是指个人所偏爱使用的信息加工方式；可分为：场独立性－场依存性；冲动性－沉思性；同时性－继时性
	自我控制系统	①自我认知：对自己的感知、思想、意向、想法、期望、行为及人格特征的观察和评价。 ②自我体验：自我意识在情感上的表现，如自尊感、自卑感等。 ③自我控制：自我意识在行为上的表现，如自我监控、自我激励、自我教育等

【习题精选】

什么是人格？它有哪些基本特性？

思路点拨：人格是心理学领域中的一个核心概念，它反映了个体独特的心理和行为模式。人格的定义需要涉及人格形成的两个重要因素，即遗传和环境，同时突出了人格所具有的相对稳定性和独特性的特点。人格的四个基本特性是心理学领域众多学者在长期研究过程中逐渐提出并完善的。人格的独特性、稳定性、整体性(又称统合性)，被学界普遍认可，但对于第四种人格的基本特性，有说是社会性的，也有说是功能性的，这两者在概念、侧重点、影响因素等方面存在明显差异：

①概念差异

a. 人格的功能性：强调人格在个体的心理和行为中所发挥的作用；

b. 人格的社会性：强调个体的人格是社会互动的产物，即个体在与他人的交往中，通过学习、模仿和内化社会文化、社会规范和社会角色等方面的内容，逐渐形成和发展自己的人格。

②侧重点差异

a. 人格的功能性：侧重于个体内部的心理机制和行为过程，强调人格在个体心理和行为中的调节作用和驱动作用；

b. 人格的社会性：侧重于个体与社会之间的互动过程和相互作用机制，强调社会环境对个体人格形成和发展的塑造作用和影响作用，以及个体人格对社会环境的反作用和影响作用。

③影响因素差异

a. 人格的功能性：其影响因素主要包括个体的遗传因素、生理特征、认知风格、情感状态以及个体在成长过程中所积累的经验和学习成果等。这些因素相互作用、相互影响，共同决定了个体的人格特质以及这些特质在个体心理和行为中所发挥的功能；

b. 人格的社会性：其影响因素主要包括社会文化、社会制度、社会规范、社会价值观、社会角色以及个体在社会交往中所接触到的他人的行为、态度和价值观等。这些因素相互作用、相互影响，共同塑造了个体的人格特质以及这些特质在社会环境中所表现出的社会性特点。

参考答案：

(1) 人格的含义

人格是指个体在遗传素质基础上，通过与后天环境的相互作用而形成的相对稳定、独特且具有综合性的心理和行为模式。它涵盖了个体的认知风格、情感反应、意志品质以及行为习惯等多个方面，体现了个体在心理和行为上的整体风貌和独特性。

(2) 基本特性

①独特性

每个人的人格都是独一无二的，这是人格最显著的特征之一。这种独特性源于个体的遗传因素、生活经历、教育背景、社会环境等多种因素的交互作用。不同的遗传基因赋予了个体不同的生理特征和心理倾向，而个体在成长过程中所经历的各种生活事件、接受的教育方式以及所处的社会文化环境等，都进一步塑造了个体独特的人格特质。

②稳定性

人格的稳定性是指个体的人格特征在一定时期内保持相对稳定，不会轻易发生改变。这种稳定性使得个体在不同的情境和时间下，能够表现出相对一致的心理和行为模式。人格的稳定性源于个体的心理和行为模式在长期的发展过程中逐渐形成并固定下来，个体的人格特征一旦形成，它们就会受到个体的认知风格、情感体验、行为习惯以及自我认同等多种因素的影响和维持，从而使得人格特征在一定时期内保持相对稳定。然而，人格的稳定性并不意味着人格是一成不变的，事实上，个体的人格在其一生中会受到多种因素的影响，如年龄的增长、生活经历的变化、社会环境的变迁、教育程度的提高以及心理治疗等，这些因素都可能导致个体的人格特征发生一定程度的变化，此外，人格的稳定性还体现在人格特征具有一定的跨情境一致性，也就是说，个体在不同的情境下，会表现出相对一致的人格特征和行为模式。

③整体性

人格的整体性是指个体的人格是一个由多种心理和行为特征相互作用、相互影响而构成的有机整体。这些心理和行为特征包括认知、情感、意志、行为方式等方面，它们并不是孤立存在的，而是相互关联、相互制约，共同构成了个体独特的人格风貌。人格的整体性还体现在个体的各种人格特征之间存在着内在的一致性和协调性，也就是说，一个人的人格特征在整体上是相互匹配、相互支持的，不会出现明显的矛盾和冲突。

④社会性

人格的社会性是指人格是在社会环境的影响下形成和发展的，是人的生物学特性与社会文化相互作用的结果。人们出生之时只是一个生物学意义上的个体，这时人与人之间的差异纯粹是生物学的或遗传学的，是人的自然属性。但人出生后就进入复杂的社会环境中，在成长的过程中，环境的影响、社会文化的熏陶、社会实践活动以及教育的影响在人格的形成与发展中起着非常重要的作用，个体逐渐掌握所处社会的行为道德规范、价值观念、信念体系、社会风俗等，形成人的社会性。人格是人的生物性与社会性的综合，但更多是人的社会性的体现。

考点二、人格理论

表 12－2 人格理论

<table>
<tr><th>要点</th><th colspan="2">具体内容</th></tr>
<tr><td>精神分析的人格理论</td><td colspan="2">弗洛伊德认为，人格由意识、前意识、潜意识三个部分构成；后来发展为由本我、自我和超我构成三个部分构成；人格发展分为口唇期、肛门期、性器期、潜伏期和生殖期五个时期</td></tr>
<tr><td rowspan="2">人本主义的人格理论</td><td>马斯洛的自我实现理论</td><td>自我实现者具有一系列理想化的健康人格特征，大多数人处于不断追求自我实现的过程中，通过努力和磨炼就可以逐渐接近这些特征</td></tr>
<tr><td>罗杰斯的人格理论</td><td>主张每个人都有朝向积极方向发展的趋势，并强调真实自我与理想自我之间的和谐一致；在自我发展的过程中，强调无条件的积极关注（强调对他人的关注和接纳是无条件的）的重要意义</td></tr>
<tr><td>人格的社会学习理论</td><td colspan="2">又称社会认知理论，由班杜拉提出，强调观察学习对行为习惯即人格形成的意义；是由个人的内部因素（如期望、信念、自我效能）、行为、环境三者相互作用而形成，其中自我效能感（即个体对自己在特定的情境中是否有能力得到满意结果的判断）被特别重视，此外还推崇榜样（观察到的模仿对象）的影响力</td></tr>
<tr><td rowspan="4">人格特质理论</td><td>奥尔波特</td><td>分为共同特质和个人特质（后改称为个人倾向，分为首要倾向、中心倾向及次要倾向）</td></tr>
<tr><td>卡特尔</td><td>在共同特质和独特特质基础上又提出表面特质和根源特质；并通过因素分析的方法提取出了 16 种根源特质；编制了 16 种人格因素问卷（卡特尔 16PF）</td></tr>
<tr><td>艾森克</td><td>人格特质由外倾性、神经质和精神质三个潜在的高级特质构成；编制了艾森克人格问卷</td></tr>
<tr><td>人格的五因素模型</td><td>分为开放性、尽责性、外倾性、宜人性、神经质；编制五因素人格问卷</td></tr>
</table>

考点三、人格测评

表 12－3　人格测评

<table>
<tr><th>要点</th><th colspan="2">具体内容</th></tr>
<tr><td rowspan="4">自陈量表测验</td><td>卡特尔的16 种人格因素问卷</td><td>16PF 包括 187 个题目（也有缩减版本），对 16 种人格特质进行测量。这些特质分别是：乐群性、聪慧性、稳定性（或情绪稳定性）、恃强性、兴奋性、有恒性、敢为性、敏感性、怀疑性、幻想性、世故性、忧虑性、激进性（有的版本为实验性）、独立性、自律性和紧张性</td></tr>
<tr><td>艾森克人格测验</td><td>主要测量三个基本维度，并附加了一个效度量表即掩饰性（L）来评估测试者的掩饰程度。
①外倾性（E）：反映了个体对社交、冒险和刺激的偏好程度，高分者通常外向、爱交际，低分者则内向、好静。
②神经质（N）：测量个体的情绪稳定性，高分者易焦虑、担忧，情绪反应强烈，低分者情绪相对稳定。
③精神质（P）：评估个体的心理变态倾向，高分者可能表现出孤独、共情能力弱、人际关系不良等特征。
④掩饰性（L）量表：用于检测测试者是否试图掩盖或伪装自己的真实情况</td></tr>
<tr><td>五因素人格测验</td><td>主要评估五个核心的人格特质，它们涵盖了人格的主要方面，能够全面描述个体的行为倾向和个性特征：
①开放性：反映个体的想象力、创造力和对新经验的接受度。
②尽责性（或严谨性）：描述个体的自律性、责任感和组织能力。
③外倾性：衡量个体是否积极、健谈和社交。
④宜人性：反映个体的同情心、信任和合作精神。
⑤神经质：衡量个体的情绪稳定性和压力反应</td></tr>
<tr><td>明尼苏达多相人格测验</td><td>包含 10 个临床量表，旨在测量个体在不同方面的心理特征和行为倾向，分别是：Hs（疑病量表）、D（抑郁量表）、Hy（癔病量表）、Pd（精神病态量表）、Mf（男子气－女子气量表）、Pa（妄想狂量表）、Pt（精神衰弱量表）、Sc（精神分裂症量表）、Ma（轻躁狂量表）；此外，还包含一些效度量表，用于评估被试者在测验过程中的态度、反应方式以及测验结果的可靠性和有效性，常见的效度量表包括：Q（疑问量表）、L（说谎量表）、F（诈病量表）、K（校正量表）</td></tr>
<tr><td>投射测验</td><td>罗夏克墨迹测验</td><td>共 10 张精心制作的墨迹图卡片，这些卡片上的墨迹图案是通过将墨水洒在纸上，然后对折纸张，使墨水在纸张上形成对称的图案。这些墨迹图案没有明确的意义和主题，具有高度的不确定性和模糊性，能够激发被试者丰富的想象力和自由联想。
10 张墨迹图卡片中，有 5 张是黑白墨迹图（编号为 1、4、5、6、7），2 张是黑白墨迹图加上红色斑点（编号为 2、3），另外 3 张是彩色墨迹图（编号为 8、9、10）。不同类型的墨迹图旨在引发被试者不同方面的反应和联想，从而更全面地了解被试者的心理状态、人格特征和思维方式等。例如，彩色墨迹图可能更容易引发被试者与情感、情绪相关的反应和联想；而黑白墨迹图则可能更侧重于引发被试者的认知、思维和想象力等方面的反应</td></tr>
</table>

续表

要点	具体内容	
投射测验	主题统觉测验	共31张精心设计的图片，这些图片内容涵盖了广泛的主题和情境，包括人物、动物、自然景观、室内场景等，且图片中的情境往往具有一定的模糊性和开放性，为被试者提供了广阔的想象空间。在这31张图片中，包含了不同性别和年龄的人物形象，旨在引发被试者在不同人际关系和生活场景下的联想和反应。例如，部分图片展示了人物之间的互动，如交谈、争吵、合作等，通过被试者对这些情境的描述和解读，可以了解其对人际关系的认知、态度和期望。此外，还有一些图片呈现了人物在面对各种挑战、困难或机遇时的情景，这有助于揭示被试者的应对策略、心理韧性以及对自身能力的认知。在实际测验中，主试者会根据被试者的性别、年龄等因素，选择其中的20张图片进行施测。这样的选择方式旨在确保测验内容与被试者的生活经验和心理发展水平相契合，从而更有效地激发被试者的联想和情感反应，获取更有价值的信息
其他方法	行为观察法	一种是直接观察法，另一种是评定量表法。情境压力测验就属于行为观察法的一种
	形容词列表法	要求被试从一份描述人格特质的形容词表（如友善的、紧张的、羞怯的、有野心的）中如实选出符合自己的词语，再交由施测者分析、评定
	Q分类法	根据研究目的和对象，编制一组能够全面反映研究主题的描述性语句或项目。这些项目应该具有代表性、独立性和互不重叠性，同时，语言表达应该清晰、简洁、易懂，避免使用过于专业或生僻的词汇。项目的数量一般在60～120个之间，具体数量可以根据研究的复杂程度和需要进行适当调整。在进行Q分类之前，需要向被试者详细说明分类的目的、要求和方法。指导语应该清晰、明确、易懂，确保被试者能够充分理解分类的任务和规则。一般来说，被试者需要根据自己对每个项目的认同程度或符合程度，将所有卡片分类到若干个类别中，这些类别通常按照从最符合到最不符合的顺序排列，如可以设置9个类别，分别标记为“最符合”“很符合”“较符合”“有点符合”“不确定”“有点不符合”“较不符合”“很不符合”“最不符合”，被试者需要根据自己的判断，将卡片分别放入相应的类别中；同时，为了保证分类的准确性和可靠性，通常会要求每个类别中放置的卡片数量大致相等，并且会给出每个类别中卡片数量的大致范围，如在9个类别的情况下，每个类别中放置的卡片数量可以在5～15张之间，具体数量可以根据卡片的总数和实际情况进行适当调整。被试者完成分类后，需要将每个类别中所包含的卡片编号记录下来，以便后续进行统计分析

【拓展延伸】

九型人格

九型人格（Enneagram），又名性格型态学、九种性格，是一种源远流长且影响广泛的人格分类系统。

一、九型人格的起源与发展

九型人格的起源尚无定论，充满了神秘色彩。一种说法认为它源于古老的中亚地区，是当地苏菲教派（Sufism）的修行法门之一，另一种说法认为九型人格起源于古希腊，与毕达哥拉斯学派（Pythagoreanism）有着密切的关系。

虽然九型人格的起源充满了神秘色彩，但它在现代的发展和传播却有着清晰的脉络。20世纪初，九型人格开始在西方世界逐渐传播开来。当时，一些对神秘主义和心理学感兴趣的学者和研究者开始关注九型人格，并对其进行了深入的研究和探索。他们通过对九型人格的理论体系、人格类型分类、性格特点分析、行为模式研究等方面的深入研究和探索，试图揭示九型人格的奥秘和规律，以及它在人类心理学和行为学领域的应用价值和意义。在这个过程中，一些重要的学者和研究者对九型人格的发展和传播做出了重要贡献。

1920年，葛吉夫(G. I. Guardjieff)首先将九型人格学说传入西方，用它来阐释人类的九种特质。

真正将这套学说发扬光大的是艾瑞卡学院的创办人奥斯卡·伊察索(Oscar Ichazo)，伊察索是一位来自智利的神秘主义者和哲学家，他在20世纪50年代开始对九型人格进行深入的研究和探索。通过对九型人格的理论体系、人格类型分类、性格特点分析、行为模式研究等方面的深入研究和探索，伊察索对九型人格进行了系统的整理和完善，提出了一套完整的九型人格理论体系和人格类型分类方法。伊察索的九型人格理论体系和人格类型分类方法在西方世界得到了广泛的传播和认可，成为了现代九型人格理论的基础和核心。

在伊察索之后，一些重要的学者和研究者对九型人格进行了进一步的研究和探索，提出了一些新的理论观点和研究方法，推动了九型人格理论的不断发展和完善，其中，最著名的当属海伦·帕尔默(Helen Palmer)。帕尔默是一位来自美国的心理学家和作家，她在20世纪70年代开始对九型人格进行深入的研究和探索。通过对九型人格的理论体系、人格类型分类、性格特点分析、行为模式研究等方面的深入研究和探索，帕尔默对九型人格进行了更加深入和细致的研究和分析，提出了一些新的理论观点和研究方法，推动了九型人格理论的不断发展和完善。帕尔默的研究成果在西方世界得到了广泛的传播和认可，她的著作《九型人格：了解自我、洞悉他人的秘诀》(The Enneagram: Understanding Yourself and Others)成为了九型人格领域的经典之作，对九型人格的传播和发展起到了重要的推动作用。

除了海伦·帕尔默之外，还有一些重要的学者和研究者对九型人格进行了深入的研究和探索，提出了一些新的理论观点和研究方法，推动了九型人格理论的不断发展和完善。例如，唐·理查德·里索(Don Richard Riso)和拉斯·赫德森(Russ Hudson)对九型人格进行了更加系统和深入的研究和分析，提出了一些新的理论观点和研究方法，推动了九型人格理论的不断发展和完善。他们的著作《九型人格的智慧：如何通过性格类型提升自我认知和人际关系》(The Wisdom of the Enneagram: The Complete Guide to Psychological and Spiritual Growth for the Nine Personality Types)成为九型人格领域的重要著作之一，对九型人格的传播和发展起到了重要的推动作用。

总之，九型人格在现代的发展和传播经历了一个漫长而曲折的过程。如今，九型人格已经成为一种广泛应用于心理学、管理学、社会学、教育学等多个领域的人格分类系统和分析工具。

二、九型人格的基本理论

九型人格将人格类型分为九种，分别是完美型(Reformer)、助人型(Helper)、成就型(Achiever)、自我型(Individualist)、理智型(Investigator)、忠诚型(Loyalist)、活跃型(Enthusiast)、领袖型(Leader)、和平型(Peacemaker)。

这九种人格类型在活跃程度、规律性、主动性、适应性、感兴趣的范围、反应的强度、心理的素质、分心程度、专注力范围/持久性等方面都具有独特的特点和差异。

完美型(Reformer)，也称改革者，这类人有强烈的原则性和道德感，做事认真负责，追求完美，对自己和他人要求都很高，注重细节，常以高标准来衡量周围的事物，有很强的自律性和自我控制能力，有时可能会显得过于挑剔和苛刻。

助人型(Helper)，即帮助者，这类人富有同情心，乐于助人，善于感知他人的需求，渴望通过帮助别人来获得认可和满足感，往往会把他人的需求放在自己之前，具有很强的奉献精神，但可能会忽略自己的需求。

成就型(Achiever)，又称促动者，这类人目标感极强，追求成功和成就，渴望得到他人的赞赏和认可，具有很强的上进心和竞争力，善于在工作和生活中展现自己的能力，注重形象和表现，有时会过于关注外在的成就而忽视内心的感受。

自我型(Individualist)，又称浪漫者，这类人注重自我感受和内心体验，追求独特和与众不同，情感丰富且细腻，富有创造力和想象力，常常沉浸在自己的世界里，对美的事物有独特的感知，但可能会比较情绪化，容易陷入自我怀疑。

理智型(Investigator)，又称思考者，这类人喜欢思考和探索，对知识有强烈的渴望，擅长分析和研究，习惯用理性和逻辑来处理问题，通常比较冷静、客观，喜欢独处，在自己的专业领域往往有很深的造诣，但可能会在人际交往中显得冷漠或孤僻。

忠诚型(Loyalist)，又称忠诚者，这类人对团体和他人有很强的忠诚度，做事谨慎，注重规则和秩序，在面对不确定性时会感到焦虑，需要得到明确的指引和支持，会认真履行自己的职责，对权威和传统有一定的尊重，但可能会过于依赖他人的意见。

活跃型(Enthusiast)，又称享乐主义者，这类人乐观开朗，充满活力，喜欢追求新鲜和刺激的事物，具有很强的好奇心和探索欲，善于发现生活中的乐趣，能够快速地从一个兴趣点转移到另一个兴趣点，但可能会缺乏专注力和耐心。

领袖型(Leader)，又称保护者，这类人自信、果断，有很强的领导能力和决策力，喜欢掌控局面，勇于面对挑战，具有很强的正义感，会为了保护他人和维护公平而努力，但有时可能会过于强势和专断。

和平型(Peacemaker)，又称调停者，这类人性格温和，追求和谐与平静，不喜欢冲突和矛盾，善于倾听和理解他人，能够在团队中起到协调和沟通的作用，通常比较随和、包容，但可能会缺乏主见和行动力。

三、九型人格的应用

1. 自我认知与个人成长

九型人格为个体提供了一个深入了解自己的有效工具。通过对自己人格类型的识别和分析，个体可以更加清晰地认识到自己的行为模式、思维方式、情感反应以及内在动机等方面的特点和差异，从而更好地理解自己的优点和不足，以及自己在面对生活中的各种挑战和困难时所采取的应对策略和方式。

2. 人际关系与沟通

九型人格在人际关系和沟通方面具有重要的应用价值，它可以帮助个体更好地了解他人的人格类型和相应的行为模式、思维。

3. 教育与企业等

九型人格是一个近年来备受美国斯坦福等国际著名大学 MBA 学员推崇并成为现今最热

门的课程之一，近十几年来已风行欧美学术界及工商界。全球500强企业的管理阶层均有研习九型性格，并以此培训员工，建立团队，提高执行力。

【习题精选】

1. 人格测评中自评量表测验的优势与不足有哪些？

思路点拨：人格测评中的自评量表测验是让被试自己对自己的人格特质、行为方式等进行评价的一种测评方法，常见的有、艾森克人格问卷(EPQ)、卡特尔的16种人格因素问卷(16PF)、五因素人格测验(NEO－PI)、明尼苏达多项人格测验(MMPI)等。人格测评中的自评量表测验施测简单、直接，计分方便，解释相对容易，但其有效性易受制于被试在测验中有意或无意的表现，例如，有些被试可能不愿意按照真实情况作答或故意敷衍，有些被试可能因误解了指导语或题目而出现虚假作答，作答者在反应过程中难免会表现出某种稳定的个人作答倾向，如选择居中选项或表现出社会赞许性等，这些因素都会影响自陈量表人格测验的信度和效度。

参考答案：

自评量表测验有其独特的优势与不足具体如下：

(1)人格测评中自评量表测验的优势

①操作简便

自评量表通常是由一系列问题或陈述组成，被试只需根据自己的实际情况进行选择或作答，一般不需要特殊的仪器设备和专业人员现场指导，施测过程简单易行，可以在较短时间内完成测评，适用于大规模的群体测评，如学校、企业等对人员进行初步的人格筛选。

②内容全面

自评量表可以涵盖人格的多个方面，如性格特点、情绪状态、人际交往、价值观等。通过精心设计的题目，能够较为系统、全面地评估个体的人格特征，为了解个体提供丰富的信息。一些综合性的人格自评量表可以从多个维度对人格进行剖析，使测评者对被试的人格有一个较为完整的认识。

③结果量化

自评量表一般都有明确的计分系统，能够将被试的回答转化为具体的分数，便于进行量化分析和比较。这些量化的结果可以直观地反映出个体在不同人格维度上的表现程度，有助于测评者对被试的人格特征进行客观、准确的评估，也方便与常模数据进行对比，了解被试在人群中的相对位置。

④应用广泛

自评量表测验可应用于多个领域，包括心理咨询、人力资源管理、教育等。在心理咨询领域，可帮助医生初步判断患者的心理状态和人格特点，为诊断和治疗提供参考；在人力资源管理中，可用于员工的招聘、选拔、岗位匹配等；在教育领域，可帮助教师了解学生的人格特点，以便更好地进行因材施教。

(2)人格测评中自评量表测验的不足

①受主观因素影响大

自评量表完全依赖被试的自我报告，被试的主观态度、记忆偏差、社会期望等因素都会影响作答的真实性和准确性。例如，有些被试可能会为了给他人留下好印象而选择那些符合社会期望的答案，而不是根据自己的真实情况作答；还有些被试可能由于记忆不准确或对问题理解有误，导致回答与实际情况不符。

②存在反应定势

被试在作答过程中可能会出现一些反应定势，比如默认倾向、极端倾向等。默认倾向是指被试不管题目内容如何，都倾向于选择“是”或“同意”等选项；极端倾向则是指被试倾向于选择极端的答案，比如“非常符合”或“非常不符合”，而不选择中间选项。这些反应定势会使测验结果不能真实反映被试的人格特征，降低了测评的有效性。

③题目有限性

自评量表的题目是有限的，难以涵盖人格的所有方面和各种复杂的情况，而且，由于题目表述的局限性，可能无法准确地传达测评者想要测量的内容，导致被试对题目产生误解，此外，一些深层次的、潜意识的人格因素可能无法通过简单的题目来测量，使得测评结果存在一定的片面性。

④文化适应性问题

一些自评量表是从国外引进的，在跨文化应用时可能存在文化适应性问题。不同文化背景下的人们对同一问题的理解和反应方式可能存在差异，某些题目在一种文化中能够有效测量某种人格特质，但在另一种文化中可能就不适用，从而影响测评结果的准确性和有效性。

2. 人格测评中的投射测验的优势与不足是什么？

思路点拨：投射测验是人格测评中的一种重要方法，它以弗洛伊德精神分析的人格理论为依据，通过向被试提供一些模糊的刺激（如墨迹），让被试在不受限制的情况下做出反应，使他们在不知不觉中将自己的动机、情绪、态度等投射出来，从而分析其人格特征。有代表性的投射测验是罗夏克墨迹测验与主题统觉测验。投射测验的优点是测量目的具有掩蔽性，减小了被试伪装的可能，因而可以揭示用其他方法不能揭示的人格特点。由于投射测验使用墨迹图或其他图片，也便于对没有阅读能力的人进行测验。目前投射测验被广泛应用于精神医学的临床诊断方面。投射测验也有局限性：首先，投射测验的实施程序、计分及对结果的解释必须经过专业训练；该类测验的开放式作答对施测者的要求较高，也给计分、评分增加了难度，对测验的结果难以进行定量分析；其次，相比于自陈量表人格测验，投射测验的信度和效度均偏低；最后，该类测验只适用于个别施测，需要耗费大量时间。

参考答案：

投射测验具有独特的优势，但也存在一些不足，具体如下：

（1）人格测评中的投射测验的优势

①减少伪装可能性

投射测验的刺激材料通常是模糊、无明确结构和意义的，比如墨迹图、模糊的图片等。被试难以猜测测验的目的和正确答案，因此较难进行有意识的伪装或掩饰，能在一定程度上更真实地反映被试内心深处的潜意识动机、欲望、情感和人格特点。

②揭示深层心理

与其他人格测评方法相比，投射测验更侧重于探索个体的潜意识层面，它可以挖掘出被试自己可能都没有意识到的心理内容，比如潜在的冲突、压抑的情感、内心的恐惧等，有助于全面、深入地了解个体的人格结构和心理状态。

③灵活性高

投射测验的形式相对灵活，没有固定的标准答案和严格的评分规则。主试可以根据被试的具体反应和表现，进行深入的询问和探究，获取更丰富的信息；同时，投射测验可以适用于不同年龄、不同文化背景的人群，具有较强的普适性。

④激发创造力

投射测验要求被试对模糊的刺激进行自由联想和解释，这可以激发被试的创造力和想象力。被试在这个过程中会充分发挥自己的主观能动性，展现出独特的思维方式和认知风格，为评估其人格特点提供了多维度的视角。

(2)人格测评中的投射测验的不足

①评分主观性强

投射测验的评分主要依赖于主试的主观判断和经验。不同的主试可能对被试的反应有不同的理解和解释，导致评分结果缺乏一致性和可靠性。即使是同一主试，在不同时间或不同情境下，也可能对相同的反应给出不同的评分，这在一定程度上影响了测验结果的准确性和科学性。

②信度和效度问题

由于投射测验的评分主观性较强，且测验结果受到多种因素的影响，比如被试当时的情绪状态、测验环境等，其信度和效度往往难以保证。研究表明，投射测验的重测信度和效度系数相对较低，不同版本的投射测验之间的相关性也不高，这使得投射测验在实际应用中的效果受到一定限制。

③耗时较长

投射测验通常需要被试花费较多的时间来完成，比如罗夏克墨迹测验，被试需要对多张墨迹图进行观察和描述，主试还需要进行详细的询问和记录，整个过程可能需要数小时甚至更长时间，这对于被试和主试来说都是一种较大的时间和精力消耗，在一些时间有限的情境中可能不太适用。

④对主试要求高

投射测验的实施和解释需要主试具备较高的专业素养和丰富的经验，主试不仅要熟悉测验的理论和方法，还要能够准确地观察和理解被试的反应，进行合理的分析和解释，这需要主试经过长期的培训和实践，否则可能会导致测验结果的偏差和错误。

考点四、人格的形成

表 12－4　人格的形成

要点	具体内容	
人格形成的生物学基础	人格的基因基础	基因对人格产生重要影响，双生子研究和分子遗传学研究为该观点提供了有力证据——基因通过多种可能的机制，如调节神经递质系统、塑造大脑结构与功能等，对人格特质产生影响；需要明确的是，基因并非唯一的决定因素
	人格的神经生理基础	大脑皮层基线唤醒水平，大脑中的激活系统和抑制系统，大脑结构（额叶、颞叶、顶叶、枕叶等），神经递质（多巴胺、5－羟色胺、去甲肾上腺素等）都与人格的形成与发展密切相关

续表

要点	具体内容	
后天环境在人格形成中的作用	家庭环境	包括父母的教养方式、家庭结构的功能、父母关系的质量、亲子关系的质量等，对儿童期人格的形成起着重要作用，其中父母的教养方式是影响人格发展的重要因素
	学校环境	包括教师的言传身教、师生关系、同伴关系都会影响个体的人格发展
	社会文化环境	包括大众传媒、社会风气、文化因素以及个体经历的社会生活事件等
自我因素在人格形成中的作用	在人格的发展过程中，自我的调控和建构作用支配着个体的言行举止，并通过表情、语言、行为等表达出来	

12.2　典型题(含考研真题)详解

一、单项选择题

1. 小波喜欢冒险、爱追求刺激、喜欢极限运动，据此描述，他的人格类型有可能是(　　)。[统考 2023 年研]

A. T 型　　B. A 型　　C. B 型　　D. C 型

【答案】A

【解析】T 型人格是一种好冒险、爱刺激的人格特质。A 型人格的主要特点：敌意、竞争、性情急躁、富于上进心、有苦干精神、过分的时间紧迫感、外向、言语举止敏捷、社会适应性差，属于不安定型人格。具有这种人格特征的人易患冠心病。B 型人格的主要特点：缺乏时间紧迫感和竞争意识，对工作和生活的满足感强，比较享受生活的行为方式，性情温和、举止稳当。

2. 易罹患冠心病的人格是(　　)。[统考 2022 年研]

A. A 型人格　　B. B 型人格　　C. C 型人格　　D. T 型人格

【答案】A

【解析】A 型人格的主要特点是：性情急躁，缺乏耐性。他们的成就欲高、上进心强、有苦干精神、工作投入、做事认真负责、时间紧迫感强、富有竞争意识、外向、动作敏捷、说话快、生活常处于紧张状态，但办事匆忙、社会适应性差，属于不安定型人格。具有这种人格特征的人易患冠心病。

3. 东方人比较含蓄，西方人比较直率。根据奥尔波特的人格理论，这种某一群体所具有的特质称为(　　)。[统考 2019 年研]

A. 共同特质　　B. 首要特质　　C. 中心特质　　D. 次要特质

【答案】A

【解析】奥尔波特把人格特质分为两类：共同特质和个人特质。共同特质是同一文化形态下大多数人或一个群体所共有的、相同的特质。个人特质是个体身上所独具的特质，它代表着个体之间的人格差异包括首要、中心和次要特质。东方人和西方人是两个群体，群体所具有的特质是共同特质。

4. 艾森克用内外倾和神经质两个维度来描述人格，其中“内倾、情绪稳定”的人格特质所对应的气质类型是(　　)。[统考 2019 年研]

A. 多血质　　B. 黏液质　　C. 胆汁质　　D. 抑郁质

【答案】B

【解析】艾森克用因素分析法提出三个基本的人格维度：外倾性、神经质和精神质。其中神经质和内外倾可组成一个人格维度图，与四种气质类型相对应。内倾、情绪稳定型对应黏液质；内倾、情绪不稳定型对应抑郁质；外倾、情绪稳定型对应多血质；外倾、情绪不稳定型对应胆汁质。

5. 不属于“大五”人格因素特质的是(　　)。[统考 2016 年研]

A. 开放性　　B. 精神质　　C. 神经质　　D. 宜人性

【答案】B

【解析】“大五”人格因素包括：①开放性：具有想象、审美、情感丰富、求异、创造、智能等特质；②责任心：显示了胜任、公正、条理、尽职、成就、自律、谨慎、克制等特质；③外倾性：表现出热情、社交、果断、活跃、冒险、乐观等特质；④宜人性：具有信任、直率、利他、依从、谦虚、移情等特质；⑤神经质：具有焦虑、敌对、压抑、自我意识、冲动、脆弱等特质。

6. 小莉活泼好动，热情大方，行动敏捷，适应力强，但她做事缺乏耐心和毅力，稳定性差。由此可以判断她的气质类型是(　　)。[统考 2013 年研]

A. 胆汁质　　B. 多血质　　C. 黏液质　　D. 抑郁质

【答案】B

【解析】多血质的特点是外向，活泼好动，善于交际，思维敏捷，容易接受新鲜事物，情绪情感容易产生也容易变化和消失，容易外露，体验不深刻；缺点是缺乏耐心和毅力，稳定性差，见异思迁等。小莉表现出的特点符合多血质的特征，因此答案选 B。

7. 人格五大因素模型结构的证据来自(　　)。[北京大学 2011 年研]

A. 行为遗传学　　B. 脑激活　　C. 跨文化比较　　D. 以上都对

【答案】C

【解析】五因素模型结论的证据主要基于问卷研究，科斯塔根据 16PF 因素分析和自己的理论构想编制五因素的 NEO－P1 人格量表，其问卷研究的重要支持证据来自跨文化词汇研究。

8. 下列对性格与气质相互关系的表述，不正确的是(　　)。[华东师范大学 2011 年研]

A. 不同气质类型的人，可形成某些相同的性格特征

B. 气质不能够影响性格形成与发展的速度

C. 性格在某种程度上可以掩盖和改造气质

D. 性格对气质具有明显的影响

【答案】B

【解析】气质是表现在心理活动的强度、速度、灵活性与指向性等方面的稳定的心理特

征；性格是人在对现实的稳定态度和习惯化了的行为方式中表现出来的个性心理特征。性格与气质二者相互渗透、相互制约，都是在人的生活实践中逐渐形成的。①气质往往能影响性格的表现方式；②气质对性格的影响还表现在气质可以影响性格的形成和发展的速度；③不同气质类型的人可以形成相同的性格特征。

二、概念题

1. 气质[吉林大学2018年研；首都师范大学2012年研]

答： 气质是指表现在心理活动的强度、速度、灵活性与指向性等方面的一种稳定的心理特征，就是我们平时说的脾气、秉性。人的气质是先天形成的，受神经系统活动过程的特性制约。气质本身无好坏之分，气质也不能决定一个人的成就。

2. 特质[苏州大学2012年研]

答： 特质是区分人与人之间个体差异的身心特征，包括：①个体生而具有的遗传特征，如肤色、发色、体型等；②人格特质，个体在行为上表现出的持久性心理特征，亦即个体稳定的、能反映其人格特点的行为倾向。特质决定个体行为的基本特性，是人格的有效组成元素，也是测评人格所常用的基本单位。奥尔波特将特质定义为：具有使许多刺激在机能上等值，并发动等值形式的(意义恒定的)适应和表现行为的神经心理结构。因此，对奥尔波特而言，人的人格是包括各种特质的动力组织，这些特质决定了个体适应的独特性。他把人格特质分为共同特质和个人特质。个人特质又分为首要特质、中心特质和次要特质。此外，卡特尔把人的特质分为表面特质和根源特质、体质特质和环境特质等。

3. 人格[首都师范大学2012年研；苏州大学2011年研]

答： 人格是构成一个人的思想、情感及行为的特有模式，这个独特模式包含了一个人区别于他人的稳定而统一的心理品质。人格是一个复杂的结构系统，它包括许多成分，其中主要包括气质、性格、认知风格、自我调控等方面，具有独特性、稳定性、统合性、功能性等本质特征。塔佩斯等运用词汇学的方法对卡特尔的特质变量进行了再分析，发现了五个相对稳定的因素。以后许多学者进一步验证了“五种特质”的模型，形成了著名的“大五”因素模型。这五个因素包括外倾性、宜人性、责任心、神经质、开放性。即“大五”人格。

三、简答题

1. 根据班杜拉的交互决定论解释人格的形成与发展。[统考2025年研]

答： 根据班杜拉的交互决定论，人格的形成与发展是个体因素、行为和环境三者相互作用、相互影响的结果，以下是具体解释：

(1)个体、行为和环境的相互作用

①个体因素

主要包括认知、情感和生物因素等。认知方面，个体的感知、思维和预期等会影响其对环境的理解和对行为的选择。例如，一个具有积极自我认知的人，更可能主动选择具有挑战性的任务。情感因素如情绪、动机等也会影响个体行为，强烈的成就动机可能驱使个体更努力地追求目标。生物因素如遗传特质等为个体的行为和心理发展提供了基础。

②行为

个体的行为不仅仅是对环境刺激的简单反应，也是在自身认知和情感等因素驱动下的主动表现。行为具有功能性价值，即行为可以产生结果，这些结果会反过来影响个体和环境。例如，一个孩子主动帮助他人的行为，可能会得到他人的赞扬，这会让孩子感到自豪，同时也会改变他人对孩子的看法，进而影响孩子后续的行为和其所处的人际环境。

③环境

环境包括物理环境和社会环境，它为个体的行为提供了背景和条件，同时也对个体行为进行强化或惩罚。例如，一个充满鼓励和支持的家庭环境，会促使孩子更愿意尝试新事物，表现出积极探索的行为；而一个充满批评和压力的环境，则可能导致孩子退缩、自卑。同时，个体的行为也会改变环境，如一个积极参与社区活动的人，可能会带动周围人一起参与，从而营造出更活跃的社区氛围。

(2)三元交互决定的动态过程

①双向影响

个体、行为和环境之间是双向的因果关系。环境因素会影响个体的认知、情感和行为，个体的行为也会对环境产生反作用，而个体自身的因素又会影响其对环境的感知和行为反应。例如，学校的教育环境会影响学生的学习态度和成绩，学生积极的学习行为又会营造良好的学习氛围，反过来影响学校环境，而学生的学习能力和兴趣等个体因素则决定了他们在这种环境中的适应和表现。

②动态变化

人格在这种三元交互的动态过程中逐渐形成和发展。随着个体年龄的增长、经验的积累，个体因素会不断变化，其行为模式也会随之改变，同时个体所处的环境也在不断变化，这三者之间持续相互作用，推动着人格的发展和演变。例如，一个人在青少年时期可能因为在体育方面的出色表现而获得很多关注和赞扬，这会增强他的自信心和自我认同感(个体因素)，促使他更加积极地参与体育活动(行为)，并结交更多志同道合的朋友，进入更专业的体育训练环境(环境)；而在这个新环境中，他可能会面临更多挑战，这又会进一步促使他调整自己的认知和行为，不断完善自己的人格。

(3)自我调节的作用

在人格形成与发展过程中，个体具有自我调节能力。个体可以通过自我观察、自我评价和自我反应来调节自己的行为。例如，个体在观察自己的行为后，会根据自己的标准和目标进行自我评价，如果认为自己的行为达到或超过了标准，就会产生积极的自我反应，如自我满足和激励，从而更有可能重复该行为；反之，如果认为自己的行为未达到标准，就可能会调整行为策略，努力改进。这种自我调节机制在个体、行为和环境的交互作用中起到了重要的中介作用，帮助个体塑造和调整自己的人格。

综上所述，班杜拉的交互决定论强调了人格形成与发展的复杂性和动态性，打破了传统上对人格形成的单一因素决定论观点，为理解人格的形成与发展提供了一个全面、系统的理论框架。

2. 奥尔波特的人格特质理论主要观点。[西南大学2017年研]

答：特质是决定个体行为的基本特征，是人格的有效组成元素。奥尔波特于1937首次提出了人格特质理论。奥尔波特认为，人的人格是包括各种特质的动力组织，这些特质决定了个体适应的独特性。他把人格特质分为共同特质和个人特质。

(1)共同特质是指在某一社会文化形态下，大多数人或一个群体所共有的、相同的特质。在研究人格的文化差异时，可以比较不同文化中的共同特质。

(2)个人特质是指个体身上所独具的特质。根据个人特质在生活中的作用又可分为首要特质、中心特质和次要特质。

①首要特质是一个人最典型、最有概括性的特质，它影响到一个人的各方面的行为。如多愁善感是林黛玉的首要特质，狡猾奸诈是曹操的首要特质。

②中心特质是构成个体独特性的几个重要的特质，在每个人身上大约有5～10个。如林黛玉的清高、率直、聪慧、孤僻、内向、抑郁、敏感等都属于她的中心特质。

③次要特质是个体的一些不太重要的特质，往往只有在特殊的情况下才会表现出来。这些次要的特质除了亲近他的人外，其他人很少知道。如一个人在外面很粗鲁，而在自己的母亲面前很顺从，则"顺从"就是他的次要特质。

3. 简述气质与性格的区别与联系。[湖南师范大学2016年研]

答：(1)概念的区分

①性格的概念

性格是一种与社会相关最密切的人格特征，性格含有许多社会道德含义。性格代表了人们对现实和周围世界的态度，并表现在他的行为举止中。

②气质的概念

气质是表现在心理活动的强度、速度、灵活性与指向性等方面的一种稳定的心理特征，即我们平时所说的脾气、秉性。

(2)性格与气质的区别

①气质更多地受生理的制约，主要是先天的；而性格更多地受社会生活条件的制约，主要是后天的。

②气质是表现在人的情绪和行为活动中的动力特征，无好坏之分；而性格是指行为的内容，表现为个体与社会环境的关系，有优劣之分。

③气质可塑性极小，稳定性强；性格可塑性强，环境对性格的塑造作用较为明显。

(3)性格与气质的联系

性格与气质的联系是相当密切而又相当复杂的。相同气质类型的人可能性格特征不同；性格特征相似的人可能气质类型不同。具体地说，二者的联系有以下三种情况。

①气质可按自己的动力方式渲染性格，使性格具有独特的色彩。例如，同是工作勤劳的性格特征，多血质的人表现出精神饱满，精力充沛；黏液质的人会表现出踏实肯干，认真仔细。

②气质会影响性格形成与发展的速度。当某种气质与性格有较大的一致性时，就有助于性格的形成与发展，相反会有碍于性格的形成与发展。如多血质容易形成热情、大方、开朗的性格特征，而抑郁质的人就较困难。

③性格对气质有重要的调节作用，在一定程度上可掩盖和改造气质，使气质服从于生活实践的要求。如军人必须具有冷静沉着、机智勇敢等性格特征，在严格的军事训练中，这些性格的形成就会掩盖或改造胆汁质者易冲动、急躁的气质特征。

4. 简述人格的“大五”模型的五个因素。［北京大学2021年研；华中师范大学2014年研］

答：构成人格的“大五”因素由麦克拉和科斯塔命名，它们是外倾性、宜人性、尽责性、神经质和开放性。

（1）外倾性

表现出热情、自信和有活力，还具有幸福感和善社交的特性，而内倾者表现出谨小慎微、犹豫不决、善于自我剖析，不善于交往，有时会有适应困难。

（2）宜人性

表现出利他、友好、富有爱心。得分高的人乐于助人、可信赖和富于同情心，注重合作而不强调竞争。得分低的人多抱有敌意，为人多疑，喜欢为了利益和信念而争斗。

（3）尽责性

表现出克制和严谨，与成就动机和组织计划有关，也称其为“成就意志”或“工作纬度”。高分的人做事有条理和有计划，并能持之以恒，而低分的人则马虎大意、见异思迁和不可靠。

（4）神经质

表现出焦虑、冲动、敌对、压抑、脆弱等。高分的人经常感到忧伤、情绪容易波动，而低分的人多表现为心境平和，自我调适良好，不易于出现极端的和不良的情绪反应。

（5）开放性

表现出对经验持开放的和探求的态度，而不仅仅是一种人际意义上的开放。构成这一纬度的特征包括活跃的想象力、对新观念的自发接受、发散性思维和智力上的好奇。

5. 简要回答人本主义流派关于人格的观点。［西南大学2012年研］

答：人本主义取向的人格理论既反对弗洛伊德对人格解释中强调本能和潜意识驱力的观点，认为人具有先天善良的本性，并寻求自身潜能的实现，又反对行为主义把人类的特点视为机械的反应模式，强调自我概念的重要性，认为人具有自由选择的创造力。马斯洛和罗杰斯的研究是这一研究取向的代表。

（1）马斯洛的人格理论

①自我实现

马斯洛开创的人格理论建立在需要层次论基础上。他把人类的需要分为七个层次：低层次的四种需要（生理需要、安全需要、归属与爱的需要、自尊需要）为基本需要，高层次的三种需要（认知需要、审美需要、自我实现需要）为成长需要。他认为，人生来就具有趋向健康成长从而发挥其潜力的内在动力。个体的这种内在动力就是他的成长动机。当个体的四种基本需要满足之后，才会出现高层次的自我实现需要。自我实现是成长的动力和目的。自我实现是指个体与生俱来的内在潜能在成长过程中得到充分的展现。

②高峰体验

马斯洛把许多人体验到自我实现时的瞬间经验称为高峰体验。高峰体验的特点是幸福感和成就感，是一种短暂的、自己与所有事物和谐一致的、非自我中心的完美和达到目标的状态。这种心灵上的满足与完美的体验，只有真正的自我实现者才会体验得到。

(2)罗杰斯的人格理论

①自我概念

在罗杰斯的人格理论中核心概念是自我，它包含了“我”为特征的所有观念、知觉和价值，还包含“我是什么”或“我能做什么”的知觉。个人总是以自我概念来评价每一个经验，使这些经验和感受与自我概念相和谐。自我不和谐有两种情况：一种是理想自我与现实自我之间的不和谐。理想自我，是指个人希望自己成为怎样的人；现实自我，是指个人认为自己怎样的人。现实自我与理想自我不可能完全和谐。但个人在努力达到理想自我的过程中，如果能诚实地接受有关自我的信息，就能最大限度地发挥自己的潜能，逐步减少这种不和谐。另一种自我不和谐的情况是在有条件积极关注下所获得的评价性经验与自己的直接经验不一致。

②自我发展

罗杰斯认为，自我是发展的，不是与生俱来的。自我的形成和发展有赖于个体和环境互动的许多因素。

a. 正向关怀的需要，即个人在生活中得到有关他人的温暖、同情、关心、尊敬和认可等情感的需要；

b. 价值的条件，即让儿童体验到正向关怀的条件，一旦这些价值的条件被儿童内化，便成为儿童的自我概念的一部分，它们起着指导儿童行为的作用；

c. 无条件的正向关怀。每个人都应当被爱、被认为是有价值的，所以做父母的应以言语或行为给予儿童无条件的正向关怀，也就是说，无论儿童做什么都应给予全部的、真正的爱。

6. 简述弗洛伊德的人格结构学说。[浙江师范大学2012年研]

答：弗洛伊德认为，人的心理活动主要包括意识和无意识两部分，在其潜意识概念的基础上提出了他的人格说。他认为，人格是由本我、自我和超我三个部分构成的。

(1)本我

本我类似于弗洛伊德早期理论中的无意识的概念。本我是原始的、本能的，是人格中最难接近也是最强有力的部分。它包括人类本能的性的内驱力和被压抑的习惯倾向。其目的在于争取最大的快乐和最小的痛苦(趋乐避苦)，遵循快乐原则。

(2)自我

自我是意识结构部分。作为无意识结构部分的本我不能直接地接触现实世界，为了促进个体与现实世界的交互作用，必须通过自我。自我遵循现实原则，而不是随心所欲的本能冲动。它既是从本我中发展出来，又是本我和外部世界之间的中介。

(3)超我

超我包括两个部分：良心和自我理想。良心是超我的惩罚性、消极性和批判性的部分，它指导人们该怎样活动，当个体做了违背良心的事，就会产生犯罪感。自我理想是由积极的雄心、理想所构成，是抽象的东西，它希望个体为之奋斗。超我代表着道德标准和人类生活的高级方向，遵循道德原则。

在人格结构里，本我、自我和超我三者相互交织在一起，构成人格的整体。它们各自代表了人格的某一方面，本我是生物本能我，自我是心理社会我，超我是道德理想我。它们各自追求不同的目标，本我追求快乐，自我追求现实，超我追求完美。当三者处于协调状态时，人格表现出一种健康状况；当三者互不相让，产生敌对关系时，就会产生心理疾病。

7. 比较不同人格差异理论的特点。

答：人格差异理论主要有特质理论、类型理论和整合理论。它们的特点分别如下：

(1)特质理论

特质理论认为，特质是决定个体行为的基本特性，是人格的有效组成元素，也是测评人格常用的基本单位。特质理论强调个体间的人格差异，描述了人格的量的差异，要通过心理测量来评定，显示了下位层面的人格差异。

(2)类型理论

类型理论把人区分成为不同的人格类型。类型理论强调群体间的人格差异，描述了人格的质的差异，可以通过观察获得，显示了上位层面的人格差异。

(3)整合理论

与上面两个理论相比，整合理论则将以上两种理论的特点综合起来，更全面地描述了人格的结构。艾森克是整合理论的代表人物，他提出了人格结构的四层次理论，这种理论将类型理论与特质理论有机地结合起来，使两种模式的特点互为补充，因而更全面、更系统、更富有层次性地描述一个人的人格。

四、论述题

1. 人格形成和发展的影响因素。［上海交通大学 2018 年研］

答：人格形成是一个复杂的过程，生物学基础、后天环境和自我因素都在其中发挥着重要作用，具体来说包括以下内容：

(1)生物学基础的作用

①遗传因素

基因在人格形成中扮演着重要角色。研究表明，许多人格特质具有一定的遗传度，比如外向性、神经质等人格特质在一定程度上受到遗传基因的影响。遗传通过影响大脑的结构和功能，为个体人格的形成提供了基础的倾向和潜在特质。

②神经生理因素

大脑的结构和神经递质系统等生理基础与人格密切相关，比如，额叶与情绪调节、决策等功能相关，额叶发育状况可能影响个体的冲动控制和情绪稳定性等人格特质；神经递质如多巴胺、血清素等水平的差异，也会影响人的情绪、动机和行为模式，进而影响人格。

③气质基础

生物学基础决定了个体最初的气质类型，比如胆汁质、多血质、黏液质和抑郁质等。这些气质特点表现为个体在情绪反应、活动水平、注意力等方面的差异，是人格形成的基础，在个体成长过程中逐渐与后天因素相互作用，共同塑造人格。

(2)后天环境的作用

①家庭环境

家庭是个体人格形成的重要场所。父母的教养方式、家庭氛围、亲子关系等对人格发展影响深远。例如，民主型的教养方式可能培养出自信、独立、友善的人格特质，而专制型的教养方式可能使孩子变得压抑、叛逆或缺乏自信。

②学校环境

学校是个体社会化的重要机构，教师的教育方式、同伴关系、学校文化等都会影响人格形成。教师的鼓励和支持有助于培养学生的自信心和积极的自我概念，良好的同伴关系能促进个体的社会交往能力和合作精神的发展，而不良的同伴关系可能导致个体出现攻击性、退缩等不良人格特质。

③社会文化环境

社会文化背景为个体人格的形成提供了宏观的框架和规范。不同文化中的价值观、道德观念、行为准则等会影响个体的思维方式、行为模式和人格特点。例如，集体主义文化下成长的个体可能更注重团队合作和集体利益，而个人主义文化下的个体可能更强调自我实现和个人成就。

(3)自我因素的作用

①自我认知

个体对自己的认识和评价会影响人格的发展。积极的自我认知有助于形成自信、自尊的人格特质，而消极的自我认知可能导致自卑、焦虑等不良人格特点。自我认知还会影响个体对环境的感知和应对方式，进而影响人格的塑造。

②自我调控

个体的自我调控能力决定了其能否有效地管理自己的情绪、行为和思维。具有良好自我调控能力的个体能够更好地适应环境变化，应对压力和挫折，形成稳定、成熟的人格。相反，自我调控能力差的个体可能更容易出现情绪波动、行为冲动等问题，影响人格的健康发展。

③自我目标与动机

个体的人生目标和动机影响着其行为和选择，进而塑造人格。有明确目标和强烈成就动机的个体，往往更具主动性和进取精神，会努力培养自己的能力和品质，以实现目标。而缺乏目标和动机的个体可能表现出消极、被动的人格特点。

综上所述，人格是先天和后天的合金，是遗传与环境交互作用的结果。在人格的形成过程中，各个因素对人格的形成与发展起到了不同的作用。遗传决定了人格发展的可能性，环境决定了人格发展的现实性，其中教育起到了关键性作用，而自我因素是人格发展的内部决定因素。深入了解自我因素在人格形成中的作用，对于我们更好地认识自己、发展自己，塑造健康、积极的人格具有重要的理论和实践意义。

2. 试述人格的结构及影响人格形成的因素。[首都师范大学2015年研]

答：人格是构成一个人的思想、情感及行为的特有模式，这个独特模式包含了一个人区别于他人的稳定而统一的心理品质。人格的本质特征包括独特性、稳定性、统合性、功能性等。

(1)人格的结构

①气质

气质是表现在心理活动的强度、速度、灵活性与指向性等方面的一种稳定的心理特征。人的气质差异是先天形成的，受神经系统活动过程的特性所制约。气质是人的天性，无好坏之分。气质不能决定一个人的成就，任何气质的人只要经过自己的努力都能在不同实践领域中取得成就，也可能成为平庸无为的人。

②性格

性格是一种与社会相关最密切的人格特征，主要体现在对自己、对别人、对事物的态度和所采取的言行上。性格表现了一个人的品德，受人的价值观、人生观、世界观的影响。它是在后天社会环境中逐渐形成的，是人的最核心的人格差异。性格有好、坏之分，能最直接地反映出一个人的道德风貌。性格是在社会生活中逐渐形成的，同时也受个体的生物学因素的影响，如大脑皮层的额叶与人的性格有关等。

③认知风格

认知风格是指个人所偏爱使用的信息加工方式，又称认知方式。个体在认知风格上的差异具有一定的稳定性，儿童时期所表现出来的某种认知风格可能会保持到成年。认知加工方式有许多种，主要有：场独立性和场依存性、冲动和沉思、同时性和继时性等。

a. 场独立性和场依存性：

场独立性的人在信息加工中对内在参照有较大的依赖倾向，他们的心理分化水平较高，在加工信息时，主要依据内在标准或内在参照，与人交往时也很少能体察入微。

场依存性的人在加工信息时，对外在参照有较大的依赖倾向，他们的心理分化水平较低，处理问题时往往依赖于“场”，与别人交往时较能考虑对方的感受。

b. 冲动和沉思：

冲动的特点是，反应快，但精确性差。具有这种认知风格的人面对问题时总是急于求成，不能全面细致地分析问题的各种可能性，不管正确与否就急于表达出来，有时甚至没有弄清楚问题的要求，就开始解答问题。

沉思的特点是，反应慢，但精确性高。具有这种认知风格的人，总是把问题考虑周全以后再做反应，他们看重解决问题的质量，而不是速度。但是当他们回答熟悉的、比较简单的问题时，反应也比较快。

c. 同时性和继时性：

同时性认知风格的特点是，在解决问题时，采取宽视野的方式，同时考虑多种假设，并兼顾到解决问题的各种可能性。其解决问题的方式是发散式的。

继时性认知风格的特点是，在解决问题时，能一步一步地分析问题，每一个步骤只考虑一种假设或一种属性。提出的假设在时间上有明显的前后顺序，第一个假设成立后再检验第二个假设，解决问题的过程像链条一样，一环扣一环，直到找到问题的答案。

④自我调控

自我调控系统是人格中的内控系统或自控系统，具有自我认知、自我体验、自我控制三个子系统，其作用是对人格的各种成分进行调控，保证人格的完整、统一和谐。

a. 自我认知：自我认知是对自己的洞察和理解，包括自我观察和自我评价。自我观察是指对自己的感知、思想和意向等方面的觉察；自我评价是指对自己的想法、期望、行为及人格特征的判断与评估，这是自我调节的重要条件；

b. 自我体验：自我体验是伴随自我认识而产生的内心体验，是自我意识在情感上的表现。当一个人对自己做积极的评价时，就会产生自尊感；作消极的评价时，会产生自卑感。自我体验可以使自我认识转化为信念，进而指导一个人的言行；自我体验还能伴随自我评价，激励适当的行为，抑制不适当的行为。

c. 自我控制：自我控制是自我意识在行为上的表现，是实现自我意识调节的最后环节。自我控制包括自我监控、自我激励、自我教育等成分。

(2)影响人格形成的因素

人格的形成是生物学基础、后天环境和自我因素相互作用、相互影响的结果。生物学基础为人格形成提供了可能性和基础倾向，后天环境通过各种因素对人格进行塑造和调整，而自我因素在这个过程中起到了主观能动的作用，使个体在遗传和环境的基础上形成独特的人格。

3. 论述影响性格的形成和发展的因素。[南开大学2014年研]

答：性格的形成和发展是一个复杂的过程，受到多种因素的综合影响，主要包括生理、心理、社会环境等方面，具体如下：

(1)生理因素

①遗传基因

遗传基因在一定程度上影响性格的形成。研究表明，某些性格特质如神经质、外向性等具有一定的遗传基础。比如，父母性格较为外向开朗，孩子也更有可能表现出外向的倾向。

②体格体型

身体的形态特征可能影响他人对个体的态度和个体对自身的认知，从而影响性格。例如，身材高大强壮的人可能更容易被视为具有领导力，在成长过程中可能会逐渐形成自信、果断的性格；而身材较为瘦小的人可能会更加敏感、谨慎。

③大脑结构与神经递质

大脑的结构和神经递质的分泌也与性格有关。比如大脑中负责情绪调节的区域发育情况，会影响个体的情绪稳定性；神经递质如血清素、多巴胺等的水平，可能影响人的情绪、动机和行为，进而影响性格。

(2)心理因素

①自我认知

个体对自己的看法和评价会影响性格发展。如果一个人对自己有积极的认知，认为自己有能力、有价值，往往会形成自信、乐观的性格；相反，若自我认知较低，可能会变得自卑、内向。

②早期经验

童年时期的经历，如家庭环境、父母的教养方式、与同伴的交往等，对性格形成至关重要。一个在充满爱和支持的家庭中成长的孩子，通常会更具安全感，性格也会更加开朗、友善；而经历过重大创伤或长期处于压抑环境中的孩子，可能会形成孤僻、抑郁的性格。

③心理防御机制

个体在面对压力和挫折时所采用的心理防御机制也会影响性格。经常采用积极防御机制如幽默、升华的人，性格可能更加豁达、坚韧；而总是使用消极防御机制如逃避、压抑的人，可能会显得更加怯懦、退缩。

(3)社会环境因素

①家庭环境

家庭是个体性格形成的摇篮。父母的教育方式、家庭成员之间的关系等都会对孩子的性格产生深远影响。例如，民主型的家庭氛围会使孩子更具独立性和自主性；而专制型的家庭环境可能导致孩子变得顺从或叛逆。

②学校环境

学校是孩子成长的重要场所，教师的教学风格、同学之间的关系等都会影响学生的性格。一位鼓励学生创新和独立思考的老师，可能会培养出学生积极探索、勇于创新的性格；而在一个充满竞争和冲突的班级中，学生可能会变得好胜或孤僻。

③社会文化

社会文化背景为个体性格的形成提供了框架和规范。不同文化下成长的人，性格特点会有明显差异。例如，在集体主义文化下成长的人，可能更注重团队合作和集体利益，性格上会表现出较强的归属感和责任感；而在个人主义文化下的人，可能更强调自我价值和独立，性格上更加自主和独立。

④职业环境

长期从事的职业也会塑造人的性格。例如，从事警察、军人等职业的人，往往需要具备坚毅、果断、勇敢的品质，在长期的职业训练和实践中，他们可能会逐渐形成这样的性格特点；而从事艺术创作的人，可能会更加注重内心感受，性格上更加敏感、细腻。

第5编　学习与发展

第13章　学　习

13.1　复习笔记

【知识框架(庖丁解牛)】

- 学习
  - 学习概述
    - 定义
    - 分类
    - 认知学习
    - 动作技能的学习
  - 学习的规律
    - 学习进程
    - 学习的迁移
    - 脑可塑性
  - 学习理论
    - 学习的联结理论
    - 学习的认知理论
  - 教学方法与学习
    - 以教师为中心的教学方法
    - 以学生为中心的教学方法
    - 一些影响教学的因素

【复习向导(切中肯綮)】

本章重要考点及要求：明确了解学习的定义、分类；掌握认知学习和动作技能的学习，能比较两者的异同。掌握学习的规律，重点掌握学习进程的高原现象、学习的迁移以及脑可塑性特点。重点掌握学习理论；能运用联结理论、认知理论分析教育教学中的一些现象。掌握教学方法与学习；重点掌握发现式教学以及建构主义教学方法。

【考点难点归纳(游刃有余)】

考点一、学习概述

表13－1　学习概述

要点	具体内容
定义	个体在一定的情境下凭借经验产生的行为或行为潜能的相对持久的变化

续表

要点	具体内容	
分类	根据学习的内容分类	认知学习（包括知觉学习、问题解决学习、语言学习等）、动作技能学习（包括简单的行为，如走路；复杂的行为，如驾驶汽车）
	根据学习材料与学习者原有知识结构的关系分类	①意义学习：通过理解所学材料的意义而进行的学习。 ②机械学习：符号所代表的新知识与学习者认知结构中已有的知识建立非实质性的和人为的联系
	根据学习的方式分类	①接受学习：学习者被动接受知识的学习过程。 ②发现学习：学习者主动发现规律的学习过程
	根据学习的复杂程度分类	系列学习、辨别学习、概念学习、原理学习、问题解决学习
认知学习	定义	以认知加工过程为对象的学习
	认知学习的种类	初级认知学习、高级认知学习
	认知学习的特点	①具有特异性与非特异性。 ②具有阶段性和连续性。 ③具有层次性与逆层次性
动作技能的学习	定义	通过练习而形成的一定的动作方式
	动作技能的种类	①连续技能和非连续技能。 ②封闭技能和开放技能。 ③精细技能和粗大技能
	动作技能学习的特点	①趋向自动化。 ②趋向内反馈。 ③稳定性与灵活性增加。 ④协调化的运动模式的建立

考点二、学习的规律

表 13－2　学习的规律

要点	具体内容	
学习进程	定义	是指学习成绩随着时间推移而呈现动态变化的过程
	特点	①成绩随着学习的进程逐步提高。 ②学习进程中存在高原现象。 ③学习进程是不均匀的。 ④学习中存在个体差异
	提高学习效率的条件	①明确学习目标。 ②灵活应用整体学习和分解学习。 ③恰当安排学习时间。 ④过度学习。 ⑤加强反馈。 ⑥发挥原有知识在学习中的作用。 ⑦发挥元认知的作用。 ⑧发挥情绪的作用。 ⑨发挥动机和性格特征的作用

续表

要点	具体内容	
学习的迁移	定义	是指一个人在一种情境中的学习影响他在其他情境中的学习
	分类	①根据迁移的效果，分为正迁移和负迁移。 ②根据学习的情境，分为近迁移和远迁移。 ③根据学习者的意识程度，分为有意迁移和无意迁移。 ④根据学习者应用知识的方式，分为自动式迁移和反省式迁移
	方法	①进行有意义的过度学习。 ②掌握迁移和元认知策略。 ③激发使用迁移策略的动机
脑可塑性	定义	是指脑的功能和结构在先天遗传和后天经验的相互作用下发生改变的能力
	特点	①脑的可塑性变化的时间进程：在学习初期，脑的可塑性变化主要表现为快速而不稳定的已有神经联结增强，利用冗余神经通路使皮层表征区面积迅速扩大，但这种变化在周末休息后容易恢复到初始状态。随着学习的深入，大约6个月后，脑的可塑性变化逐渐过渡到新结构的形成，如突触数量的增加和新的神经连接的建立，此时皮层表征区面积的变化虽然相对缓慢，但具有持续性和稳定性，在周末休息后仍能保持增加的趋势，并在10个月左右达到高原期。此外，大脑的可塑性变化与学习任务的进行和学习时间的积累密切相关，在学习过程中，大脑会根据学习任务的需求不断调整自身的结构和功能，以适应新的学习环境和提高学习效率。 ②脑的可塑性与功能迁移：盲人在视觉功能丧失的情况下，通过其他感觉通道的感知能力增强来实现功能的代偿。 ③脑的可塑性与练习方式：想象训练和实际训练在脑的可塑性方面发挥着不同但又相互补充的作用。想象训练通过激活相关脑区和增强神经连接，为实际训练做好脑功能方面的准备；而实际训练则通过提供真实的感官刺激和运动反馈，迅速将脑功能的潜力发挥出来，表现在行为成绩的显著提高上，同时还能促进脑功能的进一步优化和发展

【拓展延伸】

高原现象

在学习进程中，高原现象是一种较为常见的现象。

一、高原现象的含义

高原现象是指在学习或技能的形成过程中，练习的中后期往往出现进步的暂时停顿现象，在曲线上表现为保持一定水平而不上升，或者有所下降，但在突破“高原现象”后，又可以看到曲线继续上升。

二、高原现象产生的原因

1. 生理疲劳

学习是一项艰苦的脑力劳动，长时间持续学习会使身体和大脑处于疲劳状态。在学习初期，学习者通常充满热情和精力，身体也能较好地适应学习节奏；然而，随着学习时间的不断延长，尤其是在练习的中后期，身体的疲劳感会逐渐累积。比如，大脑长时间处于高度集中的状态，会导致神经疲劳，出现注意力不集中、记忆力下降等问题。这些生理疲劳会影响学习者的学习效率和学习效果，使他们在学习过程中难以取得明显的进步，从而导致高原现象的出现。

2. 心理因素

在学习过程中，心理因素对学习者的影响不容忽视，尤其是在面对高原现象时，心理因素往往起着关键作用。

首先，学习动机的变化是导致高原现象的一个重要心理因素。在学习初期，学习者通常具有强烈的学习动机，他们渴望通过学习获得知识、技能和成就，以满足自己的发展需求和社会期望，而随着学习时间的推移和学习难度的增加，尤其是在经历了一段时间的学习停滞不前之后，他们的学习动机可能会逐渐减弱，可能会对自己的学习能力产生怀疑，对学习的目标和意义感到迷茫，从而失去了学习的动力和热情，这种学习动机的变化会导致学习者在学习过程中缺乏主动性和积极性，难以投入足够的时间和精力进行学习，从而影响了学习的效果和进步，导致高原现象的出现。

其次，学习压力和焦虑情绪也是导致高原现象的重要心理因素。在学习过程中，尤其是在面对考试、竞争等压力时，学习者往往会产生一定的学习压力和焦虑情绪，在学习初期，适度的学习压力和焦虑情绪可以激发学习者的学习动力和潜能，促使自己更加努力地学习，提高学习效率和学习效果，而随着学习时间的推移和学习压力的不断增加，尤其是在经历了一段时间的学习停滞不前之后，他们的学习压力和焦虑情绪可能会逐渐超越忍受极限，从而可能会对自己的学习成绩和未来发展产生过度的担忧和恐惧，继而导致心理负担过重，出现焦虑、抑郁、失眠等问题。这些过度的学习压力和焦虑情绪会影响学习者的学习状态和学习效果，使他们在学习过程中难以集中注意力、发挥自己的水平，从而导致学习成绩下降、学习进步停滞，出现高原现象。

3. 知识与技能结构

随着学习的深入，知识与技能的复杂度不断增加，原有的知识与技能结构可能无法适应新的学习需求，这是导致高原现象的重要原因之一。在学习初期，学习者主要接触的是基础知识和基本技能，这些内容相对简单，容易理解和掌握，他们可以通过记忆、模仿等方式快速积累知识和技能，从而在学习过程中取得明显的进步；然随着学习的不断深入，尤其是在学习的中后期，学习者所面临的知识和技能难度会逐渐增加，这些新知识和新技能往往具有更高的抽象性、综合性和复杂性，需要学习者具备更强的理解能力、分析能力、综合能力和创新能力，此时，原有的知识与技能结构可能无法满足新的学习需求，学习者会发现自己在学习过程中遇到了困难，进步变得缓慢甚至停滞不前，从而出现高原现象。

4. 学习方法

学习方法是否得当对学习效果和学习进步起着至关重要的作用。在学习过程中，如果学习者一直采用单一、固定的学习方法，而不根据学习内容、学习阶段和自身特点的变化及时调整和改进学习方法，就可能会导致学习效率低下，学习进步缓慢，从而出现高原现象。在学习初期，由于学习内容相对简单，学习者可以采用一些较为基础、常规的学习方法，如背诵、记忆、做练习题等，就能够取得较好的学习效果，实现学习的快速进步，但随着学习的不断深入，学习内容的难度和复杂度会逐渐增加，此时如果学习者仍然坚持采用初期的学习方法，就可能会发现这些方法不再适用，学习效果也会大打折扣，从而出现高原现象。

三、克服高原现象的策略

1. 调整学习节奏与方式

当学习者意识到自己处于高原现象时，首先需要做的是调整学习节奏与方式。长时间保持高强度、单一的学习模式，容易导致身体和大脑的疲劳，降低学习效率，因此，学习者应该适当增加休息时间，采用分散学习的方式，将学习时间分成若干个较短的时间段，每个时间段之间安排适当的休息时间，这样可以让身体和大脑得到充分的休息和恢复，提高学习效率；此外，学习者还应该根据学习内容和自身特点，及时调整学习方式，比如，在学习理论性较强的知识时，可以采用精读、笔记、总结等方式，深入理解知识的内涵和逻辑关系，在学习实践性较强的知识时，可以采用实验、操作、模拟等方式，提高自己的实践能力和解决问题的能力，通过调整学习节奏与方式，学习者可以更好地适应学习的需求，提高学习效率，克服高原现象。

2. 激发学习动力与兴趣

学习动力和兴趣是影响学习效果和学习进步的重要因素。在高原现象期间，学习者的学习动力和兴趣往往会受到一定的影响，出现减弱或丧失的情况，因此，激发学习动力与兴趣是克服高原现象的关键策略之一。学习者可以通过设定明确的学习目标来激发学习动力。学习目标应该具体、可衡量、可实现、相关联且有时限(SMART 原则)，比如，如果学习者正在学习英语，他可以设定一个具体的学习目标，如在三个月内通过英语四级考试，为了实现这个目标，学习者可以将其分解为若干个小目标，如每天背诵50个单词、做一套模拟试题等。通过设定明确的学习目标，学习者可以清楚地知道自己努力的方向，提高学习的主动性和积极性，从而激发学习动力；此外，学习者还可以通过培养学习兴趣来激发学习动力，学习兴趣是指学习者对学习内容或学习活动所产生的一种积极的、带有倾向性的情绪体验，当学习者对学习内容或学习活动产生浓厚的兴趣时，他会主动地投入到学习中，积极地探索和发现新知识，从而提高学习效果和学习进步，因此，学习者应该尝试从学习内容或学习活动中寻找自己感兴趣的点，培养学习兴趣，比如，在学习历史时，学习者可以通过阅读历史故事、观看历史纪录片、参观历史博物馆等方式，了解历史事件的背景、经过和结果，感受历史的魅力，从而培养对历史的学习兴趣。

3. 优化知识与技能结构

随着学习的深入，知识与技能的复杂度不断增加，原有的知识与技能结构可能无法适应新的学习需求，这是导致高原现象的重要原因之一，因此，优化知识与技能结构是克服高原现象的重要策略之一。学习者可以通过系统复习和总结来优化知识与技能结构。在学习过程中，学习者会积累大量的知识和技能，但这些知识和技能往往是零散的、孤立的，缺乏系统性和连贯性，因此，学习者需要定期对所学的知识和技能进行系统复习和总结，将零散的知识和技能整合起来，形成一个完整的、系统的知识与技能体系，比如，在学习数学时，学习者可以通过制作思维导图、总结公式定理、整理错题集等方式，对所学的数学知识进行系统复习和总结；通过系统复习和总结，学习者可以将零散的知识和技能整合起来，形成一个完整的、系统的知识与技能体系，从而优化知识与技能结构，提高学习效果和学习进步；此外，学习者还可以通过拓展学习和跨学科学习来优化知识与技能结构。

在当今社会，知识和技能的发展呈现出高度的综合性和跨学科性，因此，学习者需要不断拓展自己的学习领域，尝试跨学科学习，将不同学科的知识和技能融合起来，形成一个多元化的、综合性的知识与技能体系，比如，在学习计算机科学时，学习者可以不仅学习计算机编程、算法设计、数据结构等专业知识，还可以学习数学、物理学、电子工程等相关学科的知识。通过拓展学习和跨学科学习，学习者可以将不同学科的知识和技能融合起来，形成一个多元化的、综合性的知识与技能体系，从而优化知识与技能结构，提高学习效果和学习进步。

4. 寻求外部支持与反馈

在克服高原现象的过程中，寻求外部支持与反馈是一种非常有效的策略。外部支持与反馈可以帮助学习者更好地了解自己的学习状况和存在的问题，从而及时调整学习策略和方法，提高学习效果和学习进步。学习者可以向老师、同学、家长等寻求学习上的帮助和建议。老师是学习者在学习过程中的重要指导者，他们具有丰富的教学经验和专业知识，能够帮助学习者解决学习过程中遇到的各种问题。此外，同学、家长也是学习者在学习过程中的重要支持者，他们能够给予学习者关心和鼓励，帮助学习者树立学习信心和勇气；此外，学习者还可以参加学习小组、讨论班、辅导班等学习活动，与其他学习者共同学习、交流和讨论，获取更多的学习资源和信息，拓宽学习视野，提高学习效果。

高原现象是学习进程中常见的一种现象，它的出现并不意味着学习的失败，而是学习过程中的一个重要阶段。了解高原现象产生的原因，并采取相应的策略来克服它，对于学习者提高学习效果、实现学习目标具有重要意义。

考点三、学习理论

1. 学习的联结理论

表13-3 学习的联结理论

要点	具体内容	
经典条件作用	经典条件反射的形成	巴甫洛夫通过条件刺激和无条件刺激的反复多次的结合，使人或动物学会对信号（即条件刺激）做出反应
	经典条件反射的规律	①习得：是指在条件刺激与无条件刺激之间建立联结的过程。 ②消退：是指在条件反射形成后，如果条件刺激重复出现多次而没有无条件刺激相伴随，则条件反应会变得越来越弱，并最终消失。 ③泛化与分化： a. 泛化，是指在条件反射形成后的初期，不仅条件刺激本身能够引发条件反应，而且与条件刺激相似的其他刺激也能在一定程度上引发相同的条件反应； b. 分化，是指通过选择性强化和消退，使有机体学会对条件刺激和与条件刺激相似的其他刺激做出不同反应的过程。 ④二级条件作用：是指在已经形成的条件反射（一级条件反射）的基础上，将条件刺激与另一个中性刺激进行多次配对呈现，使该中性刺激也能获得引发条件反应的能力，从而建立起新的条件反射（二级条件反射）的过程

续表

要点	具体内容	
操作性条件作用	桑代克的尝试-错误学习理论	通过迷笼实验得出，学习的实质是个体尝试在一定的情境与特定的反应之间建立某种联结，在这个过程中会犯很多错误，并接收到环境给予的各种反馈，个体通过放弃错误的尝试而保留正确的尝试，从而建立起正确的联结，这就是学习的过程。该理论有三个基本规律，即准备律、练习律、效果律
	斯金纳的操作性条件作用理论	通过斯金纳箱实验得出，学习有两种类型，一类是由刺激情境引发的反应，即应答性反应，与经典条件作用类似；另一类是操作性行为，它不是由刺激情境引发的，而是机体的自发行为。在日常生活中，人的绝大多数行为都是操作性行为。影响行为巩固或再次出现的关键因素是行为所得到的结果，即强化，强化又有正、负强化之分
在学习和教育情境下的应用	①教师可以采用有效的奖励机制来强化学生的积极行为，采用合理的惩罚机制来矫正学生的错误行为。 ②教师可以提供丰富多样的刺激，以促进学生的学习。 ③教师可以根据学生的实际情况和学习能力，为学生设置合理的学习目标；还可以帮助学生将大目标分解为一个个小目标，让学生在实现小目标的过程中，逐渐增强学习信心和动力，最终实现大目标。 ④教师应该建立积极的反馈机制，及时给予学生反馈，以帮助学生了解自己的学习情况，调整学习策略，提高学习效果	

2．学习的认知理论

表 13-4　学习的认知理论

要点	具体内容	
主要的学习认知理论	苛勒的顿悟理论	与行为主义学习理论只关注外部刺激和行为反应不同，该理论强调认知因素在学习过程中的重要作用，认为学习是学习者主动地对问题情境进行认知加工和理解的过程，在这个过程中，学习者需要通过对问题情境中各种元素之间关系的感知、分析和整合，形成对问题的整体理解和把握，从而突然领悟到解决问题的方法
	托尔曼的认知学习理论	该理论认为，学习不仅仅是形成刺激与反应之间的联结，更强调“刺激-反应”的“中介变量”——认知，学习者在学习过程中会积极主动地对环境中的各种信息进行感知、分析和整合，从而在头脑中形成对环境的认知结构，即“符号-完形”。 ①位置学习：认知地图是关于某一局部环境的综合表象，不仅包括事件的简单顺序，而且包括方向、距离甚至时间关系等；而位置学习就是根据对情境的认知，在当前情境与达到目的的手段、途径之间建立起一个完整的符号系统。研究表明，海马在认知地图的学习中发挥着重要作用。 ②潜伏学习：在没有外部奖励的情况下，学习者仍然能够进行学习，但学习的结果在当时没有表现出来，而是潜伏在学习者头脑中。潜伏学习的存在表明，学习不仅仅是由外部奖励所驱动的，学习者在没有外部奖励的情况下也能够进行主动的学习，这种学习可能是由于学习者对环境的好奇心、探索欲望或者内在的认知需求等因素所驱动的
	班杜拉的社会认知学习理论	①榜样：是观察学习中的核心要素，其最主要的功能就是为模仿者提供行为示范。 ②模仿者：是观察学习的主体，需要具备一定的观察和学习能力，才能有效地从榜样的行为中获取信息，并将其转化为自己的行为。 ③环境：为观察学习提供了机会和场景

续表

要点		具体内容
主要的学习认知理论	建构主义学习理论	①个体建构主义： a. 知识并不是对现实世界的绝对准确的表征，也不是放之四海而皆准的真理，相反，知识是个体在与环境的相互作用中，通过主动建构而形成的对现实世界的一种解释、假设或模型。由于每个个体的认知结构、经验背景、兴趣爱好等方面存在差异，因此不同个体对同一知识的理解和建构也会有所不同，这就意味着知识具有主观性； b. 强调知识的情境性，认为知识是个体在特定的情境中，通过与环境的相互作用而建构起来的； c. 学习不是由教师向学生传递知识的过程，而是学生主动地建构自己的知识经验的过程，在这个过程中，学生不是被动地接受外界信息，而是根据自己已有的认知结构和经验背景，对新的信息进行主动地选择、加工和处理，从而建构起对新知识的理解和认识； d. 强调学习的社会互动性，认为学习是通过学习者与他人之间的社会互动来实现的； e. 强调学习的情境性，认为学习是在特定的情境中进行的，情境对学习的过程和结果起着至关重要的作用。 ②社会建构主义：维果茨基认为，社会互动和文化塑造了个体的发展与学习。通过与他人共同参与各种活动，个体能内化通过共同活动而获得的东西，包括新策略和新知识
认知学习理论的应用		①教师要善于利用榜样的示范作用来激发学生的学习兴趣，还要帮助学生增强自信心，如给予学生恰当的反馈和评价。 ②教师通过不断引入变化和新奇的东西，采取停顿、手势等特定的信号以及多种学习方式来帮助学生集中注意力。 ③教师帮助学生掌握建构知识的策略，如列提纲、画思维导图、提问等方式

【习题精选】

1. 联结主义学习理论的两个主要派别是什么？两者的异同是什么？

思路点拨： 学习就是在刺激与反应间建立联结的过程，联结有先天本能的和后天习得的两大类，因此联结主义的学习理论包括经典性条件反射和操作性条件反射。

参考答案：

(1)联结主义的学习理论的两个主要派别

分别是经典性条件反射和操作性条件反射。

①经典性条件反射

a. 提出者及实验：由俄国生理学家巴甫洛夫提出。在实验中，先给狗呈现食物，狗会自然分泌唾液，这是无条件反射，食物是无条件刺激。然后在给狗食物前响铃，多次后，只响铃不给食物，狗也会分泌唾液，此时铃声由中性刺激变为条件刺激，狗听到铃声分泌唾液成为条件反射；

b. 主张：认为先有非条件反射，中性刺激与能引起非条件反射的非条件刺激进行多次结合，最终中性刺激转变为条件刺激引发条件反射，是一种被动的、应答性行为，行为是对刺激的应答。例如，看到闪电后会预期听到雷声，闪电就类似条件刺激，听到雷声后的反应类似条件反射。

②操作性条件反射

a. 提出者及实验：由美国心理学家斯金纳提出。斯金纳箱中有个杠杆，小白鼠在箱中随机按压杠杆会得到食物奖励，之后小白鼠按压杠杆的频率增加。若按压杠杆得到电击惩罚，小白鼠按压杠杆的频率会下降；

b. 主张：认为个体先自发做出某种行为，然后得到环境给予的强化(奖励或惩罚)，从而改变该行为未来发生的频率，是一种主动的、操作性行为。比如，孩子主动认真写作业，得到老师和家长的表扬，之后孩子会更愿意主动认真写作业；员工工作偷懒被批评，可能就会减少偷懒行为。

(2)两者的异同

①同

两者都认为，一切学习都是通过条件作用，在刺激(S)和反应(R)之间建立直接联结的过程。强化在S－R联结的建立中起着重要作用。在S－R联结之中，个体学到的是习惯，而习惯是反复练习与强化的结果。习惯一旦形成，只要原来的或类似的刺激情境出现，习得的习惯性反应就会自动出现。

②异

a. 无条件刺激是否明确：在经典性条件反射中，什么能使狗流唾液？是食物。食物作为无条件刺激很明确；在操作性条件反射中，什么能使白鼠去抓机关？只好说是由它身体内部的某些情况；

b. 强化是与刺激有关，还是与反应有关：在经典性条件反射中，强化是同刺激有关，并出现在反应之前；而在操作性条件反射中，强化只同反应(操作)有关，而且出现在反应之后；

c. 反应方式不同：在形成经典性条件反射时，动物往往被束缚着，是被动地接受刺激，反应是先天固有的；在形成操作性条件反射过程中，动物可以自由活动，它通过主动操作来达到一定的目的，反应是在学习过程中形成的。在现实生活中，一个复杂的反射活动，往往既包含有经典性条件反射，也包含有操作性条件反射。

2. 观察学习和简单的模仿有什么异同？

思路点拨：明确观察学习和简单模仿的概念；从都以观察为基础、都涉及行为的再现来阐述两者的相同点；从认知参与程度、学习的全面性、行为的主动性和创造性来阐述两者的相异点。

参考答案：

观察学习和简单模仿既有相似之处，也存在明显区别，具体如下：

(1)相同点

①都以观察为基础

观察学习和简单模仿都需要个体首先对他人的行为进行观察。无论是观察学习中对榜样行为及其结果的留意，还是简单模仿中对示范行为的关注，观察都是行为发生的前提条件。没有观察这一环节，两者都无法进行。

②都涉及行为的再现

在观察学习和简单模仿中，个体都有将所观察到的行为在自己身上再现出来的过程。观察学习中的复制过程以及简单模仿，都是个体试图使自己的行为与所观察到的行为相似，都包含了对观察到的行为的某种程度的复制或重现。

(2)相异点

①认知参与程度

观察学习强调个体的认知过程在学习中的重要作用。个体不仅仅是看到榜样行为并进行模仿，还会对榜样行为的原因、后果以及行为与情境之间的关系等进行思考和理解。例如，儿童看到大人使用工具修理家具，不仅会模仿使用工具的动作，还会思考为什么要这样使用工具，以及修理家具会带来什么结果等，是一种更具主动性和思考性的学习方式。

简单模仿的认知参与程度相对较低，更多是对表面行为的直接复制，通常不深入思考行为背后的意义、目的或因果关系。如幼儿可能会单纯地模仿大人说话的语气和声调，而不理解话语的含义。

②学习的全面性

在观察学习中，个体可能学习到榜样行为的多个方面，包括行为的方式、行为的情境适应性、行为所蕴含的态度和价值观等。例如，学生观察老师在课堂上的教学行为，不仅学会了知识的传授方法，还可能学到老师对待学生的态度、处理问题的方式等，是一种较为全面的学习。

在简单模仿中，个体往往只侧重于行为的外在表现形式，关注的是具体的动作、行为模式等，对行为背后的其他信息学习较少。例如，孩子模仿电视里演员的舞蹈动作，可能只是单纯地模仿动作的外形，而不了解舞蹈所表达的情感和文化内涵。

③行为的主动性和创造性

个体在观察学习过程中具有一定的主动性和创造性，可能会根据自己的理解和实际情况对观察到的行为进行调整和改进，甚至产生新的行为方式。例如，一位厨师观察学习了他人的烹饪方法后，会根据自己的口味偏好和顾客需求，对菜品进行创新，形成自己独特的烹饪风格。

个体在简单模仿过程中通常更具被动性，主要是直接复制观察到的行为，较少对行为进行主动的调整或创新，一般是尽可能地使自己的行为与示范行为保持一致。

考点四、教学方法与学习

表13－5　教学方法与学习

要点	具体内容	
以教师为中心的教学方法	直接教学	①教学方式：教师"一小步一小步"地呈现学习内容，适时监控每一个学习环节，并通过提供实例、解释概念、提问使学生将大部分时间放在有意义的学习任务上。 ②练习和反馈：目的是对所学内容进行强化。 ③适用对象：小学低年级(1～3年级)
	掌握性教学	①教学和练习方式：教师事先设置一个必须达到的知识掌握水平，把总的学习目标分解成一个个的小单元，并为学生提供学习材料，给予反馈和评价，让学生独立地进行学习，直至达到目标。 ②适用对象：所有年级、所有水平的学生和各种复杂程度的知识

续表

要点	具体内容	
以学生为中心的教学方法	发现式教学	①教学和练习方式：教师鼓励学生对所要学习的知识进行大胆探索，从而主动发现和内化其中的概念、规则以及原理等。 ②适用对象：中小学生
	讲解式教学	①教学和练习方式：教师尽量先讲概括性强、总纲或总领性质的知识，同时要注意知识本身的内在逻辑和学生自身的知识结构，确保学生以一种有意义的方式把新知识整合到记忆中去，在这个过程中，教师仍然只是提供有限的指导，更多的则是学生自己对知识进行理解和整合。 ②适用对象：小学高年级以上
	建构主义教学方法	强调个人在探索新知识、与环境进行互动时的积极作用，把学习与情境化的社会实践活动结合起来
一些影响教学的因素	物理环境；时间管理；人文环境	

13.2 典型题(含考研真题)详解

一、单项选择题

1. 图式对阅读理解的作用主要体现在(　　)。[统考2023年研]

A. 语素层次　B. 词汇层次　C. 短语层次　D. 篇章层次

【答案】D

【解析】图式是知识的心理组织形式，也可以将图式看作是有组织的知识单元。如故事的图式包括背景、主题、情节和结局等内容。当一个故事是按照这种故事的图式组成的话，就非常有助于对文章的理解。

2. 关于学习的含义，错误的表述是(　　)。[统考2017年研]

A. 人与动物都需要学习　B. 学习就是有机体的行为改变

C. 学习是有机体获得经验的过程　D. 学习是有机体对环境的适应过程

【答案】B

【解析】学习是个体在一定情境下由于经验而产生的行为或行为潜能的比较持久的变化。学习是以行为或行为潜能的改变为标志，所以学习本身并非指行为的改变。

3. 某学生在学校的数学计算测验中表现良好，购物时却不能进行正确的计算，适合解释这一现象的迁移理论是(　　)。[统考2017年研]

A. 结构匹配理论　B. 关系转换理论

C. 建构主义迁移理论　D. 产生式迁移理论

【答案】C

【解析】在建构主义者看来，学习迁移实际上是知识的意义与应用范围两个不可分割的方面，而知识的应用范围总是与一定的物体、内容活动以及社会情境联系在一起，所以学生在数学测验中表现良好，但在购物时不能正确计算体现了迁移理论的建构主义观点。

4. 布鲁纳认为，学生学习必须“超越给定信息”。这一观点强调的学习过程是（　　）。[统考2016年研]

A. 获得　　B. 转化　　C. 评价　　D. 动机

【答案】B

【解析】布鲁纳认为，学习的实质是主动地形成认知结构：学习包括获得、转化和评价三个过程。转化即超越给定信息，运用各种方法将它们变成另外的形式，以适合新任务，并获得更多的知识。

二、概念题

1. 操作性条件反射[深圳大学2025年研；中国人民大学2018年研]

答：操作性条件反射，又称工具性条件反射，是指对操作行为进行强化，从而形成条件反射的过程。操作性条件反射这一概念，是斯金纳新行为主义学习理论的核心。斯金纳通过著名的斯金纳箱实验得出其结论。斯金纳认为，人类行为主要是由操作性反射构成的操作性行为，操作性行为是作用于环境而产生结果的行为。在学习情境中，操作性行为更有代表性。斯金纳很重视R（反应）型条件反射，因为这种反射可以塑造新行为，在学习过程中尤为重要。但是，也要看到，他的这一理论坚持了机械主义的观点，完全摒弃了对学习的认识过程的研究，同时也抹杀了学习的主观能动作用，因而带有极大的片面性。

2. 隐性知识[首都师范大学2015年研]

答：隐性知识是指尚未被言语或其他形式表述的知识，是“尚未言明的”或者“难以言传的”知识。隐性知识与显性知识相对，是高度个性化和难于格式化的知识，比如主观的理解、知觉和预感都属于隐性知识。个体通过社会化共享自己的隐性知识，分享别人的经历和经验，理解别人的思想和感情，通过外化把隐性知识用其他人能够理解的方式表达出来，特别是自然的交谈，是知识外化的有效途径。

3. 知识表征[北京师范大学2012年研]

答：知识表征是指知识在头脑中的表示形式和组织结构。知识是通过个体与信息甚至是整个情境相互作用而获得的，个体一旦获得知识，就会在头脑中用某种形式和方式来代表其意义，把它储存起来。不同类型的知识在头脑中以不同方式表征，例如，陈述性知识以概念、命题、命题网络、表象或图式表征，而程序性知识主要以产生式表征，有时也可能以图式表征。

4. 学习迁移[中山大学2011年研]

答：学习迁移是指一种学习对另一种学习的影响，它广泛地存在于知识、技能、态度和行为规范的学习中。任何一种学习都要受到学习者已有知识经验、技能、态度等的影响，只要有学习，就有迁移。迁移是学习的继续和巩固，又是提高和深化学习的条件，学习与迁移不可分割。

三、简答题

1. 试从学习的认知观出发，简要比较接受学习与发现学习的利弊。［统考2018年研］

答：奥苏贝尔的"接受学习"理论和布鲁纳的"发现学习"理论从不同的认知方式的角度阐述了学习的相关规律。前者强调充分利用学生原有的认知结构的同化作用；后者强调学生用自己的头脑去亲自获得知识。具体来说，它们各有优缺点。

(1)接受学习的优点：

①表现出学生的认知结构和有意义学习在知识获得中的重要作用。

②在一些学习情境里，比如，讲授抽象知识时，学生必须用言语来处理各种复杂的，抽象的命题，更适合于接受学习。

③接受学习所获得的知识是系统的、完整的、精确的，而且便于储存和巩固。

(2)接受学习的缺点：

①偏重学生对知识的掌握，而对学生能力的培养尤其是创造能力的培养不够重视。

②对于具体经验和程序性知识的教学，其他教育方式可能更加有效。

③奥苏贝尔对接受学习的含义解释得比较模糊，他也未能弄清接受学习的本质，对于接受学习的评价存在夸大不实之处，因而该理论并不是一种完备的科学理论。

(3)发现学习的优点：

①提高学生智力，培养学生的思维能力。

②激发内在的学习动机，使学生从学习过程中发现乐趣。

③能够增强学生对知识的迁移能力。

④有利于对知识的记忆、保持与提取。

(4)发现学习的缺点：

①发现学习受到学科、学生的限制。

②发现法耗时，不经济，不宜在短时间内向学生传授一定数量的知识和技能。

③发现学习对教师的知识素养和教学技巧等要求很高，不易实施。

2. 简述经典性条件反射和操作性条件反射的异同。［华南师范大学2015年研］

答：(1)经典性条件反射和操作性条件反射

经典性条件反射是指一个原来并不能引起某种本能反射的中性刺激物，由于它总是伴随某个能引起该本能反射的刺激物出现，如此多次重复之后，这个中性刺激物也能引起该本能反射。巴甫洛夫称这种反射为条件反射或条件作用。后人称之为经典性条件反射或经典性条件作用。

操作性条件反射是指在一定刺激情境中，如果动物的某种反应的后果能满足其某种需要，则以后它的这种反应出现的几率就会提高。操作性条件反射是有机体在后天生活过程中经学习而形成的一种反应形式。

(2)经典性条件反射和操作性条件反射的区别与联系

①二者联系

操作性条件反射对理解复杂的心理现象有进一步的意义。它是对经典性条件反射的一个很重要的补充。操作性条件反射与经典性条件反射有共同规律。它们都是在一定条件下建立起来的反射，而最根本的共同点是都需要强化，不强化就消退；在消退后又都会自然恢复。而且都可以建立初级强化。操作性条件反射也有泛化和分化。

②二者区别

a. 无条件刺激是否明确：在经典性条件反射中，什么能使狗流唾液？是食物。食物作为无条件刺激很明确；在操作性条件反射中，什么能使白鼠去抓机关？只好说是由它身体内部的某些情况；

b. 强化是与刺激有关，还是与反应有关：在经典性条件反射中，强化是同刺激有关，并出现在反应之前；而在操作性条件反射中，强化只同反应（操作）有关，而且出现在反应之后；

c. 反应方式不同：在形成经典性条件反射时，动物往往被束缚着，是被动地接受刺激，反应是先天固有的；在形成操作性条件反射过程中，动物可以自由活动，它通过主动操作来达到一定的目的，反应是在学习过程中形成的。在现实生活中，一个复杂的反射活动，往往既包含有经典性条件反射，也包含有操作性条件反射。

3. 简述影响学习迁移的主要因素。［武汉大学2012年研］

答：影响学习迁移的主要因素可分为主观因素和客观因素。

（1）主观因素

①智力和年龄

智力较高的学生能比较容易地发现两种学习情境之间的共同要素或关系，易于总结学习内容的原理原则，能够形成比较完善的认知结构，能够比较顺利地将以前习得的学习策略和方法灵活地运用到后继的学习中。不同年龄阶段的学生的思维发展水平不同，学习迁移产生的条件与机制不同。

②认知结构

如何将学习内容的最佳知识结构以最佳的方式呈现给学生，使其形成良好的认知结构并最终优化为各种能力，是促进学习积极迁移的重要条件。具有良好认知结构的学生总能敏锐地把握各种学习材料之间的结合点，并能由此及彼地进行分类与组合，使习得的知识经验系统化，在学习中容易产生积极迁移。

③学生对学习和学校的态度

一个学生对某项学习活动的态度，对学习迁移的引发也非常重要。当对学习活动具有积极的态度时，便会形成有利于学习迁移的心境，这样他便有可能将已有的知识与技能积极主动地运用到新的学习中去，找出其中的联系，学习迁移可能在不知不觉中发生。

④学习的心向和定势

心理定势对学习迁移的影响有积极的一面，它反映出心理活动的稳定性和前后一致性。定势对学习迁移的影响也有消极的一面，它妨碍学生思维的灵活性，不利于智力的形成和发展，使心理活动表现出惰性，显得呆板，而不利于适应环境，有碍于解题的速度和灵活性。

（2）客观因素

①学习材料的特性

先前的学习同后来的学习之间所包含的共同要素越多，迁移也就越容易产生。

②教师的指导

教师有意识的指导有助于学习迁移的积极发生。

③学习情景的相似性

学习情景越相似，学习者越容易找到有关线索。

④迁移的媒体

能否选择能引起正迁移的媒体对迁移的发生和性质有影响。

4. 什么是技能？认知技能和动作技能的关系是什么？［上海师范大学2011年研］

答：(1)技能的含义

技能是通过学习而形成的合法则的活动方式。技能是通过学习或练习形成的，不同于本能行为；技能是一种活动方式，区别于程序性知识；技能是合乎法则的活动方式，区别于一般的随意行为。

(2)认知技能和动作技能的关系

①区别

a. 活动的对象不同：动作技能属于实际操作活动范畴，其对象是物质的、具体的(如打字、射箭)，表现为外显的骨骼和肌肉的操作。智力技能的对象是头脑中的映像，具有主观性和抽象性，从外部难以觉察的头脑中的思维过程，属于观念范畴；

b. 活动的结构不同：动作技能是系列动作的连锁，因而其动作结构必须从实际出发，符合实际，不能省略。而智力技能是借助于内部言语实现的，可以高度省略、高度简缩，甚至觉察不到它的进行；

c. 活动的要求不同：动作技能和智力技能形成的结果都是从不会做到知道如何做，再达到熟能生巧。但动作技能要求学习者必须掌握一套刺激-反应的联结，而智力技能则要求学习者掌握正确的思维方法，即获得产生式或产生式系统。

②联系

a. 动作技能是认知技能的最初依据；

b. 认知技能是动作技能的控制和调节者；

c. 完成某项复杂活动既需要动作技能，也要认知技能参与。

5. 什么叫练习中的高原现象？形成高原现象的原因是什么？

答：(1)高原现象的含义

高原现象是练习成绩一时性的停顿现象。最早用实验方法证明高原现象的是1897年布瑞安等的研究。布瑞安等研究了收发电报中动作技能的进步，结果发现，在收报练习15～28天之间，成绩一度停顿下来，虽有练习，但成绩不见提高，这就是练习进程中的高原时期。需要注意的是，高原现象和生理的极限和工作效率的绝对顶点是不同的。

(2)形成原因

①高原现象并非技能水平达到生理极限的表现，而是由于在长时间而集中的技能训练中，学习的热情下降，身体过分疲劳，旧的技能结构的限制等引起的。其中，旧的技能结构的限制，可能是引起高原现象的一个最重要的原因。

②由于学习成绩的进一步提高，需要改变旧的学习活动结构和方式方法，代之以新的

活动结构和方法。在学生没有完成这种改造以前，学习就会处于停顿状态，在这种改造过程中，学习成绩甚至可能暂时下降；当完成了改造过程，成绩又会提高。

③学生经过一段时期的学习后，学习兴趣降低，厌倦，身体疲劳或发生疾病等，也会造成学习进步的暂时停顿现象。

当学生出现高原现象时，教师要帮助学生分析原因，指导他们改变活动结构，采取新的方式方法，鼓舞其学习信心，突破高原，继续进步。

四、论述题

简要说明行为主义者怎样看待强化在学习中的作用。［中国政法大学2017年研］

答：行为主义者强调学习就是在刺激与反应之间建立联结的过程，提出联结理论，又称"刺激－反应"理论。行为主义者认为，人的行为是对其所获刺激的函数，如果这种刺激对他有利，则这种行为就会重复出现；若对他不利，则这种行为就会减弱直至消失。强化就是为了增加某种行为以后发生反应的概率的操作。它是学习成功的关键。

（1）经典条件作用中的强化

巴甫洛夫以狗为研究对象，提出"条件反射"概念，后人称之为"经典条件作用"。在条件刺激与无条件刺激之间建立联结的过程叫作条件反射的习得过程。条件反射形成以后，如果得不到强化，条件反射会逐渐削弱，直至消失。

首先打出行为主义心理学的旗帜的华生曾经用条件作用的原理做了一个恐惧形成的实验。根据这一实验，华生提出，有机体的学习实质上就是通过建立条件作用，形成刺激与反应之间联结的过程，从而形成习惯。条件刺激通过与无条件刺激在时空上的结合，替代无条件刺激与无条件反应建立了联系。习惯的形成遵循频因律和近因律。根据频因律，在其他条件相等的情况下，某种行为练习得越多，习惯形成得就越迅速。根据近因律，当反应频繁发生时，最新近的反应比较早的反应更容易得到强化。

（2）联结主义理论中的强化

美国心理学家桑代克通过迷笼实验提出了尝试－错误学习理论。这一理论认为，学习的实质是通过"尝试"在一定的情境与特定的反应之间建立某种联结。在尝试中，个体会犯很多错误，通过环境给予的反馈，个体放弃错误的尝试而保留正确的尝试，从而建立起正确的联结，这就是学习。桑代克认为，在尝试－错误的学习中，行为的后果是影响学习最关键的因素，如果行为得到了强化，证明尝试是正确的，行为就能保留下来，否则就会作为错误尝试而被放弃。总之，正强化会促进行为，而负强化或惩罚会削弱行为，桑代克称之为效果律。桑代克认为，效果律是学习的基本定律。

（3）操作性条件作用中的强化

美国心理学家斯金纳改进了桑代克的迷笼，设计了"斯金纳箱"，通过研究，斯金纳认为存在两种类型的学习，一类是由刺激情境引发的反应，即应答性反应，与经典性条件作用类似；另一类是操作性反应，它不是由刺激情境引发的，而是有机体的自发行为。在日常生活中，人的绝大多数行为都是操作性行为。影响行为巩固或再次出现的关键因素是行为后所得到的结果，即强化。斯金纳区别了两种类型的强化——正强化与负强化。当环境中某种刺激增加而行为反应出现的概率增加时，这种刺激就是正强化物，这种现象就是正强化。当环境中某种刺激减少而行为反应出现的概率增加时，此种刺激就是负强化物，这种现象就是负强化。负强化物通常是一种厌恶刺激，是有机体力图回避的。需要注意的是，无论是正强化还是负强化，其结果都是增加行为再次出现的概率，促进行为的发生。强化既能影响行为的习得速度与反应速度，也能影响行为的消退速度。

(4)社会学习理论中的强化

美国心理学家、新行为主义者班杜拉认为，对于有机体行为的强化方式有三种：一是直接强化，即对学习者做出的行为反应当场予以正或负的刺激；二是替代强化，指学习者通过观察其他人实施这种行为后所得到的结果来决定自己的行为指向；三是自我强化，指儿童根据社会对他所传递的行为判断标准，结合个人的理解对自己的行为表现进行正或负的强化。自我强化参照的是自己的期望和目标。

第14章 人生全程发展

14.1 复习笔记

【知识框架(庖丁解牛)】

- 人生全程发展
  - 个体发展概述
    - 定义
    - 个体发展中的关键期与敏感期
    - 个体发展的领域与分期阶段性
    - 遗传与环境在个体发展中的作用
  - 身体、动作及感知觉的发展
    - 身体发展
    - 动作发展
    - 感知觉发展
  - 语言及认知与其他高级认知能力的发展
    - 语言的发展
    - 其他高级认知能力的发展
    - 皮亚杰的认知发展理论
  - 心理社会性发展
    - 情绪的发展
    - 依恋的发展
    - 道德的发展
    - 埃里克森的心理社会性发展理论

【复习向导(切中肯綮)】

本章重要考点及要求：了解个体发展的定义、个体发展中的关键期与敏感期、个体发展的领域与分期；掌握遗传与环境在个体发展中的作用。掌握身体、动作及感知觉发展。重点掌握语言及认知与其他高级认知能力的发展；能运用皮亚杰的认知发展理论分析一些现象。重点掌握心理社会性发展；熟练运用依恋理论分析婴儿的相关行为；熟练运用皮亚杰的道德发展理论、科尔伯格的道德发展理论、埃里克森的心理社会性发展理论分析个体发展的相关现象。

【考点难点归纳(游刃有余)】

考点一、个体发展概述

表14-1 个体发展概述

要点	具体内容
定义	是指个体在生命全程中所经历的各种身体、行为或心理上的变化

续表

要点	具体内容	
个体发展中的关键期与敏感期	①关键期是指个体生命中的一段时期，如果其不能获得某种经验，将会失去发展出与该种经验相联系的功能的机会。 ②由于关键期往往有“错过此时期发展就不再进行”的含义，因此一些学者更主张使用敏感期的概念	
个体发展的领域与分期	①横向：分为生理发展、认知发展和心理社会性发展三个领域。 ②纵向：可将人的一生分成八个阶段：产前期、婴幼儿期、儿童早期、儿童后期、青年期、成年期、中年期以及老年期	
遗传与环境在个体发展中的作用	染色体、DNA、基因	①人类体细胞中含有 23 对染色体，染色体是由脱氧核糖核酸（DNA）组成的；基因是具有遗传效应的 DNA 分子片段。 ②一些复杂的心理特征如人格特质、兴趣、能力等通常是遗传与环境共同作用的结果
	遗传与环境在个体发展中的交互作用	环境影响了遗传特性起作用的方式、程度和途径，而遗传特性影响环境中某些因素起作用的方式和程度

【习题精选】

试说明遗传和环境在个体发展中的作用。

思路点拨：遗传和环境在个体发展中都起着至关重要的作用，二者相互影响、相互作用，共同塑造着个体的发展。

参考答案：

(1)遗传在个体发展中的作用

①提供生理基础

遗传基因决定了个体的生理特征，包括身体的形态、结构、机能等方面，如身高、体型、肤色、眼睛颜色等都是由遗传因素决定的。这些生理特征为个体的发展提供了物质基础和潜在可能性，在一定程度上影响着个体的发展方向和限度。例如，遗传基因可能使一个人具有成为优秀运动员的身体条件，如具有适合长跑的身体比例、肌肉类型和心肺功能等。

②影响神经系统发育

遗传对神经系统的发育和功能起着关键作用，进而影响个体的认知、情感和行为等方面的发展。大脑结构和神经递质系统等的发育都受遗传因素调控，这些因素与个体的学习能力、记忆力、思维方式、情绪稳定性等密切相关。例如，一些患有先天性脑部疾病或神经发育障碍的儿童，可能会在认知和行为发展上遇到较大困难，这往往与遗传因素导致的神经系统发育异常有关。

③奠定气质基础

气质是个体心理活动的稳定的动力特征，主要表现在心理活动的速度、强度、灵活性与指向性等方面，它很大程度上受遗传因素影响。例如，有些婴儿天生就比较敏感、容易哭闹，而有些则相对安静、容易安抚，这种气质上的差异在很大程度上是由遗传决定的。不同气质类型的个体在面对相同环境时，可能会有不同的反应方式和行为表现，从而影响其发展路径。

(2)环境在个体发展中的作用

①塑造认知发展

个体所处的家庭、学校、社会等环境为其提供了丰富的学习资源和认知刺激，对认知发展起着重要的塑造作用。良好的教育环境可以激发个体的学习兴趣，提供多样化的学习机会，帮助个体获取知识、发展思维能力。例如，在一个重视教育、文化氛围浓厚的家庭中，孩子可能更容易接触到各种书籍、文化活动等，这有助于他们拓宽知识面，培养批判性思维和创造力。

②影响人格形成

环境因素在人格形成过程中具有重要影响。家庭环境中的亲子关系、教养方式等对个体人格的形成至关重要。例如，民主、温暖的家庭氛围往往有助于培养孩子自信、独立、友善的人格特质；而专制、冷漠的家庭环境可能使孩子变得自卑、叛逆、孤僻。此外，学校环境中的师生关系、同伴关系以及社会文化环境等也会对人格发展产生影响，个体在与他人的互动和社会文化的熏陶中逐渐形成自己的价值观、态度和行为方式。

③促进生理发展

环境因素对个体的生理发展也有重要作用。合理的饮食、充足的睡眠、适宜的运动环境等都有助于个体身体的正常发育和健康成长。例如，生活在营养丰富、卫生条件良好环境中的儿童，通常会比生活在贫困、营养不良环境中的儿童生长发育得更好。此外，环境中的物理因素如气候、空气质量等也会对个体的生理健康产生影响。

④激发或限制遗传潜能

环境可以影响遗传基因的表达，激发或限制个体的遗传潜能。例如，一个具有音乐天赋的孩子，如果在成长过程中没有接触到音乐教育和相关的音乐环境，其音乐天赋可能无法得到充分发挥；相反，如果孩子处于一个充满音乐氛围的家庭和学校环境中，有机会接受专业的音乐培训，那么他的音乐天赋就更有可能得到激发和发展。

考点二、身体、动作及感知觉发展

表14－2 身体、动作及感知觉发展

要点	具体内容	
身体发展	产前期的身体发展	①胎儿发育过程： a. 胚芽期(0～2周)：受精卵着床于子宫壁上； b. 胚胎期(3～8周)：形成主要的身体系统，这一阶段最易受到外界环境的不利影响； c. 胎儿期(9周至出生)：开始出现反射；形成皮肤表面和自己的身体特征；完成身体各部分发展，身长和体重都显著增加。 ②对胎儿发展不利的环境因素：德国麻疹、X射线或原子辐射、性病、香烟、酗酒、吸毒、药物
	婴儿期与童年期的身体发展	①足月婴儿的体重为3～3.5千克，身高为50厘米左右。大多数婴儿1岁时的体重可达出生时的3倍，身高会增加50%。第二年，婴儿的生长速度显著减慢。2岁时，他们的体重可达成年时的五分之一，身高则接近成年时的二分之一。 ②婴儿脑重约为成人脑重的25%；2岁时约为成人脑重的75%；6岁时发展至成人脑重的90%左右

续表

要点		具体内容
身体发展	青少年期的身体发展	①女孩一般在 10.5 岁左右进入快速增长期，12 岁左右生长速度达到顶峰，13.5 岁左右生长速度逐渐减慢；男孩一般在 12 岁左右进入快速增长期，13、14 岁生长速度达到顶峰，约 16 岁后生长速度逐渐减缓。 ②第一性征(男孩和女孩生殖器官的发育)、第二性征(在生殖器官发育之外的、与性别差异相联系的生理特征的发展，如阴毛、腋毛以及女孩的乳房、男孩的声音等)也逐渐出现
	成年期的身体发展	①20 岁以后，身体的发展变化平缓下来，但仍在继续，25 岁左右，身体各方面发展成熟。 ②成年中期，身体开始衰老；成年晚期，身体衰老加剧
动作发展	最初的反射	分为原始反射(如巴宾斯基反射、游泳反射等)和生存反射(如呼吸反射、吮吸反射、定向反射)
	粗大运动技能的发展	粗大运动技能是指身体的大幅度运动，如走路、跑、跳等；该技能发展大体遵循头尾原则和近远原则；对大多数人来说，运动技能会在 19～26 岁时达到顶峰，之后开始下降
	精细运动技能的发展	精细运动技能是指身体局部的细小动作，如拼图、写字、骑自行车等；该技能发展到 10～12 岁已经达到了成年人的水平，成年中期和晚期会有所下降
感知觉发展	触觉	胎儿具有初步的触觉反应；出生后婴儿对外界的触觉探索活动主要是口腔触觉和手的触觉活动；4～5 个月大的婴儿可以有意识地完成手眼协调的动作
	视觉	新生儿已经具备一定的视觉能力，视觉能力的发展主要表现在视觉调节、视觉辐合、视觉分辨以及颜色知觉能力等几个方面；儿童的视觉分辨能力逐渐完善在 4～6 岁时趋于稳定
	听觉	5～6 个月的胎儿开始形成听觉系统，出生 3 天的婴儿已能分辨听过的语音和新的语音；婴儿很早就具有了视听协调的能力，能将视觉体验与听到的声音结合起来

考点三、语言及认知与其他高级认知能力的发展

表 14－3　语言与其他高级认知能力的发展

要点		具体内容
语言的发展	一般过程	①前语言期(0～12 个月)： a. 简单发音阶段(0～3 个月)：无意识发出“啊”“哦”“呜”等； b. 连续音节阶段(4～8 个月)：开始出现一些重复的连续音节，如“ba－ba”“ma－ma”“da－da”等； c. 学话萌芽阶段(9～12 个月)：开始对这些音节赋予一定的意义，如，当婴儿看到妈妈时，可能会发出“ma－ma”的声音，并与“妈妈”这个特定的人建立了联系，具有了一定的语义指向；此外，婴儿开始能够理解一些简单的词语和指令，如“再见”“过来”等。 ②语言发展期(1～5 岁)： a. 10～14 个月时说出第一个有意义的词，标志着他们进入了言语发展的单词句阶段； b. 1.5～2 岁，词汇量出现惊人的增长，表现出“命名爆炸”；随后，步入电报句期(又称双词句阶段)，婴儿开始将词组合为句子，但通常只包含最重要的主干词，如“宝宝吃”“狗狗跑”等；

续表

要点	具体内容	
语言的发展	一般过程	c. 2~3岁，进入简单句阶段，幼儿能够说出一些结构较为完整的简单句子，这些句子通常包含主语、谓语和宾语等基本成分，如“我要喝水”“宝宝喜欢玩具”“妈妈给我买糖”等； d. 3岁以后，进入复杂句阶段，幼儿开始能够说出一些结构较为复杂的句子，这些句子通常包含两个或两个以上的简单句，通过连词、关联词等连接起来，表达更加丰富和复杂的意思。例如，“因为今天天气好，所以妈妈带我去公园玩”“我喜欢吃苹果，也喜欢吃香蕉，但是我不喜欢吃梨”。 ③语言完善阶段(5岁以后)： a. 语法结构的精细化：不仅能够更加准确地运用各种语法规则来构建句子，还能够开始理解和运用一些较为复杂的语法结构，如被动语态、复合句中的各种从句(定语从句、状语从句、宾语从句等)。例如，在描述一个事件时，儿童可能会说“那个玩具被小明弄坏了”，这里运用了被动语态，准确地表达了玩具与小明之间的关系； b. 词汇量的快速增长与运用能力的提升：通过阅读、听故事、与他人交流等多种方式，不断接触和学习新的词汇。这些词汇不仅包括日常生活中常用的词汇，还涵盖了各个领域的专业词汇，如科学、历史、文化、艺术等。例如，在阅读一本关于动物的科普书籍时，儿童可能会学到“哺乳动物”“爬行动物”“两栖动物”“昆虫”等专业词汇； c. 语用能力的发展与成熟：语用能力是指个体在实际的语言交流中，能够根据不同的语境、目的、对象等因素，恰当地运用语言进行表达和理解的能力。在这一阶段，儿童开始逐渐理解语言的语境意义，学会根据不同的语境来准确地理解和解释语言的含义。例如，当儿童听到“今天天气真热啊!”这句话时，他们能够根据当时的天气情况、说话人的语气和表情等因素，准确地理解这句话的含义是说话人在表达对今天炎热天气的感受
	相关理论	①学习观：斯金纳认为，儿童的语言习得是一个后天塑造过程，即语言的获得是学习和强化的结果。 ②先天观：乔姆斯基认为，儿童通过先天的“语言获得装置”习得语言。 ③交互作用观：该观点认为语言的发展历程由先天生物学因素和后天环境因素共同决定
其他高级认知能力的发展	注意的发展	①新生儿：已具有一定的注意能力。 ②婴儿期：联合注意在半岁时萌芽，在1岁时有非常频繁的表现。 ③童年期：注意保持时间增长，日益善于排除外界无关因素的干扰。 ④老年期：注意衰退
	记忆的发展	①婴儿期：已经拥有记忆能力。 ②童年期：在工作记忆容量、记忆策略以及元记忆(即关于自身记忆过程或记忆程度的认识)方面有显著发展。 ③成年期：随年龄的增长而衰退
	思维的发展	①婴儿期：思维开始萌芽。 ②儿童期：执行功能(包括抑制、工作记忆和认知灵活性三种核心成分)表现出显著增长。 ③青少年期：决策能力得到发展。 ④成年期：成年晚期出现衰退

续表

要点	具体内容	
皮亚杰的认知发展理论	认知发展的实质	即图式的发展，图式就是用于组织知识的动作或心理表征
	机制	图式的发展经由两种认知过程实现： ①组织，即儿童将已经存在的较为简单的图式整合为新的、更为复杂的图式。 ②适应，由两个相对的方面构成：两者通过互补使个体与环境之间得以平衡。 a. 同化，是指儿童利用已有图式去理解环境，是图式的量变； b. 顺应，是指儿童改变已有图式去适应环境，是图式的质变
	认知发展的阶段	①感知运动阶段(0～2 岁)：获得客体永久性，即当物体从视野中消失时仍然相信物体持续存在；主体和客体分化；因果联系的形成。 ②前运算阶段(2～7 岁)：思维带有自我中心的特点；思维发展上表现出具体形象性；思维发展上具有不可逆性、刻板性的特点。 ③具体运算阶段(7、8～11、12 岁)：思维出现可逆性，具有了抽象概念；获得了长度、重量、体积和面积等方面的守恒关系；逐渐去自我中心，开始从他人角度思考；可根据具体事物判断其逻辑关系。 ④形式运算阶段(11、12 岁以后)：思维已能摆脱具体事物的束缚，不受具体事物的内容的局限，能把形式与内容分开，进行抽象的逻辑思维，即能运用符号进行命题演算，能根据假设进行逻辑推理

考点四、心理社会性发展

表 14－4 心理社会性发展

要点	具体内容		
情绪的发展	婴儿期	在出生后的前 6、7 个月，逐渐表现出各种基本情绪(如愉快、惊讶、好奇、愤怒、难过、恐惧、厌恶等)；在 18 个月左右时，可能会出现自我意识情绪(如嫉妒、自豪、羞愧、内疚等)	
	童年期	频繁出现自我意识情绪	
	青少年期	变化剧烈	
	成年期	逐渐稳定	
依恋的发展	定义	人与人之间建立起来的双方互有的亲密感受及相互给予温暖和支持的关系	
	安斯沃斯的依恋类型	安全型	这类儿童在陌生情境中，把母亲作为“安全基地”，去探究周围环境。母亲在场时，主动去探究；母亲离开时，产生分离焦虑，探究活动明显减少。忧伤时容易被陌生人安慰，但母亲的安慰更有效。母亲返回时，以积极的情感表达依恋并主动寻求安慰，即使在忧伤时，婴儿也能通过与母亲的接触很快平静下来，然后继续探究和游戏
		回避型	这类儿童在陌生情境中，母亲是否在场对他们的探究行为没有影响。母亲离开时，儿童不表现出明显的分离焦虑；母亲返回时，也不主动寻求接触，而且母亲接近时反而转过身去，回避母亲的亲密行为。在忧伤时，陌生人的安慰效果与母亲差不多，不表现出明显的陌生焦虑

续表

<table>
<tr><th>要点</th><th colspan="3">具体内容</th></tr>
<tr><td rowspan="2">依恋的发展</td><td rowspan="2">安斯沃斯的依恋类型</td><td>抗拒型</td><td>这类儿童总是紧挨着母亲，很少主动探索环境。当母亲离开时，他们会非常苦恼，但当母亲回来时，他们的反应又很矛盾。他们会跑过去迎接母亲，但当母亲要抱起他们时，他们又会将母亲推开，避免与母亲接触。抗拒型依恋的儿童对陌生人的态度通常是很警惕的</td></tr>
<tr><td>混乱型</td><td>这类儿童在行为表现上兼具抗拒型依恋和回避型依恋儿童的特征。他们对于接近或回避母亲显得很矛盾。当母亲离开房间时，他们或无所谓或惶恐；当母亲回来时，他们可能试图接近母亲，但又可能突然跑开，而且可能表现出尖叫、踢打等行为</td></tr>
<tr><td rowspan="5">道德的发展</td><td rowspan="2">皮亚杰的道德发展理论</td><td>他律阶段
（5～8 岁）</td><td>儿童通常只从行为的结果做出道德判断，而很少考虑行为的动机；将人的行为简化为要么全对，要么全错，并认为别人也有同样的看法；还难以设身处地地从别人的角度看待事物；相信规则是由父母或其他权威人物制定的，是不能改变的，这种对权威的尊敬导致儿童服从规则，并认为违反了规则就应受到严厉的惩罚</td></tr>
<tr><td>自律阶段
（8～12 岁）</td><td>儿童开始能够设想他人的立场，以行为的动机而非结果来进行道德判断；开始认识到行为的原因和结果不止一种，道德判断开始呈现多样化；开始重视同伴和自己在道德判断中的作用，认识到没有绝对不变的道德原则，规则是人定的，也可以由人来修改</td></tr>
<tr><td rowspan="3">科尔伯格的道德发展理论</td><td>习俗前道德时期
（4～10 岁）</td><td>儿童处于外在控制的时期，服从得到奖赏、逃避惩罚的道德原则。这一时期又分为：
①避免惩罚的服从取向阶段：此时的儿童专注于行为的结果（如打碎多少个杯子），遵从权威的规则以逃避惩罚、得到奖赏。
②工具性的交换取向阶段：儿童开始基于自己的利益和他人将给予的回报来考虑服从原则，他们以被满足的需要来评价行为</td></tr>
<tr><td>习俗道德时期
（10～13 岁或之后）</td><td>儿童将权威的标准加以内化，他们服从法规以取悦他人或维持秩序。这一时期又分为：
①好孩子取向阶段：儿童希望取悦他人，帮助他人。他们经常会想“我是不是一个好孩子”，并提出自己的标准。儿童会根据行为的动机、行为者的特点以及当前的情境来评估行动。
②社会秩序取向阶段：儿童开始考虑到社会体系、良心和自己的责任，显示出对较高权威的尊重，并力图维持社会的秩序。如果一个人的行为违反了某种法规并伤害了他人，他们会认为这一行为是错误的</td></tr>
<tr><td>后习俗道德时期（开始于青少年早期或成年早期）</td><td>道德观完全内化，他们认识到道德原则之间的冲突，并懂得如何从中进行选择。这一时期又分为：
①社会契约取向阶段：人们以理性的方式思考，重视多数人的意愿和社会福利，认为依法行事是最好的行为方式。
②普遍伦理取向阶段：人们依据自己认为对的方式行事，而不理会法律或他人的意见。他们的行动依据内在的标准，行为受自我良心的约束</td></tr>
</table>

续表

要点	具体内容	
埃里克森的心理社会性发展理论	0 到 12～18 个月	信任－不信任：一致性、连续性和同一性的经验导致信任感；不合适的、不一致的或消极的照料会产生不信任感
	1～3 岁	自主－羞愧/怀疑：有机会按自己的速度、自己的方式尝试技能导致自主感；过分受保护或缺乏支持会造成对控制自我或环境的能力发生怀疑
	3～6 岁	主动－内疚：自由地从事活动和运用言语表达新的认识导致主动感；限制活动或父母不对儿童的看法与问题做出反应可导致内疚感
	6～12 岁	勤勉－自卑：被允许创造一些东西，做一些事情，完成后又受到表扬可导致勤奋；限制活动，并批评所做的事可导致自卑感
	12～19 岁	同一性－角色混淆：使在不同的情况下，在不同的人对其做出不同的反应时亦能认识一个人个性的连续性和同样性，导致同一性；不能确立稳定性（尤其是性别角色和职业选择）就导致角色混乱
	19～25 岁	亲密－孤立：与别人的同一性融合导致亲密感；与别人竞争和争斗导致孤独感
	25～50 岁	繁衍－停滞：关心和指导下一代会产生繁衍感；反之，其人格贫乏和停滞，是一个自我关注的人
	50 岁以后	自我整合－绝望：坦然地接受度过了的一生导致完善感；想要补偿失去的机会又感到为时已晚，导致失望感

14.2 典型题（含考研真题）详解

一、单项选择题

1．一项来自孤儿院的研究发现，那些在出生后前两年被限制在婴儿床上、从未坐立过的儿童到三岁只有 15% 可以很好地独立行走。这一发现说明（　　）。［统考 2024 年研］

A．成熟决定了行走等动作技能出现的时间

B．经验是行走等动作技能发展的充分条件

C．成熟不是行走等动作技能发展的充分条件

D．成熟不是行走等动作技能发展的必要条件

【答案】C

【解析】发展心理学家在对婴儿早期动作发展的研究中提出了几个理论，首先提出来的一个理论叫作“成熟论”，该理论认为，动作的发展是一种先天程序逐渐展开的过程，随着婴儿不同部位的成熟，相应的动作才可能会出现；换句话说，身体的成熟是动作产生的基础，它决定动作产生的最早时间；练习只能在成熟所允许的范围内使婴儿把动作掌握得更好一些；另一个理论叫作“经验论”，经验论者并不反对成熟论，但是他们认为，动作技能的练习机会也很重要，在满足成熟的条件下，更多的练习能够使婴儿更快或更早地掌握新动作。总的来说，相关研究得出这样一个结论：成熟条件对动作技能发展而言是必要条件，但不是充分条件，也就是说，虽然这些婴儿已经达到了可以坐、爬、走的年龄，但是由于缺乏练习，他们仍然不能熟练掌握这些技能。因此答案选 C。

2. 母亲在场时婴儿积极探索活动；母亲离开后会焦虑不安；母亲回来后恢复平静并寻求与母亲的接触，其依恋类型是(　　)。[统考2022年研]

A. 回避型　　B. 反抗型　　C. 迟缓型　　D. 安全型

【答案】D

【解析】艾斯沃斯利用陌生情境法将婴儿的依恋类型分为三种，即安全型、回避型和反抗型。题干中描述的为安全型依恋类型。

3. 精神分析学家艾里克森认为，1～3岁的儿童处于个性发展的(　　)阶段。[华东师范大学2017年研]

A. 信任感对不信任感　　B. 自主感对羞耻感

C. 主动感对内疚感　　D. 勤奋感对自卑感

【答案】B

【解析】艾里克森将个体发展划分为八个阶段，其中第二阶段(1～3岁)为自主感对羞耻感阶段。个体在第一阶段处于依赖性较强的状态，什么都由成人照顾。到了第二阶段，儿童开始有了独立自主的要求，如想要自己穿衣、吃饭、走路、拿玩具等，他们开始去探索周围的世界。这时候，如果父母及其他照顾他们的成人允许他们独立地去干一些力所能及的事情，并且表扬他们完成的工作，就能培养他们的意志力，使他们获得一种自主感，能够进行自我控制。相反，如果成人过分爱护他们，处处包办代替，什么也不需要他们自己动手；或过分严厉，稍有差错就粗暴斥责，甚至体罚，就会使儿童产生自我怀疑与羞耻感。

4. 在人生的不同发展时期，智力活动的任务(性质)不同，儿童青少年时期智力发展的根本特征是获取，而成年时期智力活动的性质是运用。该理论的提出者是(　　)。[统考2017年研]

A. 沙伊　　B. 莱文森　　C. 哈维格斯特　　D. 艾里克森

【答案】A

【解析】沙伊根据智力适应理论，把个体一生的智力发展划分为不同阶段。其中，儿童和青少年期智力发展的根本特征是获取信息和解决问题的技能。皮亚杰的人提出的认知发展理论也对这一发展过程做出了很好的解释。

5. 当玩具在眼前消失，儿童认为它仍然存在的，这个描述对应的概念是(　　)。[统考2016年研]

A. 客体永久性　　B. 知觉恒常性　　C. 运算　　D. 守恒

【答案】A

【解析】皮亚杰的认知发展阶段论指出，在感知运动阶段(0～2岁)，儿童主要通过感觉动作图式来和外界取得平衡，处理主客观关系。儿童会在1岁左右发展出客体永久性的概念，即当物体在婴儿面前消失后，婴儿仍旧认为它是存在的，并没有消失。客体永久性是婴儿在感知运动阶段产生的重要心理现象。

6. 下列方法中，不适宜用来研究婴儿知觉能力的是(　　)。[统考2015年研]

A. 陌生情景法　　B. 视觉偏爱法

C. 习惯化与去习惯化　　　　　　　　D. 操作性条件反射法

【答案】A

【解析】婴儿知觉研究最大的障碍在于他们既不能用言语报告自己的知觉活动，也不能用熟练的行为做出反应。A 项，陌生情景法是通过观察婴儿在陌生环境中与母亲分离后的行为和情绪表现，研究其依恋关系；B 项，视觉偏好法考察婴儿对几个物体或图形的注视时间，以此判断婴儿对某一物体或图形的偏好程度；C 项，采用习惯化和去习惯化，可以有效地研究婴儿的图形知觉、深度知觉和颜色知觉等；D 项，运用操作性条件反射法可以研究婴儿的知觉辨别能力，在建立目标刺激与探索行为后，改变目标刺激，观察婴儿的探索行为。

7. 在个体自我意识发展过程中，出现“假想的观众”和“独特的自我”等现象的时期是（　）。[统考 2015 年研]

A. 幼儿期　　B. 青少年期　　C. 成年时期　　D. 成年中期

【答案】B

【解析】青少年期，个体在身体、认知和社会情感上都会经历巨大的变化，这个时期他们对于自己会格外关注，自我意识显著提高。青少年相信自己是独一无二、无所不能的，因此，他们认为其他人也会格外关注自己，就会出现“假想的观众”和“独特的自我”等现象。

二、简答题

1. 弗洛伊德将心理性欲发展分为哪几个阶段？[陕西师范大学 2019 年研]

答：弗洛伊德认为人格发展的基本动力是本能，尤其是性本能。他将心理性欲发展分为五个时期，各个发展阶段都是不可逆的，一旦发生功能固着就没有补救的方法，因而每个阶段的经验将决定个体成年后的适应形态和人格特征。

(1)口腔期(12~18 个月)

儿童在这一时期最主要且最重要的活动就是吃奶。这一时期的欲望主要是通过口腔的动作来获得满足。

(2)肛门期(1~3 岁)

这一时期儿童最感兴趣的是排泄，对大小便的控制和训练是父母与儿童之间最主要的互动行为。

(3)性器官期(3~6 岁)

这一时期本我冲动的对象集中转向生殖器，性器官成为儿童获得性满足的主要来源。恋母情结和恋父情结就出现在这一时期。

(4)潜伏期(6~11 岁)

这是一个相对平静的阶段，这一时期最主要的特征是儿童对性缺乏兴趣，男女之间有着明显的界限。

(5)两性期(青少年期)

这一时期性能量又重新涌现，且又投向生殖器区域。这一时期青少年最重要的任务就是从父母那里摆脱出来，建立自己的生活。如果前几个阶段都发展顺利的话，这一阶段就会走向成熟的性生活，走向婚姻，以及繁育和教养后代。

2. 简述陌生情境测验以及由此区分的婴儿依恋类型及其特点。［北京大学2018年研］

答：(1)陌生情境实验设计

①母子同时进入一个陌生的房间，房内有许多玩具。

②母亲坐在一旁，孩子自由玩耍。

③一个陌生人进入房间，设法与孩子玩耍，母亲离开。

④让孩子与陌生人在一起。

⑤母亲回到房内，陌生人出去。

⑥母亲离开，孩子单独留在室内。

⑦陌生人进入房间，替代母亲的角色。

⑧母亲回到房内，陌生人离开，母亲鼓励孩子继续探索、游戏，并在需要时给予安抚。

在这种情景中，实验者可以通过观察儿童对玩具的摆弄行为、儿童的表情及其他情绪反应、儿童与陌生人的交往倾向等判断母子依恋关系的性质。

(2)依恋类型

①安全型

儿童在母亲离开时会哭闹焦虑，母亲返回时高兴开心，母亲在场时会以母亲为基点进行探索；玩耍时，会回到母亲身边寻求安慰。这类儿童通常比较合作，很少生气，对陌生人较友善。

②回避型

儿童在母亲离开时很少哭泣，母亲返回时不太高兴并设法逃避。这类儿童在有需求时不会主动寻求帮助，经常有愤怒情绪，对陌生人不在意。

③抗拒型

儿童总是紧挨着母亲，很少主动探索环境。当母亲离开时，他们会非常苦恼，但当母亲回来时，他们的反应又很矛盾。他们会跑过去迎接母亲，但当母亲要抱起他们时，他们又会将母亲推开，避免与母亲接触。这类儿童对陌生人的态度通常是很警惕的。

④混乱型

儿童对于接近或回避母亲显得很矛盾。当母亲离开房间时，他们或无所谓或惶恐；当母亲回来时，他们可能试图接近母亲，但又可能突然跑开，而且可能表现出尖叫、踢打等行为。这类儿童在行为表现上兼具抗拒型依恋和回避型依恋儿童的特征。

3. 请简述科尔伯格道德推理阶段理论及每个阶段的特点。［北京大学2017年研］

答：科尔伯格道德推理阶段理论及每个阶段的特点具体如下：

(1)前习俗性道德时期(4～10岁)

儿童处于外在控制的时期，服从于得到奖赏、逃避惩罚的道德原则。

①避免惩罚的服从取向阶段(又称惩罚和服从定向阶段)

这一阶段个体专注于行为结果或刺激的物理属性，遵从他人的规则，以得到奖赏、逃避惩罚为导向。

②工具性的交换取向阶段(又称相对功利阶段、工具目的定向阶段)

这一阶段个体开始基于自己的利益和他人将给予的回报来考虑服从原则。他们判断行为正确与否的标准是能否满足个体需要。

(2)习俗性道德时期(10～13 岁或之后)

儿童将权威的标准加以内化，服从法则以取悦他人或维持秩序。

①好孩子取向阶段(又称寻求认可阶段、维护人际和谐定向阶段)

这一阶段个体认为遵守规范是重要的，因为这样可以发展和谐的人际关系。他们希望取悦他人，帮助他人，他们经常会想“我是不是一个好孩子”，并提出自己的标准。此时的儿童会根据行为动机、行为者特点以及情景来评估行为。

②社会秩序取向阶段(又称服从权威阶段、维护社会秩序定向阶段)

这一阶段个体关注的是社会法律，认为任何情况下法律都是不能违反的，只有这样才能维持正常的社会秩序。此时，儿童开始考虑社会体系、良心和自我责任，显示出对较高权威的尊重，并力图维持社会秩序。如果一个行为违反了某种法规，并伤害了他人，他们都会认为这一行为是错误的。

(3)后习俗性道德时期(开始于青少年早期或成年早期)

儿童的道德观完全内化，认识到道德原则之间的冲突以及明白如何从中进行选择。

①社会契约定向阶段(又称法制观念阶段)

这一阶段个体认为法律和规范是为了达到人类目的的灵活工具，如果理由充分，法律也可以通过公正的程序去修改。法律作为一种社会契约，遵守它，对社会和大家都有好处。这时，个体能够以理性的方式进行思考，重视多数人的意愿和社会福利，认为依法行事是最好的行为方式。

②普遍伦理取向阶段(又称价值观念阶段、个人良心或普遍原则定向阶段)

这一阶段个体依据自己认为对的方式行事，而不理会法律或他人的意见。其行为依据内在标准，受自我良心的约束。

4. 编写一个两难故事，测查不同年龄儿童对你的故事的反应，并结合道德发展理论分析不同年龄儿童道德判断的特点。

答：(1)两难故事

一位身患癌症的妇女濒临死亡，医生认为只有一种药能挽救她的生命，而这种药只有一家药店有售。于是病人的丈夫汉斯到这家药店买药，发现药价是 2000 元，是成本的 10 倍。汉斯四处借钱，只借到 1000 元，于是他哀求药店老板把药便宜点卖给他，或者以后再将欠款还清，但是药店老板一口拒绝，说卖药就是为了赚钱。汉斯无奈，只好趁深夜潜入药店将药偷走。汉斯这样做对吗？为什么？

(2)道德发展三阶段

①前习俗性道德时期(4～10 岁)

儿童处于外在控制的时期，服从于得到奖赏、逃避惩罚的道德原则。

②习俗性道德时期(10～13 岁)

儿童将权威的标准加以内化，服从法则以取悦他人或维持秩序。

③后习俗的道德时期(13 岁以后)

儿童的道德观完全内化，认识到道德原则之间的冲突以及明白如何从中进行选择。

三、论述题

1. 论述皮亚杰发生认识论的主要观点及其认知发展阶段理论。［中央财经大学2018年研］

答：(1)定义

发生认识论是用发生学的观点和方法研究人类认知发展顺序及阶段的理论。

(2)主要观点

①个体知识来源于动作，动作是感知的源泉和思维的基础。比如，在婴儿床头挂许多小玩具，这样婴儿通过对物体的抓取、摆弄等动作获得关于物体的知识，从而认识物体。

②图式概念的提出就是在人们认识周围世界的过程中，形成自己独特的认知结构。

③适应是人类的一种心理反应，其本质在于取得机体与环境的平衡，可分为两种不同的类型：同化与顺应。

a. 同化是指将新信息纳入已有的认知结构中；

b. 顺应是指改变已有的认知结构以适应新环境和新信息。

(3)认知发展阶段

①感知运动阶段(0～2岁)

在这一阶段，婴儿的认知能力初步发展，他们靠感觉与动作认识世界，认识自己与他人或物体的不同。在这一阶段，婴儿形成客体永久性概念，即知道某人或某物即使看不见时仍存在。

②前运算阶段(2～7岁)

在这一阶段，儿童的语言能力突飞猛进。他们习得用符号表征事物，并从事简单的思维活动。在这一阶段，儿童思维发展存在两个典型局限性特点：片面性和我向思维。皮亚杰"守恒"实验揭示了思维的片面性。

③具体运算阶段(7～12岁)

在这一阶段，儿童可以运用符号进行有逻辑的思维活动。其"自我中心"程度下降，开始注意到事物的各个方面，了解他人观点的能力得以发展，从而增进了自己与他人的沟通能力。

④形式运算阶段(12岁以后)

在这一阶段，抽象思维得以发展和完善。此时，青少年开始运用抽象概念，能提出合理假设并进行验证，思维更具弹性。

2. 埃里克森的心理社会性发展理论是如何论述人格的发展的？

答：埃里克森的心理社会性发展理论认为人格的发展是一个连续的、分阶段的过程，每个阶段都有特定的心理社会任务和冲突，个体通过解决这些冲突来实现人格的发展和完善。以下是对该理论各阶段的具体论述：

(1)婴儿期(0～1岁)

基本信任对基本不信任。这一阶段的婴儿主要依赖照顾者来满足生理需求，如果婴儿得到了温暖、关爱和及时的照顾，就会建立起对世界的基本信任，反之则会产生不信任感。这种信任或不信任的态度会影响到个体以后对他人和世界的看法，是人格发展的基础。

(2)儿童早期(1～3岁)

自主对羞怯与怀疑。此阶段儿童开始学会走路、说话和控制自己的身体，有了自主探索的愿望。如果父母允许儿童在安全的范围内自主活动，鼓励他们尝试新事物，儿童就会发展出自主感和自信心；如果父母过度保护或批评指责，儿童可能会感到羞怯和自我怀疑，影响其自主性和独立性的发展。

(3)学前期(3～6 岁)

主动对内疚。在这一时期，儿童的语言和运动能力进一步发展，开始主动探索周围的世界，有了自己的想法和计划。如果父母和老师鼓励儿童的主动性和创造性，给予他们足够的空间去尝试和实践，儿童会发展出主动感和进取心；反之，如果儿童的主动行为经常受到限制或惩罚，他们可能会产生内疚感，抑制自己的主动性和创造力。

(4)学龄期(6～12 岁)

勤奋对自卑。进入学校后，儿童开始面临学习任务和社会竞争。如果儿童在学习和与同伴的交往中能够取得成功，得到老师和家长的认可和鼓励，就会发展出勤奋感，认为自己是有能力和有价值的；如果儿童在学习上经常失败，或在同伴中被忽视和排斥，可能会产生自卑感，对自己的能力缺乏信心。

(5)青年期(12～20 岁)

同一性对角色混乱。这一阶段的青少年开始思考“我是谁”“我将来要成为什么样的人”等问题，努力在社会中寻找自己的身份和角色。如果青少年能够顺利地整合自己的价值观、兴趣爱好和能力等，形成明确的自我认同，就会获得同一性；否则，可能会陷入角色混乱，对自己的身份和未来感到迷茫。

(6)成年早期(20～40 岁)

亲密对孤独。在成年早期，个体开始寻求与他人建立亲密的关系，如恋爱关系、友谊等。如果个体能够与他人建立起相互信任、理解和支持的亲密关系，就会体验到亲密感和归属感；反之，如果个体无法与他人建立亲密关系，可能会感到孤独和孤立。

(7)成年中期(40～65 岁)

繁殖对停滞。这一阶段的成年人主要关注的是如何在事业和家庭中取得成就，为社会做出贡献，并将自己的价值观和经验传递给下一代。如果个体能够在工作和家庭中取得成功，关心他人和社会，就会体验到繁殖感和成就感；反之，可能会感到生活停滞不前，缺乏意义和目标。

(8)成年晚期(65 岁以后)

自我整合对绝望。在生命的最后阶段，个体开始回顾自己的一生。如果个体对自己的一生感到满意，认为自己的生活是有意义和有价值的，就会实现自我整合，坦然面对死亡；反之，如果个体对自己的一生感到后悔和不满，可能会陷入绝望和恐惧之中。

埃里克森认为，人格的发展是一个贯穿一生的过程，每个阶段的任务和冲突都相互关联，前一阶段的发展会影响到后一阶段的发展。个体只有顺利地解决每个阶段的冲突，才能实现健康的人格发展。